Anlagestrategien für Aktien-Publikumsfonds
in Emerging Capital Markets

Europäische Hochschulschriften

Publications Universitaires Européennes

European University Studies

Reihe V

Volks- und Betriebswirtschaft

Série V Series V

Sciences économiques, gestion d'entreprise

Economics and Management

Bd./Vol. 2493

PETER LANG

Frankfurt am Main · Berlin · Bern · Bruxelles · New York · Wien

Arno Haselhorst

Anlagestrategien für Aktien-Publikumsfonds in Emerging Capital Markets

Modellkonzeption und empirische Fundierung am Beispiel ausgewählter Transformationsländer in Zentra - und Osteuropa

PETER LANG
Europäischer Verlag der Wissenschaften

Die Deutsche Bibliothek - CIP-Einheitsaufnahme

Haselhorst, Arno:

Anlagestrategien für Aktien-Publikumsfonds in emerging capital markets : Modellkonzeption und empirische Fundierung am Beispiel ausgewählter Transformationsländer in Zentral- und Osteuropa / Arno Haselhorst. - Frankfurt am Main ; Berlin ; Bern ; Bruxelles ; New York ; Wien : Lang, 1999
(Europäische Hochschulschriften : Reihe 5, Volks- und Betriebswirtschaft ; Bd. 2493)
Zugl.: Rostock, Univ., Diss., 1998
ISBN 3-631-34817-7

28
ISSN 0531-7339
ISBN 3-631-34817-7

Vorwort

Im Zusammenhang mit der beratenden Tätigkeit im Rahmen der wirtschaftlichen und politischen Transformation in den Ländern Zentral- und Osteuropas bin ich immer wieder auf aussichtsreiche unternehmerische Konzepte gestoßen, deren Realisierung vor allem an fehlenden Finanzierungsmöglichkeiten zu scheitern drohte. Gleichzeitig hatte es das durchaus vorhandene Wagniskapital schwer, infolge der Intransparenz der Rahmenbedingungen die geeigneten Investitionsmöglichkeiten zu identifizieren. Aktieninvestmentfonds weisen durch ihre breiten Diversifikationsmöglichkeiten und ihr professionelles Portfoliomanagement scheinbar gute Voraussetzungen für die Situation in Emerging Markets auf. Als theoretischer Bezugsrahmen für die Ableitung eines Modells zur strategischen Ausrichtung von Investmentfonds am Beispiel von Zentral- und Osteuropa dient die neoinstitutionalistische Finanztheorie und die Kapitalmarkteffizienzhypothese. Mit ihrer Hilfe werden Entwicklungsstadien von Kapitalmärkten anhand des Effizienzgrades mit dem Ziel entwickelt, langfristig angelegte Anlagestrategien in Abhängigkeit der Effizienzgrade von Kapitalmärkten zu definieren.

Die vorliegende Dissertation entstand an der Universität Rostock begleitend zu meiner Beratungstätigkeit bei der Unternehmensberatung Roland Berger & Partner GmbH. Mein besonderer Dank gilt zuallererst meinem akademischen Lehrer, Herrn Prof. Dr. Guido Eilenberger für die wissenschaftliche Betreuung und Förderung der Arbeit. Herrn Prof. Dr. M. Benkenstein danke ich für die Übernahme des Koreferats.

Besonderer Dank gilt der Firma Roland Berger & Partner, die es mir ermöglichte, diese Arbeit im Rahmen ihres Promotionsprogramms durchzuführen. Dr. Eugen von Keller, meinem früheren Mentor möchte ich für die Ermutigung zur und Unterstützung bei der Arbeit danken. Herrn Ulrich Kütner und Herrn Dr. Helmut Kirchner danke ich für die fachlich sehr fundierten Ratschläge und Hinweise. Die gute Qualität in der grafischen Aufbereitung vieler Abbildung und Tabellen geht auf die dankenswerte Hilfe der Müncher Grafik von Roland

Berger & Partner zurück, wofür ich stellvertretend für alle Herrn Stefan Zenz und Herrn Udo Dodl danken möchte. Ganz besonders hervorheben möchte ich das hohe Engagement und die konstruktive Unterstützung von Herrn Thorsten Weihrich und Herrn Andreas Mack.

Die Arbeit widme ich meinen Eltern, denen ich sehr viel verdanke.

München, im April 1999

Arno Haselhorst

Inhaltsverzeichnis

Abbildungsverzeichnis

Tabellenverzeichnis

Abkürzungsverzeichnis

ADR	American Depositary Receipt
ATS	Österreichische Schilling
BAK	Bundesaufsichtsamt für das Kreditwesen
BEF	Belgische Franc
BEMI	Baring Emerging Markets Index
BIP	Bruttoinlandsprodukt
BVI	Bundesverband deutscher Investmentfonds
d.h.	das heißt
DB	Deutsche Bank
DCC	Depositary Clearing Company (in Rußland)
DM	Deutsche Mark
DIT	Dresdner Investment - Trust
DR	Depository Receipts
EBRD	European Bank for Reconstruction and Development
EM	Emerging Markets
EMEA	Europa, Middle East, Africa
EMFI	Emerging Markets Free Index der MSCI
etc.	et cetera
EU	Europäische Union
FBF	Fördergesellschaft für Börsen- und Finanzplätze in Mittel-
und	Osteuropa
FCS	Federal Commission for the Securities Market (in Rußland)
FIBV	Federation Internationale de Bourses Valours
FRF	Französische Franc
GAAP	Generally Accepted Accounting Principles
GDR	Global Depositary Receipt
i.V.m.	in Verbindung mit
IAS	International Accounting Standards
ICA	Investment Company Act
IFC	International Finance Corporation
IFCG	International Finance Corporation Global Index
IOSCO	International Organisation of Securities Regulators
KAG	Kapitalanlagegesellschaft
KAGG	Gesetz über Kapitalanlagegesellschaften

KGV	Kurs/Gewinn-Verhältnis
Lux.	Luxemburg
Mio.	Millionen
MOE	Mittel- und Osteuropäisch
Mrd.	Milliarden
MSCI	Morgan Stanley Capital International
n/a	not applicable
NIF	Nationale Investmentfonds (in Polen)
NLG	Niederländische Gulden
NRI	Nomura Research Index
OECD	Organisation for Economic Cooperation and Development
OGAW	Organismus für gemeinsame Anlage in Wertpapieren
OTC	Over-the-counter
p.a.	per annum
PAUFOR	Professional Association of Securities Market Participants
(in	Rußland)
RTS	Russian Trading System
S&P 500	Amerikanischer Aktienindex der Ratingagentur Standard &
Poor	
SEC	Securities and Exchange Commission (in den USA)
u.a.	unter anderem
US	United States
USD	US Dollar
vgl.	vergleiche
z.B.	zum Beispiel
z.T.	zum Teil
z.Zt.	zur Zeit

1. Einleitung

1.1. Problemstellung

Der Ausdruck "Emerging Markets" wurde 1981 von der Weltbanktochter International Finance Corporation (IFC) geprägt und etablierte sich im Laufe der Zeit als feststehender Begriff für aufstrebende Aktienmärkte (vgl. IFC, 1996, S. 2). Andere, synonym verwendete Begriffe sind "aufstrebende Märkte", "Entwicklungsländer" oder "Transformationsländer" für die ehemals sozialistischen Länder Zentral- und Osteuropas. Der Begriff Emerging Markets schließt also neben den Entwicklungsländern Asiens, Afrikas, des Mittleren Ostens und der westlichen Hemisphäre Europas die Transformationsländer in Zentral- und Osteuropa, im Transkaukasus und Zentralasien mit ein. Als Transformation wird der Prozeß des politischen Systemwandels bezeichnet, in dem eine zentral gelenkte Planwirtschaft in eine dezentrale, marktwirtschaftlich orientierte Volkswirtschaft umgewandelt wird. Dies beinhaltet die Veränderung bestehender und/oder die Schaffung neuer Institutionen (vgl. EBRD, 1995, S.2).

Das Aufbrechen wirtschaftlicher Verkrustungen und das Einhergehen der Restrukturierung zurückgebliebener Volkswirtschaften bieten für Kapitalanleger weitaus höhere Gewinnchancen als die üblichen Konjunktur- und Zinszyklen in entwickelten Kapitalmärkten. So lassen sich bei einigen Anlagen in Emerging Markets in Südostasien, Lateinamerika und auch schon in Osteuropa Kursgewinne von bis zu mehreren tausend Prozent in nur wenigen Jahren nachweisen. Die polnische Börse in Warschau verzeichnete zB. im Jahr 1993, seinem bisher besten Jahr, einen Kursgewinn von 1.095,3 Prozent (vgl. Spörg, 1995, S.1ff). Für Kapitalanleger gewinnen diese Märkte daher zunehmend an Bedeutung.

Allerdings weisen die Emerging Markets erhebliche Risiken für internationale Kapitalanleger auf: Politische Instabilität und Bürgerkriege, eine nach wie vor hohe Auslandsverschuldung, Währungsrisiken, Handelskriege und Handelsrestriktionen, niedrige bzw. weiter sinkende Rohstoffpreise, eine einseitig ausgerichtete Wirtschaft und plötzlicher Kapitalentzug kurzfristig orientierter

Investoren sind einige der wichtigsten Risiken. Neben diesen fundamentalen, also wirtschaftlichen und politischen Risiken, existieren in der Anlagepraxis bei Investitionen in ausländische Wertpapiere auch abwicklungstechnische Risiken. Hierzu zählen der Mangel an wirksamen Regulierungen, abwicklungstechnischer Transparenz und Marktliquidität sowie das Broker-, Settlement- und Verwahrungsrisiko. Wie aus Tabelle 1 ersichtlich, bedeutet das Eingehen hoher Risiken (gemessen an den durchschnittlichen jährlichen Kursschwankungen) nicht automatisch eine hohe Rendite. So wies z. B. China im Durchschnitt des Betrachtungszeitraums ein ähnlich hohes Marktwachstum auf wie Polen. Die durchschnittliche Rendite (Wertzuwachs und Dividenden bzw. Zinserträge) lag dagegen deutlich unter der Polens. Da die Länder unterschiedliche Voraussetzungen für Investoren bieten, ist es für den Anlageerfolg wichtig, für die einzelnen Länder individuelle Anlagestrategien zu verfolgen.

Tab. 1: Durchschnittliche jährliche Kursschwankungen 1991-1996 (Standardabweichung) und Wertzuwächse ausgewählter Kapitalmärkte

ausgewählte Länder	**durchschnittl. Risiko* (Standard-abweichung)**	**durchschnittl. jährliche Rendite (%)**	**Risk-Return-Ratio**
Polen	77	77	1,00
China	70	20	3,50
Brasilien	41	35	1,17
Ungarn	39	18	2,17
Taiwan	37	16	2,31
Mexiko	35	6	5,83
Malaysia	28	22	1,27
USA	8	15	0,53
Andere	11	9	1,22

*Annualisierte Standardabweichung der absoluten Wertveränderungen der Indices

Quelle: OECD, 1997 No. 120

Aktien-Investmentfonds scheinen gute Voraussetzungen für die Situation in den Emerging Markets mitzubringen. Durch ihre breiten Diversifikationsmöglichkeiten können sie Risiken ausgleichen. Aufgrund professionellen Portfoliomanagements sollten sie zudem in der Lage sein, die überdurchschnittlichen Ertragspotentiale in diesen Ländern realisieren zu können. Ein Vergleich der Performance von Emerging Market Fonds bestätigt dies aber nur zum Teil. In der Tat gibt es darunter einige Fonds, die regelmäßig hohe Wertzuwächse durch Anlagen in Emerging Markets generieren. Andere wiederum schneiden trotz grundsätzlich vergleichbarem Anlageschwerpunkt sehr viel schlechter ab. Die Ergebnisunterschiede von Emerging Market Fonds sind breit gestreut.

Handlungsparameter eines Investmentfonds sind die Gewichtung der einzelnen Länder- und Branchenanteile und das Vorgehen bei der Einzeltitelauswahl. Beeinflußt werden diese durch die wirtschaftlichen, rechtlichen und politischen Rahmenbedingungen der einzelnen Länder. Ziel der Arbeit ist es, ein Entscheidungsmodell zur Ableitung von Anlagestrategien in Emerging Markets zu skizzieren. Als Untersuchungsfeld dienen dazu ausgewählte Länder Zentral- und Osteuropas.

1.2. Gang der Untersuchung

Wissenschaftlicher Fortschritt ist u.a. abhängig vom Vorhandensein von Paradigmen, d.h. von zentralen Grundmodellen, die Begriffsdefinitionen, Fragestellungen und Lösungsverfahren liefern (vgl. Kuhn, 1973). In der BWL hat bisher der "faktortheoretische Ansatz" von Erich Gutenberg diese Leistung vollbracht. Zwei weitere Versuche, der systemtheoretische Ansatz von Hans Ulrich und der entscheidungstheoretische Ansatz von Edmund Heinen, haben versucht, die Schwächen des Gutenberg´schen Ansatzes bzgl. seiner Integrationskraft und seiner Allgemeinheit zu überwinden (vgl. Ulrich, Grundlagen, S.170ff.). Ziel der vorliegenden Arbeit ist die Erarbeitung von strategischen Handlungsanweisungen für Investmentfonds zur realistischen Problemlösung von Kapitalanlageentscheidungen in dem realen Umfeld von Emerging Capital Markets am Beispiel ausgewählter Transformationsländer Mittel- und Osteuropas. Die Arbeit orientiert sich daher am entscheidungsorientierten Ansatz von Edmund Heinen. Er ist gekennzeichnet durch

- die Berücksichtigung der tatsächlichen Prämissen und Bedingungen betriebswirtschaftlichen Handelns,
- eine starke Ausrichtung auf Handlungs- und Gestaltungsziele.

Dabei verfolgt der Ansatz die Verknüpfung einer theoretischen und einer pragmatischen Zielsetzung durch folgende Funktionen:

- *Entscheidungslogische Funktion:*
  praktisch-normative Funktion der BWL, d.h. Formulierung der Probleme in logischen Kategorien eines Entscheidungsprozesses und dadurch Ausrichtung auf praktische Problemstellungen.
- *Verhaltenswissenschaftliche Fundierungsfunktion:*
  Um zu realistischen Problemlösungen kommen zu können, muß von realistischen Prämissen ausgegangen werden. Hierzu ist es notwendig, zunächst auf der deskriptiven Ebene der BWL das tatsächliche Entscheidungsverhalten in Betriebswirtschaften zu untersuchen. Dadurch erhält die verhaltenswissenschaftliche Erklärungsaufgabe neben der Gestaltungsaufgabe eine grundlegende Bedeutung.

Grundsätzlich hatten alle Transformationsländer der Region Mittel- und Osteuropas sehr ähnliche Voraussetzungen für ihre wirtschaftliche Entwicklung nach dem Systemwechsel von der Zentralplanwirtschaft zur Marktwirtschaft am Ende der achtziger Jahre. Sie haben aber seitdem sehr unterschiedliche wirtschaftliche Entwicklungen genommen. Für Investmentfonds haben sich dadurch in jedem Land unterschiedliche Voraussetzungen für ihre Anlagestrategie herausgebildet. Die große Bandbreite der Ergebnisse der Investmentfonds mit Anlageschwerpunkt in dieser Region zeigt, daß nicht alle gleichermaßen in der Lage waren, sich darauf einzustellen. Es soll versucht werden, Kriterien zu identifizieren, die wichtige Rahmenbedingungen von Anlagestrategien beeinflussen können und daraus grundsätzliche Anlageverhaltensweisen für Fondmager zu formulieren. Dazu werden die aktuellen und vergangenen Entwicklungen einer repräsentativen Auswahl von Ländern der Region Zentral- und Osteuropa den Anlagestrategien der regionalen Osteuropafonds gegenübergestellt. Der Hauptabschnitt ist in drei Teile gegliedert:

2. Grundlagen der Untersuchung

3. Anlagestrategien von Investmentfonds
4. Ableitung eines Modells zur strategischen Ausrichtung von Aktien-Publikumsfonds in Emerging Capital Markets

Ziel des Teilabschnittes 2 ist die klare Abgrenzung des Untersuchungsfeldes und die Bestimmung der begrifflichen Grundlagen der Untersuchung. In Teil 3 werden die kritischen Erfolgsfaktoren und typischen Handlungsmuster für Anlagestrategien von Investmentfonds, ihre Anwendung bei den Kapitalanlageentscheidungen der bisher aktiven Fonds in Zentral- und Osteuropa und eine Beschreibung ihrer Wirkung auf die Ergebnisse von Investmentfonds erarbeitet. In Teil 4 soll anhand der Ergebnisse aus den ersten beiden Teilen der Arbeit die spezifischen Ausprägungen der kritischen Erfolgsfaktoren von Investmentfonds für unterschiedliche Entwicklungsphasen der Emerging Capital Markets herausgearbeitet werden. Ziel des Abschnittes ist die Definition eines Phasenmodells für die Entwicklung von Emerging Capital Markets und die Einordnung der in die Untersuchung einbezogenen Länder sowie die phasenorientierte Ausarbeitung von Anlagestrategien für Investmentfonds in Emerging Capital Markets.

2. Grundlagen der Untersuchung

In diesem Abschnitt werden die Grundlagen der Untersuchung definiert. Zunächst wird die Abgrenzung des regionalen Untersuchungsfeldes vorgenommen. Anschließend werden die Merkmale von Investmentfonds definiert und die unterschiedlichen Ausprägungsformen des Investmentsparens voneinander abgegrenzt.

2.1. Regionales Untersuchungsfeld

2.1.1. Emerging Markets

Die Abgrenzung von Emerging Markets bzw. Entwicklungsländern von Industrieländern kann nach dem Pro-Kopf-Einkommen vorgenommen werden. Eine allgemein anerkannte Klassifizierung des Entwicklungsstadiums von Märkten ist die Einteilung der Weltbank von 1987 in Länder mit "hohem", "mittlerem" und "niedrigem" Pro-Kopf-Einkommen. Bei der zuletzt verfügbaren Einteilung per Ende 1994 wird dabei ein BSP/pro Kopf-Wert von weniger als USD 725 als niedriges und von mehr als USD 8.956 als hohes Einkommen angesehen. BSP/pro-Kopf Werte zwischen diesen beiden Grenzen gelten als mittlere Einkommen. Alle Länder mit einem geringeren Pro-Kopf-Einkommen als USD 8.956 werden zu den aufstrebenden Wirtschaftsnationen gezählt (vgl. IFC, 1996, S. 23ff.).

Abb. 1: Emerging Markets Fakten, Bedeutung

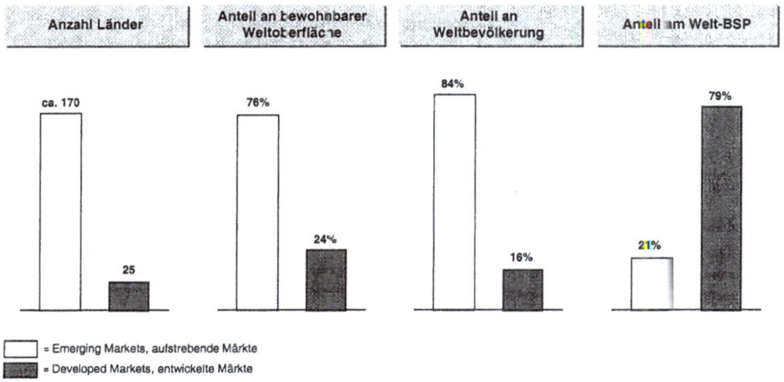

Quelle: IFC, 1996, S. 7 und S.19, eigene Darstellung

Nach dem Kriterium des Bruttosozialprodukts pro Kopf der Bevölkerung erfüllen weltweit rund 170 Länder die Definition eines Emerging Markets im Gegensatz zu 25 entwickelten Märkten.[15] Diese Emerging Markets repräsentieren 76 Prozent der bewohnbaren Weltoberfläche und 84 Prozent der Erdbevölkerung. Allerdings tragen die aufstrebenden Wirtschaftsnationen nur 21 Prozent zum Weltbruttosozialprodukt bei (vgl. Lechner/Keppler, 1996, S.23f.).

Aus einer positiven gesamtwirtschaftlichen Entwicklung könnte man auf eine positive Entwicklung der Kapital- bzw. Finanzmärkte schließen. Länder mit einer positiven gesamtwirtschaftlichen Entwicklung wären in dem Fall auch attraktive Länder für die Kapitalanlage. Den meisten Emerging Markets werden grundsätzlich gute wirtschaftliche Wachstumschancen eingeräumt. Im Durchschnitt weisen die Emerging Markets eine größere Zunahme des Bruttoinlandproduktes auf als Industrieländer (vgl. Abb. 2).

Abb. 2: Entwicklung des Bruttoinlandprodukts im Vergleich

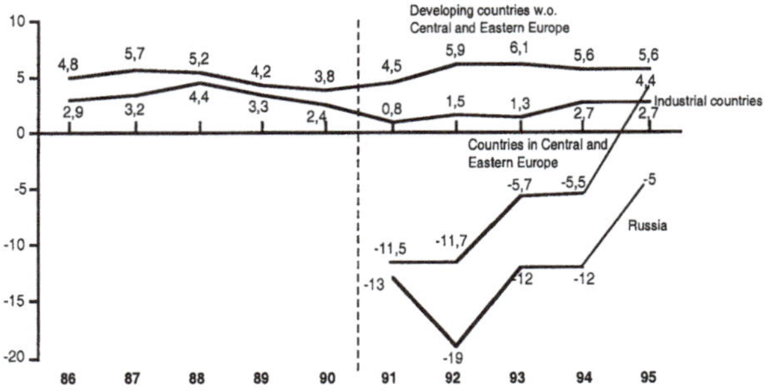

Quelle: IFC,1995

In einigen Emerging Markets werden sogar zweistellige Wachstumsraten erreicht. Allerdings gehen dies Entwicklungen auch von einem deutlich niedrigeren Niveau aus, als in entwickelten Ländern. Je nach Reformtempo nehmen die Transformationsländer Zentral- und Osteuropas z.T. deutlich vonein

15 Entwickelte Märkte 1996: Australien, Belgien, Dänemark, Deutschland, Finnland, Frankreich, Großbritannien, Hongkong, Island, Irland, Israel, Italien, Japan, Kanada, Kuwait, Luxemburg, Niederlande, Neuseeland, Norwegen, Österreich, Schweden, Schweiz, Singapur, Spanien, USA; (nach IFC , 1996, S. 23])

ander abweichende Entwicklungen. Während Länder wie Polen, Tschechien oder Ungarn inzwischen sehr hohe Wachstumsraten aufweisen, sind Länder wie Bulgarien oder Rußland noch weit von der für eine nachhaltige Verbesserung der Lebensverhältnisse aller Einwohner notwendigen Wachstumsrate entfernt (vgl. Abb. 2 und Abb. 5 in Kap. 2.1.2).

2.1.2. Abgrenzung des Untersuchungsfeldes

Die Emerging Capital Markets der vorliegenden Arbeit beschränken sich auf eine repräsentative Auswahl aus den Zentral- und Osteuropäischen Staaten. In der Entwicklung von Kapitalmarktstrukturen repräsentieren die ausgewählten Länder unterschiedliche Entwicklungsphasen.

Abb. 3: Die Region Zentral- und Osteuropa im Überblick

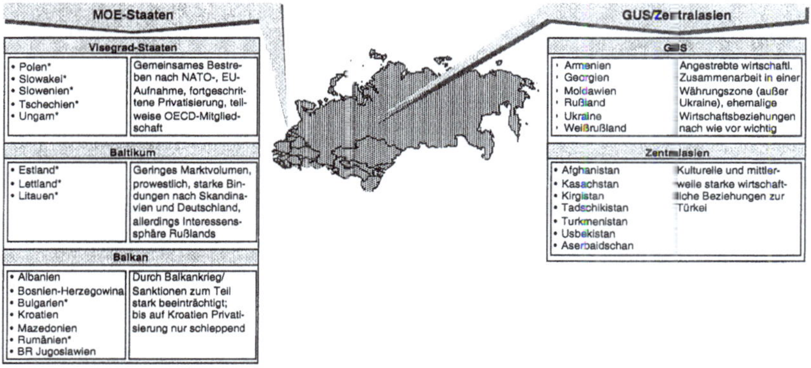

* EU-Beitrittskandidaten

Die Region Zentral- und Osteuropa setzt sich zusammen aus den Mittel- und Osteuropäischen Staaten (MOE-Staaten), der Gemeinschaft unabhängiger Staaten (GUS), die nach Abspaltung des Baltikums aus der ehemaligen Sowjetunion hervorgegangen ist, sowie Zentralasien (vgl. Abb.3). Gemessen an der Einwohnerzahl bildet die Gesamtregion einen der größten Märkte der Welt (vgl. Abb. 4). Aufgrund des sehr viel geringeren Pro Kopf-Einkommen ist die Kaufkraft der Bevölkerung jedoch noch gering, mit den entsprechenden Wirkungen auf die Qualität und Quantität des Absatzmarktes dieser Länder.

Abb. 4: Bevölkerungszahl der Region Mittel- und Osteuropa im Vergleich

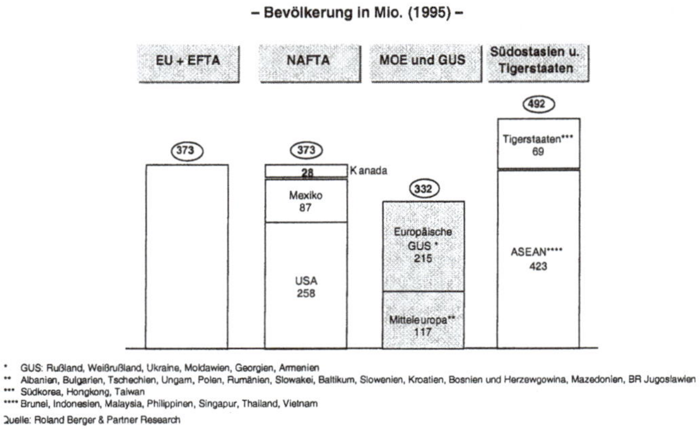

Quelle: IMF,1996, S.91, eigene Darstellung

Die wirtschaftliche und gesellschaftliche Entwicklung der Gesamtregion muß aufgrund unterschiedlicher politischer und ökonomischer Rahmenbedingungen differenziert betrachtet werden. Die Aussichten für eine erfolgreiche wirtschaftliche Entwicklung sind unterschiedlich verteilt. Die besten Voraussetzungen für eine positive wirtschaftliche Entwicklung weisen die Visegrad-Staaten bzw. CEFTA-Mitglieder (Central European Free Trade Association), Polen, Slowakei, Slowenien, Tschechien und Ungarn, auf. Von allen Transformationsländern weisen sie heute das höchste Pro-Kopf-Einkommen auf. Bei nahezu allen zehn Beitrittskandidaten zur Europäischen Union (EU)[16] ist eine deutliche und kontinuierliche Steigerung des Pro-Kopf-Einkommens festzustellen (vgl. Abb.5).

[16] (Bulgarien, Estland, Lettland, Litauen, Polen, Rumänien, Slowakei, Slowenien, Tschechien, Ungarn)

Abb. 5: Wachstumsraten des Bruttoinlandsproduktes (%) von 1989 bis 1997

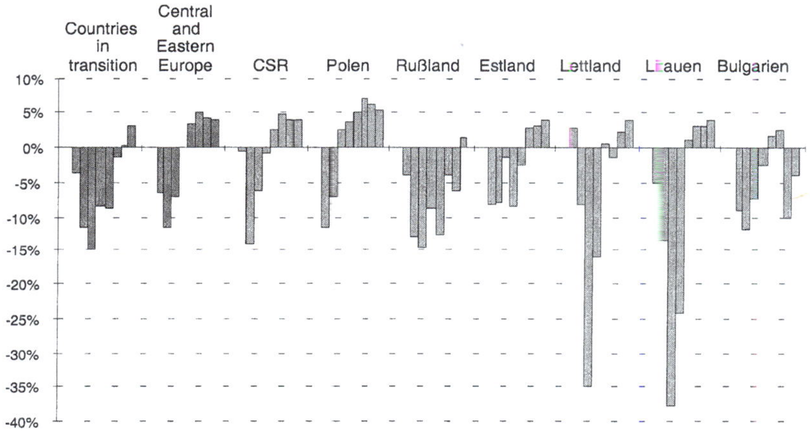

Quelle: EBRD, 1997, S. 7, eigene Darstellung

Der fortgeschrittene Entwicklungsstand und die wachsende ökonomische Bedeutung Polens, der Tschechischen Republik und Ungarns wurde durch die Aufnahme in die OECD entsprechend gewürdigt. Trotzdem kann dies nicht über die Tatsache hinwegtäuschen, daß das Einkommensniveau auch dieser Länder - mit Ausnahme von Slowenien - noch weit hinter den wirtschaftlich schwächsten EU-Ländern zurückliegt (vgl. IMF, 1996).

Ein wichtiger Grund besteht darin, daß die gesamte Region den starken Produktionsrückgang infolge der eingeleiteten Transformation von der zentralen Planwirtschaft zur freien Marktwirtschaft am Ende der achtziger Jahre noch nicht wieder kompensiert hat. Allerdings weisen in der Zwischenzeit fast alle Länder wieder positive Wachstumszahlen des Brutto-Inlandprodukts (BIP) auf. In Rußland wird erstmals 1997 wieder mit einem leicht positivem Wachstum gerechnet (vgl. Abb. 5). Die Prognosen für die zukünftige wirtschaftliche Entwicklung sind allgemein positiv. Es wird davon ausgegangen, daß das jährliche BIP-Wachstum bis 1999 durchschnittlich 5 Prozent in den MOE-Staaten und 3 Prozent in der GUS betragen wird. Insgesamt werden die zukünftig zu erwartenden Wachstumsraten der Region höher als die westeuropäischen, aber niedriger als die asiatischen sein (vgl. Abb. 6).

Abb. 6: Prognose des BIP-Wachstums pro Kopf 1996 - 2000

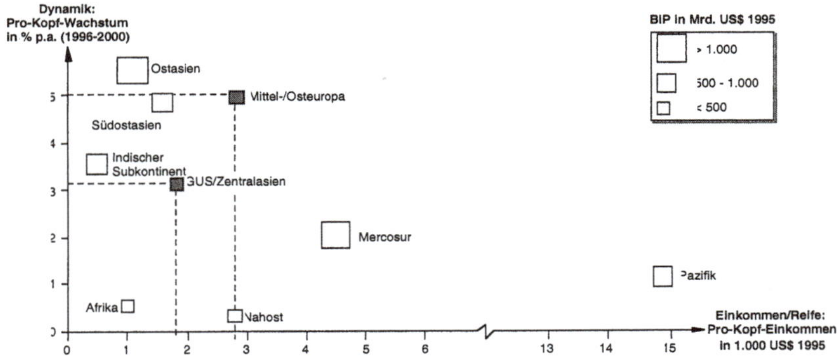

Quelle: IMF, 1996, S. 41 und EBRD, 1996, eigene Darstellung

Ein wichtiger Bestandteil der weiteren wirtschaftlichen Entwicklung und damit ein mögliches Indiz für die zunehmende Attraktivität des Kapitalmarktes ist der Außenhandel. Aufgrund der günstigen Produktionskosten infolge niedriger Lohnkosten partizipieren die Länder der Region überdurchschnittlich an der Expansion des Welthandels. In 1996 erhöhten sich die Exporte der MOE-Staaten und der GUS um ca. 10 Prozent. Sie lagen damit zum dritten Mal in Folge über der durchschnittlichen Steigerungsrate der Weltexporte. Dagegen entspricht die Einfuhr wegen des nach wie vor geringen Devisenbestandes und der geringen Kaufkraft allgemein noch nicht dem Nachholbedarf. Deutschland ist der wichtigste Handelspartner der Region. 1995 belief sich der Wert der im- und exportierten Güter auf fast DM 120 Mrd. und entsprach damit 9 Prozent des deutschen Außenhandels.

Wie schnell und nachhaltig der wirtschaftliche Aufholprozeß sein wird, hängt u. a. von den Auslandinvestitionen ab. In Kap. 2.1.4 wird ein Kapitalbedarf in der Bandbreite von ca. DM 41 Mrd. bis 915 Mrd. geschätzt. Der untere Wert dürfte deutlich zu niedrig und der obere Wert deutlich zu hoch sein. Von 1990 bis 1995 betrugen die kumulierten Gesamtinvestitionen in die Region USD 199 Mrd., während im gleichen Zeitraum in allen Entwicklungsländern ca. USD 1.700 Mrd. investiert wurden (vgl. EBRD, 1996, S.114f). Die unterschiedliche Verteilung der ausländischen Direktinvestitionen deutet auf unterschiedliche Rahmenbedingungen und damit unterschiedliche Attraktivität der einzelnen Länder für Investoren hin (vgl Abb. 7). Dabei ist zu unterscheiden zwischen Investoren, die sich direkt und nur an einem oder wenigen Unternehmen beteiligen, und Finanzinvestoren. Während dem Direktinvestor vor allem an der Leistungsfähigkeit seines einzelnen Unternehmens gelegen ist, interessiert den Finanzinvestor zusätzlich die gesamtwirtschaftliche Entwicklung des Landes oder der Region und die Kapitalmarktentwicklung.

Abb. 7: Ausländische Direktinvestitionen und Auslandsverschuldung zu BIP 1995

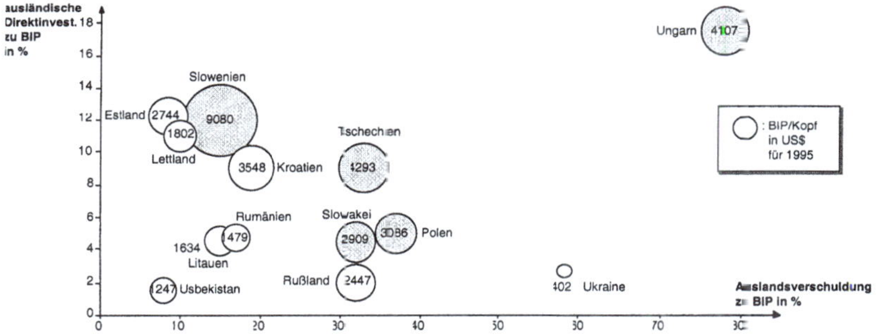

Quelle: EBRD, 1996, S. 116, S. 122 und S. 185 ff, eigene Darstellung

Grund für die Zurückhaltung ausländischer Finanzinvestoren, insbesondere der Portfolioinvestoren, sind sicherlich die hohen wirtschaftlichen und politischen Risiken, mit denen die Region noch behaftet ist. Der Wegfall der Comecon-Beziehungen und die notwendige Zerschlagung der ehemaligen Großkombinate hatte den starken Einbruch der Industrieproduktion zur Folge. Anfänglich negative Handelsbilanzen und in einigen Ländern nach wie vor hohe Auslandsverschuldung gefährden die gesamtwirtschaftliche Stabilität und bergen Währungsrisiken. Der gesetzliche Rahmen für Finanzinvestoren ist nach wie vor unvollständig und seine Umsetzung läßt infolge schlecht ausgestatteter Gerichtsbarkeit und Verwaltung häufig zu wünschen übrig. Kapitalmarktstrukturen mit Banken, Börsen, Anlageinstrumenten und den erforderlichen gesetzlichen Regelungen entstehen erst. Alle Länder haben Bankenkrisen durchlaufen. Die Visegrad-Staaten und das Baltikum weisen noch die geringsten Risiken auf. Sie haben traditionell eine starke Bindung an Westeuropa, und der wirtschaftliche Reformprozeß ist bereits weit fortgeschritten. Dagegen weist die GUS das höchste Risiko in der Region auf. Zum einen besteht ein hohes ethnisches Konfliktpotential sowie grundsätzlich die Bereitschaft, diese Konflikte auch militärisch auszutragen. Zum anderen kommt hier die aktuelle Instabilität des politischen Systems dazu (vgl. Abb. 8).

Unter politischen Risiken werden im allgemeinen Veränderungen des politischen Systems verstanden, die sich negativ bzw. verlangsamend auf die Privatisierungsfortschritte und die Adaption marktwirtschaftlicher Strukturen auswirken können. Insbesondere vor Wahlen beziehen Fondsmanager eher konservative Positionen mit erhöhten Barreserven. Zu den politischen Risiken werden ebenfalls Korruption und Kriminalität gezählt. Einige Fondsmanager reduzierten ihre Positionen in Tschechien und der Slowakei aufgrund anhaltender Probleme bei der Bekämpfung der Korruption sowie in der Slowakei wegen der generell politisch unsicheren Lage (Anhang 6, Nr. 1).

Abb. 8: Marktwachstum 1996 - 2000 in % p.a., Risikoabschätzung

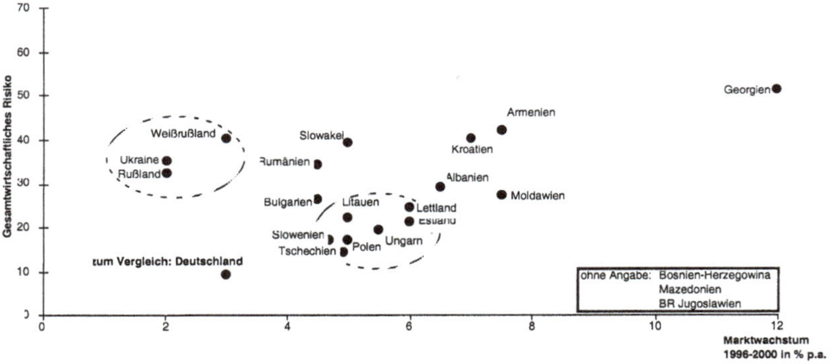

Quelle: DRI 9/96 und EBRD, 1996

Bei den makroökonomischen Risiken in entwickelteren Transformationsländern wurden hauptsächlich unsichere Erwartungen in Bezug auf die Entwicklung der Wechselkurse sowie der Inflation genannt. Tschechien war es beispielsweise 1995 zum ersten Mal wegen eines zu geringen Zahlungsbilanzüberschusses nicht möglich, das Leistungsbilanzdefizit durch Kapitalzuflüsse ausländischer Investoren zu decken (vgl. Baur, 1997, S. 14). Tschechien, Ungarn und Polen binden ihre Währungen an einen sogenannten Crawling Peg, eine regelmäßige Abwertung gegenüber Hartwährungskörben.[17] Da aber die Abwertungsraten unter den Inflationsdifferenzen liegen, kommt es zu einer schrittweisen realen Aufwertung der Währungen der drei genannten Länder. Obwohl eine Änderung der Wechselkurspolitik innenpolitisch unerwünscht ist, kann eine Korrektur langfristig dennoch nicht ausgeschlossen werden und birgt somit Risiken für Portfolioinvestitionen (vgl. Interviewprotokoll, Mandel, Günter, Die erste österreichische Spar-Casse Bank AG). Der mangelnde Schutz von Minderheitsaktionären wurde ebenfalls in Verbindung mit makroökonomischen Risiken genannt. Das in Tschechien investierte Fondsvermögen wurde unter anderem wegen ausstehender Gesetze zum Schutz von Minderheitsaktionären von einigen Fonds reduziert.

Die Entwicklung der Länder Zentral- und Osteuropas im Transformationsprozeß verlief bisher sehr unterschiedlich. In Abb. 9 ist dies durch den sog. Stabilitätsindex ausgedrückt, der sich aus wichtigen gesamtwirtschaftlichen Kennziffern zusammensetzt, dem der Anteil der Privatwirtschaft als weiteres wichtiges Indiz für den wirtschaftlichen Reformprozeß geegnübergestellt wurde (vgl. Abb. 9 und Anhang 1).

Je nach Stand des Transformationsprozesses lassen sich die Länder sog. Transformationsphasen zuordnen. Für die weitere Untersuchung werden für jede Phase repräsentative Länder ausgewählt. Es wird zu untersuchen sein, wie die gesamtwirtschaftliche Entwicklung mit der Kapitalmarktentwicklung verknüpft ist, und welche Auswirkungen dies auf die Anlagestrategie von Investmentfonds hat.

---

17 Der Wechselkurs der tschechischen Krone wird in Abhängigkeit von den Schwankungen des US-Dollars und der D-Mark (im Verhältnis 35/65) festgelegt. Der Wechselkurs des ungarischen Forint wird nach einem Korb fixiert, in dem US-Dollar und ECU (im Verhältnis 30/70) vertreten sind. Der Kurs des polnischen Zloty richtet sich nach einem gewichteten Korb von fünf westeuropäischen Währungen, gegen den der Zloty in der Zeit von Mai 1995 bis September 1996 monatlich um durchschnittlich 1,4% abgewertet wurde (vgl. o. V., Vontobel, S. 11 und Datastream).

Abb. 9: Stand des wirtschaftlichen Reformprozesses im Vergleich

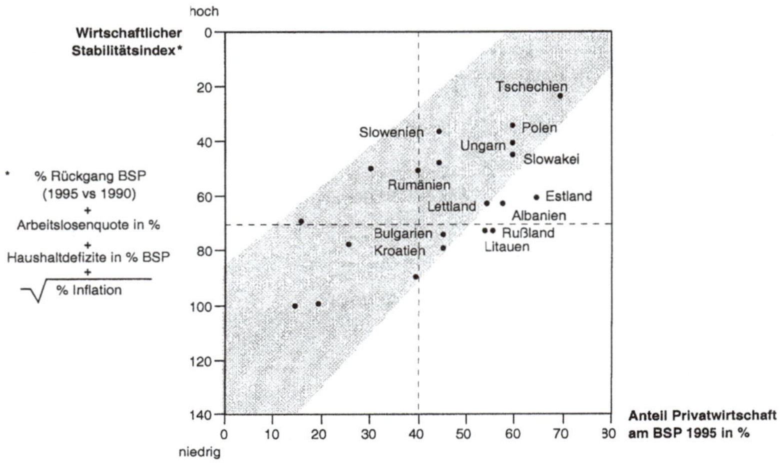

Quelle: EBRD, 1996, EBRD, 1997, IMF, 1996, Anhang 1

Abb. 10: Transformationsphase der Länder in Zentral- und Osteuropa

Transformationsphase I

- Fortgeschrittene Länder mit großem Wachstumspotential – Wachstumspotential 5-6% – relativ stabile Außenwirtschaft
  Polen , Slowakei, Slowenien, **Tschechien** , Ungarn

Transformationsphase II

- Transformationsländer, die nur mittelfristig Anschluß an die Spitzengruppe finden können – Strukturreformen teilweise noch unzureichend – niedrige Auslandsverschuldung bietet Spielraum für Kreditaufnahme im Ausland – teilweise politische Instabilitäten
  Estland, Lettland , **Litauen** , Kroatien, Rumänien

Transformationsphase III

- Transformationsländer mit großem, aber bisher wenig genutztem Wirtschaftspotential – Wirtschaftsreformen halbherzig durchgeführt, zeigen jedoch erste Ergebnisse – hohe Inflationsraten – Gefährdung des bisherigen Stabilisierungs- und Reformkurses nicht auszuschließen
  Rußland , Ukraine

Transformationsphase IV

- Zurückgebliebene Transformationsländer mit geringem inländischen Wirtschaftspotential – zum Teil große politische Widerstände gegen Reformen – hohe Zahlungsverpflichtungen für Energieimporte – geringes Wachstum
  Afghanistan, Albanien, Armenien, Belarus (Weißrußland), Bosnien, **Bulgarien**, Georgien, BR Jugoslawien, Mazedonien, Moldawien

Quelle: Roland Berger & Partner Research

Wegen ihrer Vorreiterstellung im Privatisierungsprozeß und bezüglich ihrer wirtschaftlichen Entwicklung werden die Länder Polen und Tschechien in die Untersuchungen einbezogen. Die baltischen Staaten repräsentieren die zweite Phase des Transformationsprozesses. Rußland, als größtes und wichtigstes Land, birgt neben vielen Unwägbarkeiten und Risiken große Potentiale und verdient deswegen Beachtung. Bulgarien als eines der rückständigsten Länder der Region wird ebenfalls in der weiteren Untersuchung behandelt.

2.1.3. Capital Markets

In einer Marktwirtschaft lassen sich zwei Arten von Märkten unterscheiden, die Märkte für Güter bzw. Produkte und die Faktormärkte für die Produktionsfaktoren Arbeit und Kapital (vgl. Fabozzi/Modligani, 1996, S.2). Gegenstand der Untersuchung ist der Kapitalmarkt. Der Begriff des Kapitalmarktes im abstrakten Sinne bezeichnet hier alle Möglichkeiten, Geld anzulegen und aufzunehmen. Auf ihm wird "Geld heute" gegen "Geld morgen" bzw. einen zukünftigen Zahlungsstrom getauscht (vgl. Schneider, 1992, S. 55).

> Der Kapitalmarkt ist die Gesamtheit der Möglichkeiten, frühere gegen spätere Zahlungen zu tauschen, wobei eine Zahlung heute den Preis für die zugehörige Gegenleistung in Form zukünftiger Zahlungen angibt (vgl. Schmidt/Terberger, 1996, S. 87 f.).

Die Herstellung von Einstimmigkeit über Investitions- und Finanzierungsentscheidungen wird erreicht durch die Marktwertmaximierung. Es soll das Bündel von Investitions- und Finanzierungsmaßnahmen gewählt werden, das den am Markt erzielbaren Preis der Zahlungsströme maximiert. Dieser Preis ist ihr Marktwert. Allerdings funktioniert die Herstellung der Einstimmigkeit durch Marktwertmaximierung nur in einem vollkommenen und vollständigen Kapitalmarkt. Nur hier kann er jederzeit seinen Anteil am Zahlungsstrom verkaufen, der seinen Präferenzen bezüglich zeitlicher Struktur und/oder Unsicherheit nicht entspricht. Und er kann jederzeit Zahlungsströme erwerben, die seinen Präferenzen mehr entsprechen. Die Modellwelt eines sogenannten vollkommenen und vollständigen Kapitalmarktes ist analog zu der neoklassischen Modellwelt vollkommener und vollständiger Gütermärkte konstruiert (vgl. Gutenberg, 1980):

> Ein Kapitalmarkt wird als vollkommen bezeichnet, wenn der Preis, zu dem ein Zahlungsstrom zu einem bestimmten Zeitpunkt gehandelt wird, für jeden Marktteilnehmer, unabhängig davon, ob er als Käufer oder

Verkäufer auftritt, gleich und gegeben ist. Es gibt damit auch niemanden, der den Preis beeinflussen kann (vgl. Arrow/Debreu, 1954, S. 265ff.).

Ein Kapitalmarkt wird als vollständig bezeichnet, wenn jeder beliebige Zahlungsstrom gehandelt werden kann, ganz gleich, welche Höhe, welche zeitliche Struktur und welche Unsicherheit er aufweist (vgl. Debreu, 1959, S. 98f.).

Preise, die sich unter diesen Voraussetzungen aus dem Ausgleich von Angebot und Nachfrage ergeben, nennt man Gleichgewichtspreise. Preise werden auf dem Kapitalmarkt in Form von Zinsen angegeben. Ein Zinssatz gibt an, um wieviel Prozent pro Periode ein späteres Zahlungsversprechen die früher dafür am Kapitalmarkt zu entrichtende bzw. zu erhaltende Zahlung, d. h. den alten Preis übersteigt (vgl. Schmidt/Terberger, 1996, S. 90). Ein Zinssatz stellt somit einen Preis pro Mengenangabe dar. Zinsen können sich im Zeitablauf ändern. Aus der Annahme sicherer Erwartungen würde sich ergeben, daß die Marktteilnehmer diese Veränderung voraussehen. Zinssätze können von der Laufzeit oder Fristigkeit der Kapitalüberlassung abhängen. Zusätzlich wird der Zinssatz maßgeblich vom Grad der Unsicherheit beeinflußt. Dies ist an späterer Stelle von Bedeutung. Wenn Wirtschaftssubjekte tendenziell früheren Konsum einem gleich hohen späteren vorziehen, so muß sich das auch im Preis bzw. Zinssatz widerspiegeln. Der heutige Preis für eine Zahlung in einer Periode muß höher sein als der für eine gleiche Zahlung in zwei Perioden (vgl. Brealey/Myers, 1991, S. 12).

Als Finanzanlagen werden die verbrieften Rechte auf solche zukünftigen Zahlungen bezeichnet. Als Anlagegegenstände werden grundsätzlich Gegenstände bezeichnet, die im Austausch einen Wert darstellen. Finanzanlagen sind zu unterscheiden in Eigenkapital- und Fremdkapitalanlagen. Der Fremdkapitalgeber erhält das Anrecht auf Rückzahlung seines zur Verfügung gestellten Kapitals nach einem festgelegten Zeitraum zzgl. einer vorher vereinbarten angemessenen Verzinsung. Der Eigenkapitalgeber wird Miteigentümer des Unternehmens, dem er sein Kapital zur Verfügung stellt. Er erwirbt das Recht auf Beteiligung am erwirtschafteten Gewinn des Unternehmens. Allerdings haftet er als Miteigentümer auch an eventuellen Verlusten des Unternehmens mit seinem eingesetzten Kapital. Aus diesem Grund ist i. d. R. der

Eigenkapitalgeber mit Mitbestimmungsrechten auf die Geschäftsführung ausgestattet (vgl. Fabozzi/Modigliani, 1996, S.3ff.).

Gegenstand dieser Untersuchung sind Eigentumsrechte, also die Anlage in Aktien und die sich daraus ergebenden Wertveränderungen des investierten Kapitals und Dividendenzahlungen.

Im konkreten Sinne werden auf dem Kapitalmarkt Finanzanlagen gehandelt (vgl. Fabozzi/Modigliani, 1996, S. 11). Die Existenz eines Kapitalmarktes ist grundsätzlich nicht erforderlich für den Austausch von Finanzanlagen. In den meisten Volkswirtschaften finden die Emission und der Handel von Finanzanlagen jedoch in einem mehr oder weniger organisierten Kapitalmarkt statt. Neben der Emission und dem Handel von Finanzanlagen als zentrale Funktionen erfüllt der Kapitalmarkt noch vier zusätzliche Funktionen (vgl. Loistl, 1994, S. 30):

- Transformation von Spar- in Anlagekapital
- Mengentransformation
- Fristentransformation
- Risikotransformation

Das Vorhandensein eines Kapitalmarktes ermöglicht die Transformation von Spar- in Anlagekapital. Durch die Wettbewerbskräfte erfolgt die Kapitalallokation in der Form, daß "eine Steuerung des knappen Kapitals zum besten Wirt", also zur produktivsten Investition, gewährleistet ist (Adolf Weber zit. nach Schlesinger, 1986, S. 25).

Die Höhe der von Kapitalgebern zur Verfügung gestellten Kapitalmengen ist in den seltensten Fällen mit der Summe der nachgefragten Kapitalmittel identisch. Kapitalsammelstellen wie Banken, Versicherungen oder Investmentfonds sorgen für eine Transformation der angebotenen und nachgefragten Kapitalmengen.

Durch die Fristentransformationsfunktion wird es möglich, daß individuelle Anleger bei ausreichender Fungibilität eines Wertpapiers und ausreichender Liquidität des Marktes nur kurzfristig Investitionskapital auch für langfristige

Investitionsobjekte zur Verfügung stellen können. Über den Markt können sie ihr verbrieftes Recht jederzeit an andere Marktteilnehmer abtreten. Für den Kapitalnehmer hingegen, der mit dem zur Verfügung gestellten Kapital Realinvestitionen tätigt, ist die Langfristigkeit der Investition gewahrt, da seine Verbindlichkeit investorenunabhängig ist.

Schließlich bietet der Kapitalmarkt die Möglichkeit der Risikotransformation, so daß in Abhängigkeit von der Finanzierungsform Eigen- und Fremdkapitalgeber zwischen verschiedenen Rendite-Risiko-Strukturen wählen können.

Zentrale Bedeutung für die Wahrnehmung der Transformationsfunktionen des Kapitalmarktes haben die sogenannten Finanzintermediäre. Zu ihnen zählen Banken, Versicherungen, Wertpapierhändler und Investmentfonds (vgl. Fabozzi/Modigliani, 1996, S. 22f.). Insbesondere die Gruppe der Investmentfonds ist der Schwerpunkt dieser Untersuchung.

2.1.4. Emerging Capital Markets

Als Emerging Capital Markets werden Länder bezeichnet, deren Entwicklungsstand noch unterentwickelt sind. Dazu zählt das Vorhandensein eines regulierten und funktionierenden Börsenhandels, die Höhe der Marktkapitalisierung und die Anzahl der börsennotierten Werte. Von den ca. 170 Emerging Markets verfügen lediglich 82 Länder über eine funktionierende Wertpapierbörse. Die IFC verfolgt dabei wiederum nur von 60 Aktienmärkten die aktuellen Wirtschafts- und Börsendaten (vgl. IFC, 1996, S. 18ff.).

Einige Emerging Markets verzeichneten in den vergangenen Jahren erhebliche Zuwächse der Marktkapitalisierung. Insgesamt wuchs der Anteil der Emerging Markets an der Weltmarktkapitalisierung von 3,7 Prozent im Jahre 1985 auf 13,7 Prozent im Jahr 1995. Wenn die Prognosen zutreffen, die davon ausgehen, daß die Börsenkapitalisierung der Emerging Markets jährlich um 15 Prozent und die der Industrienationen nur um 8 Prozent in der Marktkapitalisierung wachsen, werden die Emerging Markets im Jahr 2025 einen Anteil an der weltweiten Börsenkapitalisierung von 43 Prozent haben (vgl. Abb. 12). Die zunehmende portfolio-technische Bedeutung von Emerging

Markets manifestiert sich auch in einem Zeitvergleich der weltweit notierten Aktien. Während der Anteil der in Emerging Markets notierten Werte 1985 noch bei 33,4 Prozent lag, erreichte er 1994 bereits 47,3 Prozent. Diese Steigerung um 50 Prozent von 8.916 auf 17.115 Titel ist in bedeutendem Maße auf Privatisierungen und Neuemissionen zurückzuführen. Im gleichen Zeitraum nahm die Anzahl der notierten Werte in den etablierten Märkten lediglich um sieben Prozent auf 19.061 Werte zu (vgl. Lechner/Keppler, 1996, S. 22-26).

Abb. 11: Anteil der Emerging Markets an der Weltmarktkapitalisierung

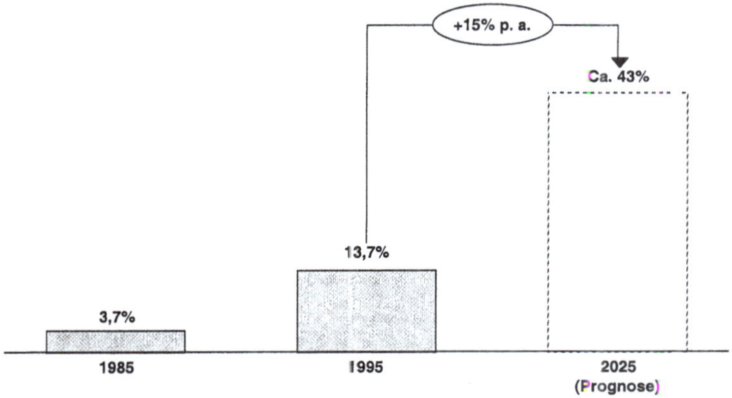

Quelle: IFC, 1996, S. 18ff. und Lechner/Keppler, 1996, S. 23, eigene Darstellung

Eines der wichtigsten Hemmnisse für den nachhaltigen wirtschaftlichen Aufschwung in den Emerging Markets ist Kapitalmangel. Seit dem Systemwechsel in der Wirtschaftspolitik zu Beginn der 90er Jahre wurde als Folge ein großer Nachholbedarf sowohl bei Konsum- als auch bei Investitionsgütern deutlich, gemessen an den Verhältnissen in den entwickelten Industrienationen. Investoren verhalten sich eher zurückhaltend. Risikoaspekte, die nur schwer in ihrer Wirkung einzuschätzen sind, lassen den Zeitpunkt und die Höhe der zu erwartenden Rendite der möglichen Investition unsicher erscheinen. Die Deckung des erforderlichen Kapitalbedarfs geschieht daher nur zögerlich. Abschätzungen der Größenordnung des Kapitalbedarfs in den untersuchten Ländern Zentral- und Osteuropas orientieren sich an der Höhe des Kapitalstocks, dem Wirtschaftswachstum oder an historischen Analogien. Aus dem Vergleich des anzustrebenden und des vorhandenen Kapitalstocks wird unterstellt, daß die Region Zentral- und Osteuropa nach Abschluß des Aufholprozesses eine Kapitalintensität vergleichbar der entwickelter Industriestaaten erreicht (vgl. Jennewein, 1995, S. 22). Bei einer angenommenen Dauer des Aufholprozesses von zehn Jahren berechnete Begg im Jahre 1990 eine erforderliche Kapitalbildung von USD 103 Mrd. bis 226 Mrd. pro Jahr für die Länder Polen, Ungarn, Tschechien, Slowakei, Slowenien und Rumänien (vgl. Begg, 1990, o. S.). Collins und Rodrik orientierten sich an einem möglichen und notwendigen Wirtschaftswachstum. Bei einer unterstellten Wachstumsrate von sieben Prozent p.a. wäre ein Kapitalbedarf von ca. USD 344 Mrd. für die osteuropäischen Länder (einschließlich Ostdeutschland) und rund USD 571 Mrd. für die Nachfolgestaaten der Sowjetunion notwendig (vgl. Collins/Rodrik, Eastern Europe, o. S.). Diese Aufholszenarien ermittelten einen sehr hohen Kapitalbedarf, da sie von einer optimistischen Wirtschaftsentwicklung ausgingen.

Anhaltspunkte für den möglichen Kapitalbedarf bieten auch historische Analogien von Kapitaltransfers. So machte die Marshall-Plan-Hilfe von insg. USD 12,4 Mrd. an 16 westeuropäische Länder im Zeitraum von April 1948 bis Dezember 1951 etwa zwei Prozent des damaligen Bruttosozialprodukts der Empfängerländer aus. Auf der Basis des Bruttoinlandsproduktes des Jahres 1991 ergäbe sich demnach für die osteuropäischen Länder Polen, Ungarn, Tschechien, Slowakei und Slowenien ein Kapitalbedarf von rund USD 11,5 Mrd. und für die ehemalige Sowjetunion von USD 29,3 Mrd. (vgl. Collins/Rodrik, Eastern Europe, o. S.). Bei einer solchen Analogie müßte jedoch die wirtschaftlichen Voraussetzungen der westeuropäischen Länder nach dem Krieg mit denen der osteuropäischen Ländern verglichen werden. Obwohl Deutschland stark betroffen war durch die Kriegsfolgen, waren weite Teile der Produktionsanlagen nach wie vor intakt. Zudem verfügte man aufgrund der Kriegsanstrengungen über ein hohes technisches Know how. Ganz anders war dagegen die Situation Zentral- und Osteuropas nach dem Fall des Eisernen Vorhangs. Heruntergewirtschaftete Produktionsanlagen, veraltete Techniken und eine marode Infrastruktur machen sicherlich noch größere Anstrengungen und höheren Kapitalbedarf erforderlich.

Die Bandbreite der Schätzungen reicht von ca. USD 41 Mrd. bis 915 Mrd. Der untere Wert dürfte deutlich zu niedrig und der obere Wert deutlich zu hoch sein. In jedem Fall zeigt die Bandbreite der Schätzungen, wie schwer quantifizierbar der Kapitalbedarf ist (vgl. Jennewein, 1995, S. 21f.). Die bisher tatsächlich geflossenen Kapitalströme liegen aber in jedem Fall im unteren Bereich dieser Schätzungen. Von 1990 bis 1995 betrugen die kumulierten Gesamtinvestitionen in die Region USD 199 Mrd., während im gleichen Zeitraum in allen Entwicklungsländern ca. USD 1.700 Mrd. investiert wurden. Der Anteil der Portfolioinvestitionen betrug daran in Zentral- und Osteuropa mit ca. USD 3,1 Mrd. etwa 1,5 Prozent. In allen Entwicklungsländern betrug der Anteil mit ca. USD 126 Mrd. etwa 7,5 Prozent (vgl. EBRD, 1996, S.114 f.).

Die nationalen Kapitalmärkte sind noch nicht in der Lage, das erforderliche Kapital aufzubringen, und man ist daher auf ausländische Kapitalquellen für die wirtschaftliche Entwicklung angewiesen. Zwar weisen die Länder Zentral- und Osteuropas eine ähnliche Sparquote von ca. 20 Prozent des Bruttoinlandsproduktes auf wie z. B. Deutschland oder Japan. Allerdings ist das Pro-Kopf-Einkommen deutlich niedriger als in diesen Ländern und damit auch die absolut zur Verfügung stehenden Mittel entsprechend weniger. Außerdem läßt der Entwicklungsstand des Bankensystems noch keine reibungslose Umwandlung von Spareinlagen in Investitionskapital zu. Seit Beginn des Transformationsprozesses in Osteuropa und der früheren Sowjetunion wird sowohl seitens der westlichen Staaten als auch der Transformationsländer der Verfügbarkeit externer Finanzierung eine Schlüsselrolle für erfolgreiche Restrukturierung und für die Unterstützung des Aufbaus marktwirtschaftlicher Strukturen zugewiesen. Vier Arten von Möglichkeiten zur Deckung des Kapitalbedarfes durch Auslandshilfe kann man unterscheiden:

- Langfristige Kredite von supranationalen Organisationen (z.B. Weltbank, Europäische Gemeinschaft, Internationaler Währungsfond etc.)
- Kurzfristige Kredite (Privatbanken, Unternehmen, Privatleute etc.)
- Direktinvestitionen
- Portfolioinvestitionen (Investmentfonds).

Untersuchungsgegenstand der weiteren Arbeit sind Anlagestrategien von Investmentfonds. Das Finanzierungsziel von supranationalen Organisationen ist primär auf die Stärkung der Entwicklung marktwirtschaftlicher Strukturen ausgerichtet. Internationale Direktinvestoren wählen ihre Investitionsobjekte nach Gesamtfirmeninteresse aus. Sie benötigen keine Kapitalmarktstrukturen in den Zielländern. Das benötigte Investitionskapital wird in aller Regel auf dem heimischen Kapitalmarkt aufgenommen und direkt an die Unternehmen und den Verkäufer - im Fall der Privatisierung an den Staat - übertragen. Anlagestrategien von Investmentfonds werden maßgeblich von der Entwicklungsstufe der Zielmärkte beeinflußt.

Damit für die weitere wirtschaftliche Erholung ausreichend Kapital aufgebracht werden kann, müssen die entsprechenden Rahmenbedingungen geschaffen werden. Neben der Bewältigung der Staatsschulden, der Einführung einer stabilen Währung, der Bekämpfung der hohen Inflationsraten, der Einleitung und konsequenten Durchführung von Privatisierungsprogrammen gehört zur Erschließung nationaler und internationaler Finanzierungsquellen insbesondere der Aufbau funktionierender Kapitalmärkte.

Wie der weitere Verlauf der Untersuchung zeigen wird, hat die Entwicklung der Kapitalmärkte entscheidenden Einfluß auf die Anlagestrategie von Investmentfonds. Außerdem ist aus dem gesamtwirtschaftlichen Entwicklungsstand nicht zwangsläufig auf den Entwicklungsstand des Kapitalmarktes zu schließen. Am Beispiel der ausgewählten Länder Zentral- und Osteuropas soll dies im folgenden verdeutlicht werden.

2.2. Investmentfonds

2.2.1. Merkmale

Der Begriff Investmentfond ist ein Oberbegriff für alle organisierten Finnzanlagen, bei denen das Prinzip der Risikomischung im Vordergrund steht (vgl. o.V., Gablers, S. 1725 ff.). Je nach Anlageschwerpunkt des Fonds kann das Kapital des Investmentfonds in Aktien, Optionscheinen, Rentenpapieren, Immobilienwerten, Edelmetallen und ähnlichen Werten angelegt sein. Der Bestand an Werten wird als Portfolio bezeichnet.

Der Grundgedanke des Investmentgeschäfts besteht darin, auch Kapitalanlegern mit niedrigen Einlagebeträgen eine Vermögensanlage nach dem Prinzip der Risikomischung anzubieten (vgl. Schierenbeck, 1987a, S. 247). Dabei erfolgt die Risikostreuung zum Zweck der Kapitalwertsicherung durch eine Verteilung des Vermögens auf mehrere Anlagetitel (vgl. Cox, 1971, S. 44). Auf Konsummöglichkeiten in der Gegenwart verzichtet ein Anleger nur dann, wenn er zukünftig höhere Konsummöglichkeiten erwarten kann, insbesondere wenn er dafür Risiken in Kauf nehmen muß. Die Ertragsmaximierung eines risikodiversifizierten Portfolios stellt sich dementsprechend als Hauptaufgabe und damit als zentrales Leistungsziel [18] der Investmentgesellschaft dar (vgl. Eilenberger, 1986, S. 71).

In Deutschland gibt es zwei Gesetze, die den Bereich der Investmentfonds regeln: Das Gesetz über Kapitalanlagegesellschaften (KAGG), das alle von deutschen Investmentgesellschaften und nach deutschem Recht aufgelegten Fonds betrifft, und das Auslandsinvestmentgesetz (AuslInvG), das alle von ausländischen Gesellschaften aufgelegten Fonds betrifft, die in Deutschland vertrieben werden dürfen. Im Zuge der Einführung des gemeinsamen europäischen Binnenmarktes wurden beide Vorschriften am 1. März 1990 an das europäische Investment-Richtlinien-Gesetz vom 20. Dezember 1985 angepaßt. Die Definition der Investmentgesellschaft in der Richtlinie ist in Bezug auf mögliche Unternehmensformen weiter gefaßt als diejenige im KAGG (vgl. Gburek, 1991, S. 36). Allerdings ist die Auslegung dieser Richtlinie bezüglich des Anlegerschutzes in Deutschland restriktiver als in anderen europäischen Ländern vorgenommen worden (vgl. Demuth, Michael, 1993, S. 23 ff.). Trotzdem wird auf die Definition gemäß KAGG hier verzichtet, zumal auch in Deutschland mit weiteren Liberalisierungen zu rechnen ist.

Europäische Investmentgesellschaften, die der Legaldefinition des Art. 1 II EG-Harmonisierungsrichtlinie (vgl. EG-Abl. Nr. L 375 vom 31.12.1985 S. 3 und Nr. L 100 vom 19.04.1988 S. 31) genügen, heißen "Organismus für gemeinschaftliche Anlagen in Wertpapieren" (OGAW). Durch diese Bezeichnung

---

[18] Nach Schierenbeck bilden Leistungs- und Finanzziele den Teil der Zielkonzeption eines Unternehmens, durch den der Gegenstandsbereich des Wirtschaftens wiedergegeben wird. Dagegen beschreiben die Erfolgsziele die dabei angestrebte Wirtschaftlichkeit. (vgl. Schierenbeck, Betriebswirtschaftslehre, S. 56)

kommt klar zum Ausdruck, daß das Hauptmerkmal von OGAWs die Wertpapieranlage auf kollektiver Basis ist. Weitere Definitionsmerkmale sind:

- Beschaffung des Geldes beim Publikum (dies impliziert öffentliche Werbung)
- Anlage des eingelegten Geldes ist ausschließlicher Geschäftszweck
- Grundsatz der Risikostreuung
- Rückzahlungsverpflichtung bei Rückgabe der Anteile oder Treffen von Maßnahmen, die den Börsenkurs der Anteile in der Nähe des Nettoinventarwertes halten.

Die Alternative zur Kapitalanlage in Investmentfonds für den Privatanleger ist die Direktanlage. Im Zuge der Entscheidungsfindung, eine Investmentfondsleistung in Anspruch zu nehmen oder statt dessen Direktanlagen zu tätigen, muß der Anleger Kosten und Nutzen beider Anlageformen gegenüberstellen. Hierbei muß er neben quantifizierbaren Erwerbs-, Verwaltungs- und Veräußerungskosten auch die größtenteils nicht quantifizierbaren Kosten der Informationsbeschaffung und Entscheidungsfindung berücksichtigen.

Die wesentlichen Vorteile des Fondsprodukts ggü. der Direktanlage liegen für den privaten Anleger in (vgl. Strenger, 1994, S. 643):

- der besseren Risikostreuung,
- dem professionellen Depotmanagement,
- dem Zugang zu Märkten,
- den günstigeren Transaktionskosten,
- der höheren Liquidität aufgrund börsentäglicher Rückgabemöglichkeit und
- einem niedrigen Anlagebetrag (in Deutschland bereits ab 100 DM monatlich)

Fonds werden über die Ausgabe von Anteilscheinen (Zertifikaten) finanziert. Das Vermögen eines Fonds wird in eine Vielzahl von einzelnen Werten investiert, die ein Portfolio bilden. Der Inhaber von Anteilscheinen partizipiert dabei von der unterschiedlichen Ertragsentwicklung der entsprechenden Unternehmen oder Wirtschaftsbereiche, aus denen sich das Portfolio des

Fonds zusammensetzt. Das Risiko einer Anlage in Investmentzertifikaten ist gestreut auf mehrere Werte und somit ggü. der Direktanlage geringer bei gleicher Rentabilität.

Die mangelnden Kenntnisse der Anleger schließen sie häufig noch von Anlagen aus, die ein durchaus akzeptables Risiko-Rendite-Profil aufweisen. So sind insbesondere die jüngeren Finanzierungsinstrumente wie Optionen, Futures und sonstige Derivate häufig aufgrund mangelnder Informationen über Funktion, Rendite und Risiko für Privatanleger kaum erreichbar (vgl. Demuth, 1993, S. 16ff.). Der primäre Vorteil des Investmentsparen besteht darin, dem Anleger bzw. Sparer die direkte Disposition seiner Finanzmittel abzunehmen. Professionelle Fondsmanager entscheiden über Anlagepolitik für den Fonds und sind damit maßgeblich verantwortlich für die Wertentwicklung des Portfolios. In der Folge reduzieren sich zum einen die Informations- und Entscheidungsunsicherheit[19] des Anlegers, zum anderen ergeben sich für ihn Verwaltungsvereinfachungen. [20]

In einigen Fällen ist der Erwerb von Wertpapieren oder Werten an bestimmte Voraussetzungen geknüpft. So ist beispielsweise der Erwerb von Aktien, die nur an der amerikanischen Börse gehandelt werden, für einen deutschen Anleger nur in einer bestimmten Mindeststückzahl möglich. Bei der Direktanlage in Immobilien beispielsweise ist je nach Lage, Größe und Zustand des Objektes ein mehr oder weniger hoher Preis zu zahlen, der eine ganze Reihe von Kleinanlegern von einer Anlage am Immobilienmarkt ausschließt.

Da dem Fondsmanager aus dem Sondervermögen große Beträge zur Verfügung stehen, kann er in großen Stückzahlen Wertpapiere und Beteiligungen erwerben. Neben der Nutzung von Größendegressionseffekten bei den Transaktionskosten wie Bankgebühren und Maklerprovisionen, können Fonds als Großanleger i. d. R. bessere Konditionen erzielen als ein Privatanleger. Außerdem werden die Existenz von Zusatzrechten, z. B. die Umtauschbarkeit

19 Hierbei versteht man unter dem Begriff Informationsunsicherheit die Unsicherheit, alle relevanten Informationen rechtzeitig zu erlangen. Der Begriff Entscheidungsunsicherheit hingegen beschreibt die Gefahr, daß bestimmte Informationen falsch bewertet werden (vgl. Borgmeier, 1992, S. 93, 95).

20 So entfallen Kontrolltätigkeiten bei Einzelpositionen (z. B. Prüfung von Zinsgutschriften), woraus sich eine Zeitersparnis ergibt, die theoretisch bei alternativen Verwendungsmöglichkeiten monetär in Geldeinheiten oder in Nutzeneinheiten gemessen werden kann (vgl. Balk/Eller/Gutmann, 1991, S. 10).

zu ermäßigten Kosten, steuerliche Aspekte und die jederzeitige Verfügbarkeit (vgl. Balk/Eller/Gutmann, 1991, S. 33) als Vorteile der Investmentanlage aufgeführt (vgl. Jacob, 1996, S. 18-19). Das Investmentzertifikat kann - ebenso wie die Aktie oder ein Rentenpapier - börsentäglich erworben und wieder veräußert werden. Es hat also hier eine vergleichbare Liquidität.

Im Vergleich zur Direktanlage entstehen dem Investmentanleger besonders durch die Zwischenschaltung einer Institution zwischen Kapitalgeber und Kapitalnehmer Nachteile. Daraus ergeben sich für den Investor zusätzliche Kosten, die hauptsächlich in Form von Ausgabeaufschlägen, Verwaltungsgebühren und Depotbankgebühren in Erscheinung treten. Als Folge der Bündelung von Interessen verschiedener Anleger und der gesetzlichen Beschränkungen sind Investmentfonds außerdem weniger individuell gestaltet als Direktanlagen. Daneben wird die geringere Flexibilität großer Fondsvermögen, insbesondere in Verbindung mit engen Märkten, als Nachteil angesehen (vgl. Jacob, 1996, S. 19). Weiterhin muß berücksichtigt werden, daß durch die Zwischenschaltung der Investmentgesellschaft keine direkte Einflußmöglichkeit für Anleger besteht. Insbesondere besitzen Investoren keine Stimmrechte in der Hauptversammlung einer Aktiengesellschaft.

2.2.2. Historische Entwicklung

Die meist als älteste genannte, jedoch nicht nach dem Prinzip der Risikomischung arbeitende Investmentgesellschaft wurde 1822 als „Société Générale des Pays-Bas" in Brüssel gegründet. Danach entstanden 1849 die schweizerische Gesellschaft „Société Civile Génêvoise d`Emploi de Fonds" und 1852 die „Société Générale de Crédit Mobilier" (vgl. Mol, 1991, S. 88). Als erste Investmentgesellschaft begann in England und Schottland 1856 die „Scottish-American-Investment-Company" mit der Ausgabe von Anteilen (vgl. Böcker, 1976, S. 1). Der „Foreign and Colonial Government Trust" (Schottland, 1868) beschreibt in seinem Gründungsprospekt erstmals das Ziel des Investmentsparens: „Das Ziel der Gesellschaft ist es, den kleinen Sparern dieselben Vorteile zu verschaffen wie den Reichen, indem das Risiko durch die Streuung der Kapitalanlage auf eine Vielzahl verschiedener Aktien vermindert wird" (vgl. Laux/Päsler, 1992, S. 9).

In den USA, dem Land mit dem heute größten Fondsvolumen, entstanden die Vorformen der ersten Investmentgesellschaften in den 80er und 90er Jahren des vorigen Jahrhunderts. Dabei läßt sich erst der 1889 gegründete „New York Stock Trust" mit einiger Sicherheit als eine Investmentgesellschaft im heutigen Sinne bezeichnen (vgl. Schäcker, 1961, S. 20: die genaue Bezeichnung der Gesellschaft lautet „American Loan and Trust Company of the City of New York"). In Deutschland wurden als erste Investmentgesellschaften 1923 der „Zickertsche Kapitalverein" - später umbenannt in „Deutscher Kapitalverein" - sowie 1926 die „Bayerische Investment AG" gegründet die jedoch 1931 bzw. 1932 wegen leichtsinniger Anlagepolitik wieder liquidiert wurden (Schäcker, 1961, S. 26). Dies ist einer der wichtigen Gründe für eine ausbleibende Ausbreitung der Investmentidee in Deutschland bis nach dem Zweiten Weltkrieg. Dazu kamen die hohen steuerlichen Belastungen der Investmentfonds gegenüber der Direktanlage (vgl. Jacob, 1996, S. 21). Erst 1949 wurde die Allgemeine Deutsche Investmentgesellschaft mbH (ADIG) als erstes Unternehmen dieser Art in Deutschland gegründet. Einen Aufschwung erlebte das Investmentgeschäft danach vor allem durch das 1957 verabschiedete Gesetz über Kapitalanlagegesellschaften. Verschiedene Gesetzesnovellen führen seitdem zu einer ständigen Ausweitung der Anlagemöglichkeiten in Investmentfonds.[21]

In der Zwischenzeit ist der Fondsgedanke weiterentwickelt worden mit starken Differenzierungen. Heute bestehen die Anleger nicht mehr nur aus Privatanlegern, die kleinere Beträge zur Verfügung haben. Inzwischen ist die Palette der Fondsangebote auf eine Vielzahl unterschiedlicher Anleger erweitert worden. Neben kleinen und großen Privatanlegern gibt es inzwischen institutionelle Anleger wie Banken, Versicherungen und Pensionskassen. Sie bilden Sondervermögen, für die ein Portfolio von Wertpapieren und Werten zusammengestellt wird. Die Bedeutung der Investmentanlage hat in den letzten Jahren weiter zugenommen. Weltweit betrug das Fondsvermögen im Jahr 1995 ca. DM 7,2 Billionen. Von 1994 bis 1995 nahm es um ca. 12 Prozent zu. Die USA sind die führende Investmentnation. Die Amerikaner haben inzwischen ca. DM 4 Billionen in Investmentfonds angelegt Deutschland liegt auf Platz fünf. Jeder Amerikaner hat inzwischen durchschnittlich DM 15.758

21 Zuletzt sind hier insbesondere die Änderungen durch die sogenannte Kleine KAGG-Novelle (vgl. hierzu Baltzer, [1988] S. 18-22) sowie das Erste und Zweite Finanzmarktförderungsgesetz zu nennen.

(1995) in Investmentfonds investiert. Das Pro-Kopf-Vermögen in Deutschland betrug zum Jahresende 1995 nur DM 3.073 . Dies reicht weltweit nur zu Platz 12. Unter Einbezug der Luxemburger Fonds deutscher Kapitalanlagegesellschaften erreicht das Pro-Kopf-Vermögen der Deutschen immerhin 4.809 DM und damit Rang 8. Auf jeden Fall weist Deutschland noch ein beträchtliches Steigerungspotential auf (vgl. BVI (Hrsg.),1996, S. 9ff.).

Tab. 2: Investmentfondsvermögen weltweit 1995 (Mio. DM) und Pro-Kopf Investmentfondvermögen 1995 (DM)

Nr.	Land	absolut (Mio.DM)		Veränd.		pro Kopf (Mio. DM)		Veränd.	
		1994	1995	abs.	%	1994	1995	abs.	%
1	Luxemburg	439.480	466.543	27.063	6,16%	n.a.	n.a.	n.a.	n.a.
2	USA	3.347.722	4.062.427	714.705	21,35%	12.986	15.758	2.772	21,35%
3	Frankreich	772.237	748.438	-23.799	-3,08%	13.430	13.016	-414	-3,08%
4	Schweiz	60.269	64.187	3.918	6,50%	8.610	9.170	560	6,50%
5	Österreich	36.382	47.788	11.406	31,35%	4.605	6.049	1.444	31,35%
6	Kanada	140.399	153.305	12.906	9,19%	5.051	5.515	464	9,19%
7	Japan	674.479	666.988	-7.491	-1,11%	5.417	5.357	-60	-1,11%
8	Niederlande	74.188	74.416	228	0,31%	4.849	4.864	15	0,31%
9	Schweden	31.303	38.586	7.283	23,27%	3.598	4.435	837	23,27%
10	GB	222.324	219.816	-2.508	-1,13%	3.839	3.796	-43	-1,13%
11	Spanien	132.136	143.682	11.546	8,74%	3.344	3.636	292	8,74%
12	Belgien	29.313	34.435	5.122	17,47%	2.902	3.409	507	17,47%
13	Deutschland	229.008	250.419	21.411	9,35%	2.810	3.073	263	9,35%
14	Australien	48.648	46.307	-2.341	-4,81%	2.764	2.631	-133	-4,81%
15	Portugal	19.992	21.267	1.275	6,38%	2.040	2.170	130	6,38%
16	Italien	124.153	114.682	-9.471	-7,63%	2.174	2.008	-166	-7,63%
17	Dänemark	8.458	9.222	764	9,03%	1.589	1.733	144	9,03%
18	Griechenland	8.649	14.779	6.130	70,88%	832	1.421	589	70,88%
19	Südafrika	11.642	13.379	1.737	14,92%	293	337	44	14,92%
	Summe	**6.410.782**	**7.190.666**	**779.884**	**12,17%**				

Quelle: BVI, 1996, S. 9ff.

2.2.3. Organisationsstruktur

Der folgende Abschnitt behandelt die Unterscheidung von Investmentfonds nach ihrer Organisationsstruktur. Je nach Land, in dem ein Fonds aufgelegt wird, können die Rechte, Pflichten und Anforderungen unterschiedlich gesetzlich geregelt sein. Nach den zwei Grundformen können Investmentfonds sowohl vertraglich als auch gesellschaftlich organisiert sein.

- *Vertragstyp*

Kapitalanlagegesellschaften mit Sitz in der Bundesrepublik Deutschland sind ausschließlich nach dem sogenannten Vertragstyp organisiert. Dabei bestimmen die Vertragsbedingungen die Beziehung zwischen dem Investmentanleger und der Investmentgesellschaft. Der Anleger wird nicht Gesellschafter der Investmentgesellschaft, sondern erwirbt nur Anteile an einem Fondsvermögen, das nicht identisch mit dem Gesellschaftsvermögen ist (vgl. Beckman/Scholz, 1979, Kennzahl 731, Rn. 3). Somit tritt an die Stelle des Beteiligungsverhältnisses ein Schuldverhältnis zwischen dem Investmentsparer und der Gesellschaft (vgl. Schuster, Struktur, Rz. 2f.). Die sich daraus ergebenden Rechte der Investmentsparer werden in Anteilscheinen verbrieft (vgl. Laux, 1988, Sp. 1173f.).

Die Beziehungen des Investmentanlegers und der Investmentgesellschaft werden im Anteilvertrag, der sich in einen Allgemeinen und einen Besonderen Teil aufspaltet, geregelt (§ 15 I KAGG) (BVI-Mustervertragsbedingungen, vgl. Päsler, 1991, S 269 ff). Der Allgemeine Teil der Vertragsbedingungen ist für diese Fonds identisch, während der Besondere Teil fondspezifische Regelungen enthält (vgl. Brüggemann, Investmentsparen, S. 406). Das Bundesaufsichtsamt für das Kreditwesen (BAK) muß die Vertragsbedingungen genehmigen (§ 15 II KAGG). Das Trennungsprinzip hat positive Auswirkungen auf den Anlegerschutz, da das Sondervermögen für Verbindlichkeiten der Managementgesellschaft gegenüber Dritten nicht haftet. Des weiteren ermöglicht es der KAG, verschiedene, voneinander unabhängige Fonds aufzulegen (vgl. Prager, 1971, S. 11).

Die Depotbank übernimmt Aufgaben, die in Zusammenhang mit den Anteilscheinen anfallen. Sie verwaltet und verwahrt die Wertpapiere, ist verantwortlich für die Ausgabe und Rücknahme der Anteile, berechnet die Inventarwerte und nimmt eine allgemeine Kontrollfunktion gegenüber der KAG wahr (§§ 12, 12a, 13 KAGG). Durch die Depotbank wird aus der zweiseitigen Beziehung zwischen KAG und Anteilinhaber ein rechtliches Investment-Dreieck (vgl. Ohl, 1989, S. 11 ff.). Dieses sogenannte Depotbankprinzip ist ein elementarer Bestandteil des Anlegerschutzsystems des KAGG (vgl. Laux/Päsler, 1992, S. 47).

- *Gesellschaftstyp*

Bei der Investmentgesellschaft des Gesellschaftstyps, die in der Rechtsform der Aktiengesellschaft oder einer SICAV (Société d`investissement à capital variable) betrieben werden, erfolgt die Mittelaufnahme durch die Ausgabe von Aktien oder die Einzahlung von Stammeinlagen (vgl. Laux/Päsler, 1992, S. 33). Das Betriebskapital der Gesellschaft wird nicht vom Fondsvermögen getrennt behandelt, sondern bildet mit diesem eine Einheit. Als Träger der Investmentgesellschaft besitzen die Gesellschafter das Eigentum an dieser Gesamtvermögenseinheit. Die Investoren stehen im Gegensatz zum Vertragstyp nicht in einem Schuldverhältnis, sondern in einem Beteiligungsverhältnis zur Gesellschaft, das bei der Aktiengesellschaft durch die Aktie verbrieft wird (vgl. Laux/Päsler, 1992, S. 33).

In Großbritannien sind die Fonds des Gesellschaftertyps unter der Bezeichnung Investment Trust bekannt. Diese firmieren in der Form der Aktiengesellschaft. Der Investment Trust hat wie jede britische Aktiengesellschaft ein fixes Grundkapital. Da keine Änderungen des Grundkapitals zugelassen sind, arbeitet der Investment Trust nach dem Closed-End-Prinzip. Seine Aufgabe ist die Kapitalwertsicherung und -mehrung zum Nutzen der Aktionäre. Dies unterscheidet ihn von Spekulations- oder Unternehmensübernahmegesellschaften (vgl. Frank, 1961, S. 8). Der Investment Trust unterliegt dem Companies Act von 1948. Er wird daher nicht durch eine spezielle Investmentgesetzgebung geregelt (vgl. Elsner, 1980, S. 14f.). Die Satzung bestimmt das Verhältnis zu den Aktionären. Aus dieser und bestimmten Steuergesetzen ergeben sich die Anlagevorschriften des Investment Trusts.

In den USA steht der Begriff „Management Investment Companies" (§ 4 ICA) synonym für Fonds des Gesellschaftstyps. Während Mutual Funds nach dem Open-End-Prinzip funktionieren, besitzen die Closed-End-Companies ein fixes Grundkapital. Eine feste Anzahl Aktien ist im Umlauf und wird am Sekundärmarkt gehandelt (vgl. Brauer, 1992, S. 375). Die Aufsicht erfolgt durch die Securities and Exchange Commission (SEC) auf der Grundlage des Investment Company Act (ICA) und des Corporation Law (US Aktiengesetz) (vgl. Baur, 1990, § 19, Rn. 159 ff.).

Bei den amerikanischen und britischen Investmentgesellschaften findet man oftmals eine Trennung der Anlagepolitik und der Verwaltung der Anteile. Die Ausübung der Anlagepolitik durch einen Investment Advisor bezeichnet man „Externalisation of Management'. Bezüglich des Aufgabenbereichs entspricht der Investment Advisor der deutschen Kapitalanlagegesellschaft, die aber gleichzeitig auch die Investmentgesellschaft selber darstellt und ihr Verwaltungsmandat aus dem Vertragstyp ableitet (vgl. Köster, 1974, S. 60). Aufgrund des in den USA vorherrschenden Prinzips des Trennbankensystems erfolgt der Vertrieb ebenfalls durch eine eigene juristische Gesellschaft, dem Principal Underwriter.

2.2.4. Arten von Investmentfonds

Anschließend werden Investmentfonds nach der Art der Rücknahme von Anteilen, der Anlagewerte im Fondsvermögen und der Verwendung der Erträge differenziert (vgl. Abb. 15).

Abb. 12: Arten von Investmentfonds

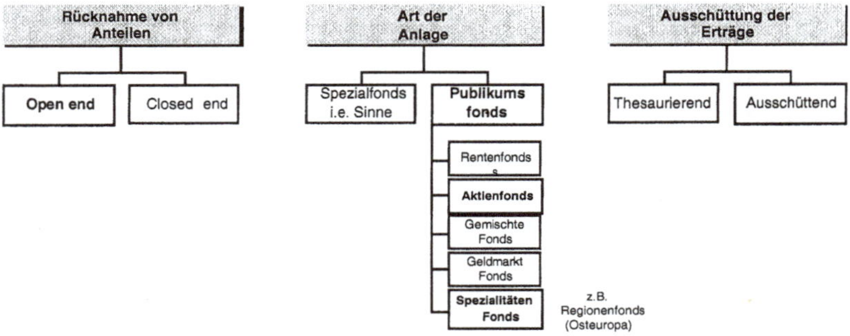

- *Unterscheidung der Investmentfonds nach der Art der Rücknahme von Anteilen*

Fonds, die nach dem Open-End-Prinzip funktionieren, garantieren den Anlegern, die Anteilscheine jederzeit zum Inventarwert wieder zurückzunehmen. Dadurch ist sichergestellt, daß der Anleger stets den Substanzwert zurückerhält (vgl. Noll, 1989, S. 101). Dieses "Right of Redemption" (vgl. Baur, 1970, S.173) ist von jeder KAG zu gewährleisten (§ 11 II (1) KAGG). Anders ausgedrückt, ist die Zahl der Investmentsparer bei dieser Art der Rücknahme flexibel, und die Investmentzertifikate können jederzeit zu Lasten des Fonds- bzw. des Gesellschaftsvermögens vom Investmentsparer zurückgegeben werden (vgl. Torman, 1968, S. 16).

Das Rückgaberecht, welches normalerweise unabdingbar ist, kann durch Vertragsbedingungen für die Fälle von außergewöhnlichen Umständen eingeschränkt werden (Katastrophenklausel). Die Rückzahlung kann ausgesetzt werden, um einen interessewahrenden Verkauf zu ermöglichen (§§ 11 II (2), 15 III g) KAGG). Näheres regeln die Vertragsbedingungen (vgl . Köster, 1974,

S. 189). In den Vereinigten Staaten sind die Rücknahmemodalitäten zwar gesetzlich festgeschrieben, jedoch kann der Anleger in Wertpapieren statt in bar ausbezahlt werden (vgl. Schwark, 1979, S. 310). Diese Regelung verhindert, daß bei massiver Rückgabe die Werte der im Portfolio verbleibenden Wertpapiere zu stark in Mitleidenschaft gezogen werden.

Man unterscheidet ebenfalls nach zweiseitig offenen bzw. semi-offenen Fonds. Fonds, die laufend Anteile ausgeben, werden wegen ihrer unbeschränkten Zahl von Anteilen als zweiseitig offen bezeichnet. Im Gegensatz dazu schließen die semi-offenen Fonds auf der Ausgabeseite, aber garantieren weiterhin die Rücknahme (vgl. Päsler, 1991, S. 348). Maßgeblich für das Open-End-Prinzip soll im folgenden die Offenheit auf der Rückgabeseite (Open-end) sein.

Aus Anlegersicht bieten sich primär zwei Vorteile. Erstens hat der Anleger einen jederzeitigen Anspruch auf Rücknahme und Auszahlung des Inventarwertes, und zweitens weisen Open-End-Fonds vergleichsweise niedrige Preisschwankungen auf. Dafür muß eine Reihe von Nachteilen in Kauf genommen werden. Da Fondsmanager im Falle von massiven Rückflüssen gezwungen sind, Wertpapiere zu verkaufen, halten sie immer ein gewisses Maß an Liquidität für ausscheidungswillige Anleger, wodurch sich Renditeverluste ergeben. Darüber hinaus ist das Management offener Fonds, da Werbe- und Vertriebskosten anfallen, relativ teuer (bis ca. 1,5 Prozent p. a.).

Für Fonds, die nach dem Closed-End-Prinzip arbeiten, besteht nach Emission keine Rücknahmeverpflichtung mehr (vgl. Büschgen, 1992, S. 396). Ein Anleger kann einmal emittierte Anteilscheine nur noch auf dem Sekundärmarkt - dem börslichen und außerbörslichen Handel - liquidieren. Geschäftspartner sind Anleger, die nach dem Ablauf der „initial offering period"[22] Anteile des bereits geschlossenen Fonds erwerben wollen. Der Börsenkurs bzw. Verkaufspreis ergibt sich aufgrund von Angebot und Nachfrage, weshalb sich als Folge ein vom Inventarwert [23] abweichender Börsenkurs einstellen kann. Die Höhe

---

22 Der Zeitraum, in dem die Fonds auf der Anlegerseite offen sind.

23 Wert des Nettofondsvermögens, dividiert durch die Anzahl der umlaufenden Zertifikate. Der Nettoinventarwert ist dagegen die Summe aller Anlagen des Fonds, abzüglich der Verbindlichkeiten, geteilt durch die im Umlauf befindlichen Anteile. Dabei werden die Anlagen des Fonds mit ihren täglichen Kursen bewertet.

des Fondsvermögens ist dadurch festgelegt, daß das Grundkapital der Closed-End-Investmentfonds fixiert ist.
Die Vorteile des geschlossenen Investmentfonds sind eventuelle Renditevorteile, da das Fondsvolumen voll investiert werden kann, und ein relativ günstiges Fondsmanagement (bis ca. 1 Prozent p. a.). Relativ hohe Preisschwankungen sind als Nachteile mit dem Closed-End-Fonds verbunden.

Unterscheidung nach der Art der Anlagewerte im Fondsvermögen

Um den Präferenzen der einzelnen Anlegergruppen hinsichtlich ihrer Risikofreudigkeit, Beweglichkeit, Liquiditätspräferenz, „Wertpapierreife" und Höhe des Vermögens Rechnung zu tragen, wurden zahlreiche Investmentfondskategorien gebildet. Hinsichtlich des Anlegerkreises ist nach dem Gesetz über Kapitalanlagegesellschaften zwischen Spezialfonds und sonstigen Investmentfonds, die ihre Anteilscheine überwiegend dem breiten Anlegerpublikum anbieten (Publikumsfonds), zu unterscheiden (vgl. Laux/Päsler, 1992, S. 65). Anteile von Spezialfonds können gemäß §1 II KAGG nur von einem bestimmten, zahlenmäßig begrenzten Anlegerkreis, insbesondere in- und ausländischen institutionellen Kunden (z.B. Versicherungen, Pensionskassen, Kirchen, Stiftungen, Verbände) gehalten werden. Obwohl es Spezialfonds bereits seit 1968/69 gibt, wurden sie erst durch die Novellierung des Kapitalanlagegesetzes im März 1990 ausdrücklich in das Gesetz aufgenommen. Dort werden Spezialfonds definiert als „Sondervermögen, deren Anteilscheine aufgrund schriftlicher Vereinbarungen mit der Kapitalanlagegesellschaft jeweils von nicht mehr als zehn Anteilsinhabern, die nicht natürliche Personen sind, gehalten werden" (§1 II KAGG). Die ehemalige Beschränkung auf institutionelle Anleger mit sozialem Bezug (Sozialbindung) und Domizil in Deutschland fiel weg (vgl. F&V Finanzverlag (Hrsg.), 1996, S. 18).

Das Hauptmotiv für den einzelnen Spezialfondanleger besteht im individuellen Zuschnitt der Anlage- und Ausschüttungspolitik auf eigene spezielle Erfordernisse (vgl. Brück, 1980, S. 2/77). Die gesetzlichen Schutzvorschriften für Spezialfonds sind nicht so umfassend wie für Publikumsfonds, da der Gesetzgeber davon ausging, daß institutionelle Anleger, die in einen Spezialfonds investieren, ein ausreichendes Fachwissen besäßen. Anteilscheine eines Spezialfonds dürfen nur mit Zustimmung der Kapitalanlagegesellschaft übertragen werden (§1 II (2) KAGG).

Unter Publikumsfonds sind nach deutschem Recht die Wertpapier- und Immobilieninvestmentfonds zusammengefaßt, die dem breiten, anonymen Anlegerpublikum angeboten werden. Je nach Anlagespektrum, das gemäß § 15 III KAGG in den Vertragsbedingungen festzulegen ist, kann bei den Wertpapierfonds zwischen Aktien-, Renten-, Gemischten-, Geldmarkt- und Spezialitätenfonds ausgewählt werden. Das Vermögen von Aktienfonds besteht aus Aktien, die an den amtlichen Börsen, im geregelten Markt oder an anderen organisierten Märkten des In- und Auslandes gehandelt werden. Die Anlage in Aktienfonds ist - das zeigt die bisherige Entwicklung - die geeignetste Form des langfristigen Vermögensaufbaus. Rentenfonds investieren ausschließlich oder überwiegend in festverzinsliche Wertpapiere. Rentenfonds stellen eine risikoarme Anlage dar, da sie weitaus geringeren Kursschwankungen unterliegen als Aktienfonds. Gemischte Fonds legen das Vermögen sowohl in Aktien als auch in Rentenpapieren an. Ihr Risikograd ist somit zwischen dem der Aktien und der Rentenfonds anzusiedeln. Der Vorteil der Gemischten Fonds manifestiert sich darin, daß Anleger sowohl an den Kurschancen am Aktienmarkt als auch an den laufenden Zinserträgen von festverzinslichen Wertpapieren partizipieren können. Der Anlagehorizont solcher Fonds ist mittelfristiger Natur. Geldmarktfonds sind seit dem 1. März 1990 in der Bundesrepublik Deutschland erlaubt, seit das KAGG den Fondsgesellschaften die Möglichkeit einräumte, bis zu 49 Prozent des Fondsvermögens in Bankguthaben und Geldmarktpapieren zu halten. Das übrige Vermögen wird in erster Linie in kurzlaufenden Rentenpapieren angelegt. Das daraus resultierende, äußerst geringe Risikopotential sowie eine am Geld- und Kapitalmarkt orientierte Verzinsung stellen den besonderen Charakter der geldmarktnahen Fonds dar (vgl. BVI (Hrsg.), 1994, S. 27).

Spezialitätenfonds unterscheiden sich voneinander durch die verschiedenartige Ausrichtung ihrer Anlagepolitik. So zählen zu den Spezialitätenfonds Länder- und Regionenfonds (z.B. Osteuropafonds), Branchenfonds oder besondere Finanzinstrumente wie Wandel- und Optionsanleihen. Spezialitätenfonds beinhalten für den Anleger die Möglichkeit, an ausgewählten Märkten im In- und Ausland zu partizipieren. Dies setzt jedoch von Seiten des Anlegers ein bestimmtes Maß an Risikobereitschaft, Flexibilität und Wertpapiererfahrung voraus. Wie die Vergangenheit zeigt, erscheinen solche Fonds wegen ihrer in Aussicht gestellten Kursgewinne besonders interessant. Der Anleger kann diese Fonds sowohl kurzfristig zur Erzielung von Kursgewinnen, als auch mittel- bis langfristig im Rahmen einer strategischen Asset Allocation einsetzen.

Unterscheidung nach der Art der Verwendung der Erträge

Während des Geschäftsjahres erwirtschaften Investmentfonds Gewinne und Erträge. Diese können, je nach Art der Anlageobjekte eines Fonds, aus Kursgewinnen, Dividenden, Bezugsrechten, Zinsen, Währungsgewinnen oder aus Gewinnen aus Mieteinnahmen stammen. Alle bisher dargestellten Fonds schütten ihre Erträge entweder einmal jährlich aus oder thesaurieren diese. Die Art der Verwendung der Erträge richtet sich nach den Präferenzen eines Anlegers. Falls der Investor über die Weiterverwendung der Erträge selbst verfügen möchte, entscheidet er sich für ausschüttende Fonds, die grundsätzlich die jährlich anfallenden Zinsen und Dividenden sowie teilweise Gewinne aus der Veräußerung von Wertpapieren an die Anleger auszahlen.

Fonds, die ihre Erträge nicht ausschütten, werden thesaurierend, kumulierend oder Wachstumsfonds genannt (vgl. Balk/Eller/Gutmann, 1991, S. 20). Bei diesen werden die Erträge einbehalten und sofort wieder im Sondervermögen angelegt, so daß die Substanz im Fonds vermehrt wird (vgl. BVI, 1994, S. 28). Der Anteilinhaber erhält im Gegenzug eine entsprechende Anzahl neuer Anteile. Für den Anleger ergeben sich die Vorteile, daß er sich nicht um die Wiederanlage kümmern muß und daß durch den Zinseszinseffekt das Fondsvermögen stärker wächst als bei ausschüttenden Fonds.

3. Anlagestrategien von Investmentfonds

3.1. Grundlegende Prinzipien

Grundsätzlich handelt es sich beim strategischen Management um eine Führungsphilosophie. Jede Organisation wird strategisch geführt. Ziel der strategischen Planung ist die Suche nach Strategien, die vor dem Hintergrund der aus dem Umfeld zu erwartenden Gelegenheiten und Gefahren die Stärken der Organisation im Wettbewerb ausnützen sowie ihre Schwächen möglichst weit umgehen bzw. abmildern sollen. Man bezeichnet dies auch als „Denken in Erfolgspotentialen". Strategisches Management bezieht die Strukturen und Ziele von Unternehmungen in die systematische Planung mit ein. Um zukünftige Entwicklungen in die Planung mit einzubeziehen, reicht es nicht aus, Vergangenheitsstrukturen in die Zukunft zu extrapolieren. Vielmehr müssen für die Vorhersage erwartete zukünftige Entwicklungen technologischer, ökonomischer und informationeller Variablen sowie sozialer und politischer Variablen einbezogen werden, um daraus Ziele zu definieren sowie Strategien zu entwerfen, mit denen diese Ziele erreicht werden können (vgl. Ansoff, 1976).

Unter Anlagestrategie eines Portfolios wird das prognosebasierte und am Kapitalmarkt umzusetzende Resultat der Asset Allocation verstanden. Der Begriff der Asset Allocation umfaßt dabei die grundsätzliche Entscheidung über Anlagegattung, Länder und Währungen sowie Optimierungsüberlegungen bzgl. Portfoliokonstruktionen (vgl. Bruns/Meyer-Bullerdiek, 1996, S. 76).

3.1.1. Performance

Um wirtschaftliches Handeln operationalisierbar zu machen müssen stets Ziele vorgegeben werden, die durch entsprechende Maßnahmen erreicht werden können. Im Rahmen des Portfoliomanagement läßt sich die Zielfestlegung unter dem Begriff "Performance" kennzeichnen. Als Performance bezeichnet man die realisierte Rendite von Investments. Renditemaß für Aktien sind z. B. die Dividenden- und die Gewinnrendite (Dividende bzw. Gewinn pro Aktie dividiert durch den aktuellen oder den Anschaffungskurs). Ein Maß, das sich sowohl auf historische Daten als auch auf künftige Renditeerwartungen anwenden läßt, ist die Total- bzw. Gesamtrendite. Die Totalrendite erfaßt den relativen Gesamtertrag über bestimmte Zeiträume und erlaubt insbesondere Vergleiche zwischen den verschiedensten Anlageformen. Die Totalrendite wird i. d. R. unter Vernachlässigung von Steuern, Transaktionskosten und Inflationseinflüssen ermittelt. Voraussetzung sind identische Anlagezeiträume (vgl. Hielscher, 1996, S. 31f.).

$$\text{Totalrendite} = \frac{\begin{array}{c}\text{Wert des Investments}\\ \text{am Ende der}\\ \text{Anlageperiode}\end{array} + \begin{array}{c}\text{Summe aller angefallenen}\\ \text{Periodenerträge während der}\\ \text{gesamten Anlageperiode}\end{array}}{\begin{array}{c}\text{Wert des Investments}\\ \text{am Anfang der}\\ \text{Anlageperiode}\end{array}}$$

Da verschiedenen Anlagealternativen meist unterschiedliche Anlagezeiträume und Anlagehorizonte zugrunde liegen, ist es üblich, Renditeangaben auf eine einheitliche zeitliche Bezugsgröße zu normieren. Die Rendite wird dazu meist auf jährlicher Basis angegeben. Wenn von Rendite die Rede ist, ist häufig von dem aus der Totalrendite abgeleiteten annualisierten Renditewert die Rede (vgl. Hielscher, 1996, S. 34).

Gerade auch vor dem Hintergrund der Emerging Capital Markets reicht die Betrachtung der Rendite als alleiniges Performancemaß nicht aus. Vielmehr muß auch das eingegangene Risiko bei der Anlage mit betrachtet werden. Die Performance eines Wertpapierportfolios wird daher in den beiden Bestandteilen Rendite und Risiko gemessen (vgl. Hielscher, 1996, S. 39f.). Im Gegensatz zu eindimensionalen traditionellen Anlagemodellen, die sich auf die Bewertung von Kapitalanlagen anhand von Renditevergleichen beschränken, versteht man unter Performance im weiteren Sinne eine zweidimensionale Maßgröße zur Erfolgsbeurteilung von Kapitalanlagen (vgl. Steiner/Bruns, 1996, S. 495). Deshalb wird Performance häufig als risikoadjustierte Rendite bezeichnet (vgl. Zimmermann, 1991, S. 164).

Zwei weitere wichtige Komponenten sind die Liquidität und der Zeithorizont eines Portfolios. Die neoklassische Investition zur Finanzierungstheorie unterstellt den vollkommenen und vollständigen Kapitalmarkt. Dadurch ist die Liquidierbarkeit von Wertpapieren jederzeit problemlos möglich und damit für die Beurteilung der Performance ohne Relevanz. Da dies jedoch nicht für die Emerging Capital Markets gilt, ist die Liquidierbarkeit der in dem Portfolio enthaltenen Wertpapiere ein wichtiger Performancebestandteil. Allerdings bereitet die Messung von Liquidität im Gegensatz zur Rendite und zum Risiko sehr viel größere Probleme (vgl. Amihud-Mendelson, 1991, S. 235ff.).

Die Ausprägung der Performance-Komponenten wird durch den Markt und die Präferenzen der Investoren beeinflußt. Die Performance-Komponenten Rendite, Risiko, Liquidität und Zeit beschreiben die Zielvariablen für das Portfolio-Management. Die Bewertung der Zielerreichung kann nur auf der Basis der Anleger-/Investorenpräferenzen vorgenommen werden. Um den Grad der Risikoaversion eines Investors berücksichtigen zu können, ist die Festlegung eines von ihm akzeptierten Risikomaßes erforderlich. Die Bestimmung der Risikoaversion eines Investors ist einer der kritischen Punkte des Portfoliomanagements. Eine solche Einschätzung kann lediglich subjektiv vorgenommen werden. Verfahren, die zur Bestimmung der Risikoaversion von Investoren entwickelt worden sind, können lediglich Unterstützung bei groben Abschätzungen geben. Anhand von Sensitivitätsanalysen werden bspw. die Haltung von Investoren zu bestimmten simulierten Marktszenarien analysiert.

Rendite- und Risikomaße basieren auf der neoklassischen Finanztheorie. Eine eingehende Diskussion der theoretischen Details würde den Rahmen dieser Arbeit überschreiten. Daher wird hier zur Vertiefung auf die zahlreich vorhandene Literatur zur neoklassischen Investitions- und Finanzierungstheorie verwiesen. In Kap. 4.5 wird diskutiert, ob die Risikomaße in Emerging Capital Markets sinnvoll angewendet werden können und wie man ihre Ergebnisse zu bewerten hat. Die aus der Theorie abgeleiteten Modelle sind Modelle zur optimalen Depotzusammenstellung. Sie basieren alle auf dem Grundgedanken, mit Hilfe eines mathematisch-statistischen Ansatzes Portfoliozusammenstellungen zu berechnen, die unter Berücksichtigung der Sicherheitspräferenz des Anlegers ein Optimum im Hinblick auf die beiden konkurrierenden Hauptanlageziele Ertragsmaximierung und Risikovermeidung darstellen (vgl. Hielscher, 1996, S. 52).

Als am weitesten verbreitete Risikomaße wurden aus den theoretischen Überlegungen die Volatilität und der Beta-Faktor abgeleitet. Die Volatilität ist das zentrale Risikomaß innerhalb der Portfoliotheorie von Markowitz. Je größer die Volatilität gemessen anhand der Varianz bzw. der Standardabweichung ist, desto nachteiliger ist ein Portfolio zu beurteilen. Eine höhereVolatilität bedeutet eine breitere Streuung der erwarteten Erträge und damit ein höheres Risiko, daß ein gewünschter Ertrag nicht erzielt wird. Das Risiko eines Portfolios besteht aus den Varianzen der eingebrachten Wertpapiere. Allerdings beeinflussen sich die Risiken, so daß man nicht einfach eine Addition der Einzelrisiken vornehmen kann, um zur Gesamtvarianz des Portfolios zu kommen. Sie ist auch abhängig von der Korrelation der einzelnen Wertpapiere. Da Aktienverläufe nie vollständig miteinander korrelieren, kann durch Streuen des Anlagekapitals auf meherere Anlagetitel eine Risikominderung erzielt werden (vgl. Hielscher, 1996, S. 54ff.). Grundsätzlich als Risikomaß geeignet ist die Volatilität bei nahezu allen Anlagegattungen. Insofern erlaubt sie Risikovergleiche unterschiedlicher Anlageformen.

Der Beta-Faktor ist ein Korrelationskoeffizient für ein Wertpapier zu einem bestimmten wertbeeinflussenden Faktor. Dadurch ist es möglich, das Risiko einzelner Wertpapiere und nicht nur ganzer Portfolios zu ermitteln. Es handelt sich dabei um die Korrelation des Renditeverlaufs eines Wertpapiers mit dem Renditeverlauf des Marktportfolios, d. h. der durchschnittlichen Rendite des Gesamtmarktes. Die Rendite des Marktes wird dazu gleich "eins" gesetzt. Ist also die Rendite eines Wertpapiers bei Marktaufschwüngen und der Verlust bei Kurseinbrüchen jeweils um 25 Prozent höher als die des Gesamtmarktes, so beträgt der Beta-Faktor des Wertpapiers 1,25. Ein rational handelnder Investor wird immer bestrebt sein, das Risiko-Rendite-Profil des Marktportfolios zu erreichen. Aus der Höhe des Beta-Faktors ergibt sich die sog. Risikoprämie, die der Investor für das ggü. dem Marktrisko höhere Risiko seines Investments mindestens erwartet. Beträgt z. B. die durchschnittliche Marktrendite 10 Prozent, so erwartet der Investor eine Verzinsung von 12,5 Prozent aufgrund des Beta-Faktors von 1,25. Das Prinzip des Beta-Faktorsgeht zurück auf das Capital Asset Pricing Modell (vgl. Hielscher, 1996, S. 73ff.).

Die hieraus abgeleitete entscheidende Benchmark für seine Anlagestrategie und die daraus erzielte Performance ist für den Investor das sog. Marktportfolio. In der Investmentpraxis werden als solche Vergleichsmaßstäbe Indices gebildet. Durch sie wird versucht, einen Vergleichsmaßstab zu entwickeln, der repräsentativ für die durchschnittliche Etrwicklung des Marktes steht, in den man investiert. Der Tracking Error mißt das Abweichungsrisiko zwischen einem Portfolio und einer Benchmark. Mit seiner Hilfe kann bestimmt werden, wie genau die Portfoliorendite die Benchmarkrendite widerspiegelt. Daher wird der Tracking Error als Nachbildungsfehler bei Portfolios bezeichnet. Im passiven Asset Management ist der Tracking Error zentrales Risikomaß (vgl. Steiner/Bruns, 1995, S. 31ff.).

3.1.2. Benchmarks

Um operational zu sein, muß jedes Portfolio ein am Kapitalmarkt erklärtes Ziel aufweisen. Durch die Festlegung von Benchmarks läßt sich dieser Bezug zu den Kapitalmärkten herstellen. Eine Benchmark beinhaltet somit die Transformation der einzelnen Zielvariablen in eine aggregierte Zielsetzung. Es drückt als Meßlatte für ein Portfolio aus, welches am Markt realisierbare Performanceprofil vom jeweiligen Fondsmanager angestrebt wird (vgl. Bruns/Meyer-Bullerdiek, 1996, S. 40). Die verschiedenen Segmente des Kapitalmarktes bieten unterschiedliche Rendite-, Risiko- und Liquiditätsprofile. Mit der Festlegung einer Benchmark wird die Verknüpfung zwischen Markt- und Anlegerziel (in diesem Fall der Sparer) hergestellt.

Benchmarks sollten fünf grundsätzliche Anforderungen erfüllen (vgl. Sharpe, 1992, S. 16):

(1) *Bei einer Benchmark sollte es sich um eine real erwerbbare bzw. darstell- oder nachbildbare Anlagealternative handeln.*

Die reale Erwerbbarkeit stellt sicher, daß eine Benchmark auch von einem Portfoliomanager grundsätzlich nachgebildet werden kann. Bei Nichterfüllung dieses Merkmals ist passives Portfolio-Management (vgl. Kap. C.1.3) nicht möglich, denn die Benchmarknachbildung ist nicht darstellbar.

(2) *Der reale Erwerb der Benchmark sollte kostengünstig durchführbar sein.*

Nur wenn das zweite Merkmal sichergestellt ist, ist passives Management sinnvoll. Im passiven Management wird angestrebt, die gleiche Rendite-Risikorelation zu erzielen wie die Benchmark. Durch überhöhte Erwerbskosten verringert sich die Renditeerwartung, ohne daß das Risiko im entsprechenden Maße verringert wird.

(3) *Die Benchmark sollte sehr gut diversifiziert sein.*

Dadurch wird das Qualitätsniveau einer Benchmark gesichert. Ist diese Anforderung nicht erfüllt, kann eine Benchmark zu leicht geschlagen werden und ist damit als Vergleichsmaßstab ungeeignet.

(4) *Die Benchmark sollte vor der Anlageentscheidung ausgewählt sein.*

Ohne die Kenntnis der Benchmark kann eine adäquate Portfoliomanagementstrategie nicht implementiert werden.

(5) *Die Benchmark sollte den gleichen Restriktionen unterliegen wie das Portfolio.*

Dadurch wird die fundamentale Vergleichbarkeit des zu strukturierenden Portfolios und seiner Benchmark möglich. Es können z. B. rechtliche Gründe vorliegen (z. B. Restriktionen des Gesetzes über Kapitalanlagegesellschaften), so daß eine Benchmark nicht nachgebildet werden kann. Die fundamentale Vergleichbarkeit wäre dann nicht gewährleistet.

Wenn die Anforderungen erfüllt sind, lassen sich die Portfolioergebnisse sinnvoll an der Benchmark messen. Mögliche Abweichungen können später im Rahmen der Performanceanalyse interpretiert und zugeordnet werden. Dadurch läßt sich dann die Qualität des Portfoliomanager bewerten.

Grundsätzlich lassen sich investorspezifische und standardisierte Benchmarks unterscheiden. Investorspezifische Benchmarks sind Benchmarks, die nach individuellen Vorgaben der Investoren strukturiert werden. Sie können als customized bzw. tailored Benchmarks bezeichnet werden. Sie sind dann erforderlich, wenn Investoren Performanceprofile wünschen, die mit verfügbaren Marktindizes nicht abgebildet werden können. Standardisierte Benchmarks orientieren sich an Segmenten des Kapitalmarktes und repräsentieren im weitesten Sinne alle verfügbaren Kapitalmarktindizes.

Die Verwendung von gängigen Marktindizes als Benchmarks ist in der Praxis nicht unumstritten, denn sie werden nicht unter Effizienzgesichtspunkten strukturiert, sondern - entsprechend der Marktkapitalisierung der eingehenden Werte - zusammengestellt. In der Portfoliomanagement-Praxis hat sich jedoch gezeigt, daß Marktindizes in entwickelten Märkten offenbar eine hohe Effizienz aufweisen. Langfristig können sie von den Portfoliomanagern kaum signifikant übertroffen werden (vgl. Brealey/Myers, 1991, S. 73-90). Dies gilt offensichtlich nicht für die Transformationsländer Zentral- und Osteuropas. Weder die Indizes für die gesamte Region noch die Länderindizes werden von den Fondsmanagern als Benchmark genutzt (vgl. Interviewprotokolle). Aufgrund ihrer Zusammensetzung und der laufenden Aktualisierung werden sie als wenig repräsentativ eingeschätzt.

Die vier wichtigsten Osteuropaindizes sind Barings BEMI, Morgan Stanley MSCI Free Europe, IFC EMEA und Nomura Research Index Eastern Europe. Aufgrund der Zusammenstellung dieser Vergleichsportfolios im Frühstadium der Transformationsprozesse der Länder spiegeln diese jedoch momentan nicht mehr die Portfoliostrukturen der Mehrzahl der Osteuropa-Aktienfonds wider.

In vielen der mittel- und osteuropäischen Länder ist eine starke Verdichtung der Marktkapitalisierung auf wenige dominierende Branchen festzustellen, so daß eine Diversifikation mit dem Ziel der Abbildung eines Marktportfolios nicht einmal annähernd möglich ist, da die Branchenstruktur an den Börsen die gesamtwirtschaftlichen Branchenverhältnisse nicht ausreichend widerspiegelt. So fallen in Rußland etwa 50 Prozent der gesamten Marktbreite auf Energieversorger, also auf Öl- und Gasunternehmen (vgl. Anderson/Canning, 1997,

S. 3). Durch die Börsenzersplitterung und den hohen Anteil der über die Brokervereinigung PAUFOR im Russian Trading System (RTS) gehandelten Werte ist es in Rußland nicht einmal möglich, einen einheitlichen Index für das Börsengeschehen zu entwickeln. Gegenwärtig konkurrieren verschiedene Indizes[24] miteinander, das Börsengeschehen möglichst exakt abzubilden. Die Berechnungsgrundlagen hierfür sind bei den einzelnen Institutionen jedoch so unterschiedlich, daß zu Beginn der Hausse in Rußland im Juni 1996 zwischen den verschiedenen Indizes Abweichungen von bis zu 125 Prozent bestanden. Der Grund für diese enormen Unterschiede liegt darin, daß je nach Anbieter nur Transaktionen eigener Kunden, gemittelte Werte verschiedener Broker oder die Daten des RTS als Basis Verwendung finden. Ohnehin ist der von PAUFOR selbst erstellte Index der einzige, der sich auf tatsächliche Marktkurse bezieht (vgl. o. V., Der russische Aktienmarkt, 1996). In Polen werden Kursschwankungen des Marktes zwar über einen sogenannten All-Shares Index, den WIG der Warschauer Börse, gemessen, jedoch sind in diesem Bankentitel mit einem Anteil von 38 Prozent deutlich überrepräsentiert (vgl. Bank Handlowy, 1995, S. 21). Im Gegensatz dazu steht die Prager Börse, bei der durch die umfangreichen Notierungen eine breite Streuung durchaus möglich ist (vgl. DG Bank, 1995, S. 2). Sowohl in Bulgarien als auch im Baltikum läßt sich allein aufgrund der wenigen zugelassenen und gehandelten Werte kein repräsentativer Index erstellen. In Bulgarien wurden im vergangenen Jahr insgesamt nur 87 Transaktionen über die Börse vorgenommen. Von den acht in Estland zum amtlichen Handel zugelassenen Werten sind sechs halbstaatliche Banken. In Lettland werden vor allem die drei im offiziellen Markt notierten Titel, und hiervon besonders die Rigas Transporta Flote, gehandelt, so daß den Nebenwerten nur eine geringe Bedeutung zukommt. Nur in Litauen findet eine relativ marktbreite Notierung statt. Da aber nur ein sporadischer Handel in etwa 65 der 468 Titel stattfindet, kann auch dem Marktindex Lit A keine Bedeutung zur Abbildung des Marktportfolios beigemessen werden (Quelle: Börsensekretariat Vilnius).

Das Defizit lokaler Indizes bei der Abbildung eines Marktportfolios wird teilweise durch miteinander konkurrierende Benchmarks ausländischer Institutionen ausgeglichen, die Portfoliomanagern und Investoren einen alternativen

---

[24] Dazu zählen CS First Boston ROSI, Moscow Times Index, AK&M, Grant, RTS, Barings RI und Interfax

Maßstab zur Erfolgsmessung vorgeben. Der IFC Investable Index und die Morgan Stanley Capital International (MSCI) mit ihrem Emerging Markets Free Index (EMFI) haben sich gegenwärtig gegenüber anderen Konkurrenten durchgesetzt. Da beide Indizes nur solche Aktien aufnehmen, die aktiv gehandelt werden und für ausländische Investoren frei zu erwerben sind, und eine solche Unterteilung nicht nach einheitlichen Maßstäben vorgenommen werden kann, kommt es zu starken Abweichungen zwischen den Benchmarkindizes. Innerhalb der fünf Jahre von 1991-1995 stieg der IFCI von 100 auf 145, der EMFI dagegen nur auf 125. Entsprechend subjektiv ist die Einschätzung, welche Eigenschaften einen qualitativ hochwertigen Index ausmachen. Zudem weisen beide Indizes, vor allem aber der IFCI, Strukturbrüche bei der Einbeziehung bestimmter Aktien aufgrund der Liquiditätseinstufungen auf (vgl. o. V. Battle, 1996).

Aus diesen Gründen wurde auf eine Berücksichtigung der Benchmarks hinsichtlich der Performancevergleiche in dieser Arbeit verzichtet. In der Portfoliomanagement-Praxis werden oftmals Vergleiche eines Portfolios mit Wettbewerber-Portfolios (Peer-Group) als Benchmarks vorgenommen. Dabei muß jedoch bedacht werden, daß die Zusammensetzung der Benchmarks ex ante nicht bekannt ist. Außerdem unterliegen Wettbewerber-Portfolios laufend Veränderungen, auf die der Portfoliomanager keinen Einfluß nehmen kann wodurch sie sich schwer nachbilden lassen. Auch der Anlagestil des Vergleichsportfolios kann im Zeitablauf nicht zwingend nachvollzogen werden. Peer-Group-Benchmarks erscheinen aus diesem Grund als Referenzgrößen nicht optimal zu sein. Trotzdem besteht die Performancemessung der regionalen Osteuropa-Aktienfonds bisher ausschließlich aus dem Renditevergleich untereinander. Da alle in der gleichen Region anlegen, gibt ein Renditevergleich zumindest einen Hinweis auf die in dieser Region geeignetere Anlagestrategie.

3.1.3. Portfoliomanagementstrategien

Unter Portfoliomanagement wird die Gesamtheit aller Aufgaben verstanden, die im Zusammenhang mit einer Kapitalanlageentscheidung zu lösen und durchzuführen ist. Die Kapitalanlage wird dabei als ein Entscheidungsprozeß betrachtet, dessen Kern die Entscheidungsfindung bezüglich einer konkreten Portfoliostruktur bildet. Bei den Kapitalanlageentscheidungen im Sinne dieser Arbeit handelt es sich fast ausschließlich um Vorgänge der Portfoliorealisierung. Nur teilweise fließen in den Prozeß der Kapitalanlageentscheidungen von Investmentfonds Ergebnisse der Anlegeranalyse mit ein. Die Portfoliorealisierung ist das Kernstück des Portfoliomanagementprozesses. Zu Beginn der Portfoliorealisierung wird die Portfoliostrukturierung geplant, die Anlagepolitik formuliert und schließlich beides praktisch umgesetzt. Erst die praktische Umsetzung ist die Portfoliorealisierung im engeren Sinne (vgl. Schmidt-von-Rhein, 1996, S. 13-25).

Es lassen sich zwei grundsätzliche Managementstrategien unterscheiden, passives Portfoliomanagement und aktives Portfoliomanagement. Der wesentliche Unterschied besteht in der Anwendung von Prognoseinstrumenten. Beim passiven Management basieren die Anlageentscheidungen der Fondsmanager auf mechanischen Regeln zur Auswertung von Vergangenheitsdaten. Im Fall von aktiven Anlagestrategien agieren die Fondsmanager auf der Basis von Vorhersagen über zukünftige Entwicklungen.

- *Aktive Anlagestrategien*

Ziel der aktiven Anlagestrategien ist es, durch Ausnutzung günstiger Marktsituationen ein besseres Ergebnis als die vorgegebene Benchmark zu erzielen. Dies setzt jedoch voraus, daß entsprechend „günstige„ Situationen überhaupt auftreten können und sie aufgrund eigener Fähigkeiten erkennbar und gewinnbringend nutzbar sind (vgl. Schmidt-von-Rhein, 1996, S. 29). Aktives Management wendet drei Managementtechniken an. Neben der Aktienselektion (Stock Picking) und dem Timing verwendet man Branchenrotationen. Aktienselektion bezeichnet die Suche nach unterbewerteten Aktien/Wertpapieren und die Methoden, diese Anlagen in ein optimales Portfolio zu integrieren. Beim Timing wird versucht, den optimalen Verkaufs- und Einkaufszeitpunkt für ein Wertpapier zu bestimmen. Bei der Branchenrotation wird ein bestimmter Sektor für die Auswahl von Wertpapieren gewählt. Die Sektoren können nach Branchen (z. B. Industrie, Finanzsektor, Dienstleistungen), Produkten (z. B. Konsumgüter, Investitionsgüter, Dienstleistungen), bestimmten charakteristischen Merkmalen (z. B. Wachstum, Lebenszyklus, Stabilität, Größe, Rendite, Qualität) oder Sensitivitäten (z. B. Zinssensitive Aktien, Wechselkurssensitive Aktien, etc.) klassifiziert werden.

Zentraler Erfolgsfaktor aller drei Methoden sind Informationsvorsprünge gegenüber anderen Anlegern. Sie erfordern wiederum eine überdurchschnittliche Prognosefähigkeit (vgl. Steiner/Bruns, 1996, S. 237). Im Kern besteht aktives Management daher in der Annahme bestimmter Entwicklungen, auf deren Basis Prognosen abgegeben werden (vgl. Grinold/Kahn, 1995, S. 217). Portfoliomanager unterscheiden sich durch die Analysemethodik, durch die sie zu Renditeprognosen kommen (vgl. Dowen, 1989, S. 71f.; Elton/Gruber, 1987, S. 598ff.). Die zwei grundlegenden Prognoseverfahrensrichtungen sind die technisch-quantitative und die fundamental-qualitative Prognose.

Abb. 13: Investmenthorizont und Prognosemethodik

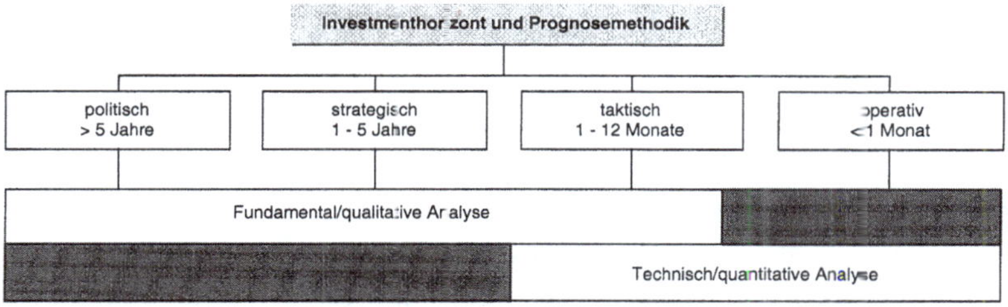

Quelle: Bruns/Meyer-Bullerdiek, 1996, S. 88

Bei den technisch-quantitativen Verfahren wird versucht, aus der Auswertung vergangener Zeitreihen Prognosen für die Zukunft abzuleiten. Die technische Analyse wird auch als chart-technische Analyse bezeichnet, bei der Vergangenheitsschaubilder visuell ausgewertet werden. Die quantitative Analyse versucht, Prognosen aus der mathematisch-statistischen Auswertung von vergangenen Zeitreihen zu gewinnen. Bei Renditeprognosen reicht häufig die Stabilität vergangener Zeitreihen in der Regel nicht aus, um mit Hilfe quantitativer Verfahren zu geeigneten Schätzungen zu gelangen (vgl. Sittamplam, 1993, S. 153f.). Fundamentale Auswirkungen des Umfeldes, wie bspw. politisch-gesellschaftliche Veränderungen, können nicht angemessen berücksichtigt werden. Ebenso führen außergewöhnliche Ereignisse, wie z. B. ein Marktcrash zu Verzerrungen.

Dieser Tatsache versucht die fundamental-qualitative Prognose Rechnung zu tragen. Kernpunkt dieser Prognosen ist die kausal/deduktive Schätzung des innere Wertes von Anlagen. Der innere Wert ergibt sich als Barwert aller aus dem jeweiligen Titel zu erwartenden Cash-Flows. Mit Hilfe der fundamental/qualitativen Prognose wird versucht, alle zukünftig preisbeeinflussenden Variablen zu schätzen und anschließend in ihrer Bedeutung zu gewichten.

- *Passives Management*

Der Grundgedanke des passiven Portfoliomanagement liegt in der Annahme hinreichend effizienter Aktienmärkte (vgl. Steiner/Bruns, 1996, S. 239). Hier lassen sich keine dauerhaften Überrenditen erzielen. Beim Versuch, Überrenditen mit Hilfe von aktivem Portfoliomanagement zu erzielen, fallen regelmäßig Transaktionskosten an. Unter der Annahme hinreichend effizienter Märkte stellen diese Transaktionskosten durch Portfolioumschichtungen eine unnötige Mittelverschwendung dar. Darüber hinaus kann auf die Finanzierung von Aktienresearch bei Verwendung einer passiven Managementstrategie vollständig verzichtet werden (vgl. Lechner/Keppler, 1996, S. 89ff.). Der Anteil passiv verwalteter Fonds ist stark gewachsen und hat eine bemerkenswerte Größe erreicht. Der einfachste Fall von passivem Management ist der sogenannte Indexfonds. Ein Indexfonds ist die exakte Abbildung seines Portfolios im Sinne eines Kapitalmarktindex. Der Fondsmanager kauft in diesem Fall jedes Wertpapier des Indexes in genau der Proportion, in der er innerhalb des Indexes repräsentiert ist. Der Indexfond basiert theoretisch auf dem Capital Asset Pricing Model.

In den letzten Jahren hat es zahlreiche Innovationen von passiven Management- Strategien gegeben. Alle diese Innovationen orientieren sich an den Indizes und versuchen, bestimmte Marktanomalien mit zu berücksichtigen. So hat z. B. die Small-Stock-Anomalie, die besagt, daß Small-Stocks, also Firmen mit einer kleinen Marktkapitalisierung, langfristig höhere Renditen erzielen als Large-Stocks, dazu geführt, daß Small Stocks (Low Capitalisation) Indexfonds entstanden sind. Sie sind meistens eine Kombination aus mehreren Indizes. Während die ersten Indexfonds noch Aktien aus Indizes kauften und versuchten, diesen Index nachzubilden, beobachten die neueren Fonds permanent Arbitragekonditionen zwischen Cash- und Future- Märkten und wechseln laufend zwischen ihnen hin und her. Es ist heute schwierig, eindeutig zwischen rein aktiven und rein passiven Managementstilen zu unterscheiden.

Solche Anlagestile werden auch als semiaktiv bezeichnet. Semiaktive Anlagestrategien umfassen sowohl Elemente aktiver als auch passiver Anlagestrategien. Sie können Folge sein, wenn zwar prinzipiell aktive Anlagepolitik betrieben werden soll, dazu aber nicht immer die Möglichkeiten und/oder die Fähigkeiten vorliegen (vgl. Schmidt-von-Rhein, 1996, S. 30).

3.1.4. Portfoliostrukturierung

Die Portfoliostrukturierung setzt sich aus der grundsätzlichen Asset Allocation und der Vorgehensweise zur Portfoliostrukturierung, im folgenden als Anlagepolitik bezeichnet, zusammen. Das Kernstück der Portfoliostrukturierung ist die Asset Allocation. Dabei wird versucht, eine möglichst effiziente Aufteilung (Allocation) des Anlagekapitals auf die Anlageobjekte (Assets) zu erreichen, also die Planung einer konkreten Portfoliostruktur (vgl. Schmidt-von-Rhein, 1996, S. 26).

Der Prozeß der Asset Allocation kann in eine strategische und eine taktische Ebene unterschieden werden. Auf der strategischen Ebene wird das Portfolio in verschiedene zentrale Assetklassen (Asset Allokation) und - im Falle eines internationalen Portfolios - in Länder (Länderallokation) aufgeteilt. Eine Assetklasse ist eine Gruppe von Vermögenswerten mit vergleichbaren Charakteristika hinsichtlich ihres Rendite-/Risikoprofils (vgl. Bruns/Meyer-Bullerdiek, 1996, S.98). Ihre Abgrenzung richtet sich hierbei nach Aggregationsebene und Unterscheidungskriterium und ist grundsätzlich frei definierbar (vgl. Steiner/Bruns, 1996, S. 49 und Schmidt-von-Rhein, 1996, S. 87 f). Eine Assetklasse bilden z. B. Aktien oder Anleihen. Im Zuge der strategischen Portfoliostrukturierung wird neben der grundsätzlichen Festlegung von Assetklassen und Ländern gleichzeitig auch ihre jeweilige Gewichtung im Gesamtportfolio festgelegt. Die strategische Asset Allocation zerlegt die zentralen Assetklassen in zentrale und rangniedere, aber noch breit definierte Assetklassen (vgl. Schmidt-von-Rhein, 1996, S. 27). Hierbei steht der Begriff strategisch für die weitreichende zeitliche und inhaltliche Bedeutung der getroffenen Entscheidungen.

Die taktische Asset Allocation beinhaltet alle nachrangigen Zerlegungsprozesse bis zu einzelnen Anlagetiteln und hat kurzfristigeren Charakter. Die unterste Hierarchiestufe, auf der die konkret im Portfolio enthaltenen, einzelnen Wertpapiere den rangniedersten Assetklassen zugeordnet werden, nennt man auch Security Selection. Die festgelegte Portfoliostruktur wird erst durch entsprechende Kauf-/Verkaufstransaktionen in ein reales Portfolio umgesetzt. Die Bestimmung günstiger Handelszeitpunkte mit niedrigen Kauf- und hohen Verkaufskursen ist die Aufgabe des Market-Timings, das selbst nicht mehr der Asset Allocation zugerechnet wird (vgl. Steiner/Bruns, 1996, S. 129).

Abb. 14: Portfoliostrukturierung

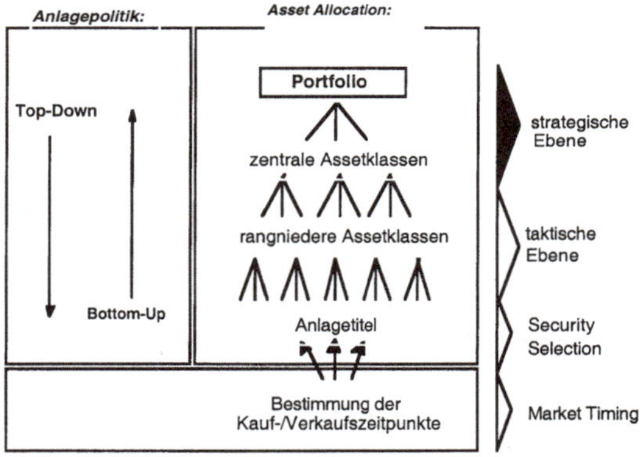

Quelle: Schmidt-von-Rhein, 1996, S. 26

Empirische Studien haben gezeigt, daß die Performancebeiträge der strategischen Asset Allocation weit höher liegen, als z. B. Entscheidungen über Einzeltitel (vgl. Brinson/Hood/Beebower, 1984, S. 39ff.; Hensel/Ezra/Ilkiw, 1993, S. 65ff.). Da es sich bei den Fonds in der weiteren Untersuchung um reine Aktienportfolios handelt, wird insbesondere die Bedeutung der Länderallokation hinsichtlich ihrer Bedeutung auf mögliche Performanceunterschiede zu untersuchen sein.

Die Anlagepolitik oder auch Entscheidungsfindungsmethodik (vgl. Bruns, Meyer-Bullerdiek, 1996, S. 88) bestimmt die Art und Weise, wie die Portfoliobildung und -revision durchgeführt wird, entweder bottom-up oder top-down. In der Anlagepolitik kommt der Managementstil des Portfoliomanager zum Ausdruck (vgl. Schmidt-von-Rhein, 1996, S. 28). Die Anlagepolitiken unterscheiden sich durch die Art der Vorgehensweise bei der Portfoliostrukturierung (vgl. Abb. 15).

Abb. 15: Investmentstil bei Aktienportfolios

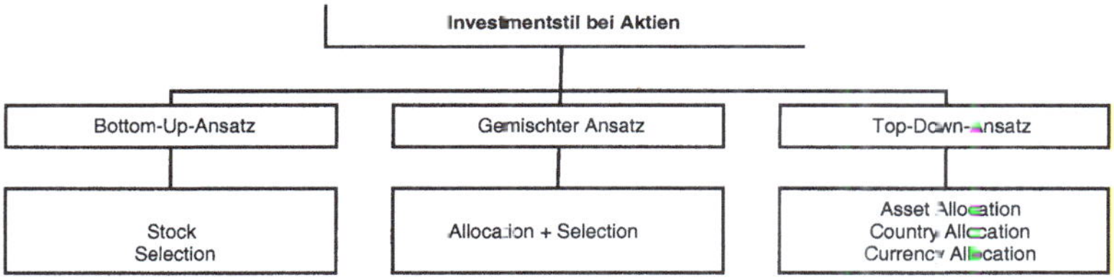

Quelle: Bruns/Meyer-Bullerdiek, 1996, S.89

Beim reinen Top-down-Ansatz beschränkt sich die Freiheit des Portfoliomanagers bei der Portfoliozusammensetzung auf die Bereiche der Assetklassengewichte oder Länderanteile. Die Umsetzung der Einzelwerte erfolgt dagegen immer passiv. Dies bedeutet, daß beispielsweise ein Länderaktienmarkt übergewichtet werden kann im Vergleich zum Benchmarkindex, die einzelnen Aktien jedoch genau den gewählten Länderindex abbilden. Dabei steht die Umsetzung der Vorgaben des Anlagekonzeptes im Vordergrund. Zunächst werden die bedeutenden übergeordneten fundamentalen Daten der gesamtwirtschaftlichen und politischen Rahmenbedingungen eines Landes analysiert. In den Ländern des Transformationsprozesses wird hierbei verstärktes Interesse auf die Stadien der Deregulierung, der Finanzmarktliberalisierung, der Privatisierung und der Industrialisierung gelegt. Häufig erlauben schon die Analyse wirtschaftlicher Rahmenbedingungen oder Brancheninformationen eine Prognose zur generellen Entwicklung der zu betrachtenden Aktien (vgl. Steiner/Bruns, 1996, S. 188). Um einen günstigen Zeitpunkt für Käufe/Verkäufe zu bestimmen, werden häufig zusätzlich zyklische Kriterien wie Geldpolitik, Zinspolitik oder Liquiditätstrends interpretiert, um zu erkennen, ob ein Markt bullish[25] oder bearish[26] ist. Die Analyse von finanziellen Kennziffern einzelner Unternehmen ist für die Einzeltitelauswahl in jedem Fall von Bedeutung. Hierbei werden einzelne Titel anhand der Ergebnisse aus der Unternehmensanalyse zum Kauf oder Verkauf ausgewählt. Typische Kennziffern sind Gewinn, Cash-Flow, Buchwert- oder Verkehrswertberechnungen. Aber auch die Absatzchancen der Produkte oder Dienstleistungen eines Unternehmens, Solidität der Finanzlage, Exportmöglichkeiten, Arbeitskostenvorteile im globalen Wettbewerb, Marktanteile, Qualität des Management werden in die Unternehmensanalyse mit einbezogen (vgl. Abb. 16). Wie noch in Kap. 3.2.8 dargestellt wird, sind diese Faktoren auch von zentraler Bedeutung für die Einzeltitelauswahl in Transformationsländern.

Abb. 16: Untersuchungskriterien der Unternehmensanalyse zur Einzeltitelauswahl

Markt / Produktion	• Gesicherter und wachsender Inlandsmarkt • Exportmarkt und -potential • Wettbewerbsfähigkeit des Produkts • Komparative Produktivität und Kostenniveau • Stabile (wenn möglich inländische) Zuliefererkette
Finanzen	• Positiver Return on Investment/Cash Flow • Kein größerer technischer/finanzieller Restrukturierungsbedarf • Keine Haftungsverpflichtungen aus alten Kombinatsstrukturen • Keine (größeren) ökologischen Altlasten
Management	• Commitment zum Unternehmen, z.B. durch eigene Beteiligung • Fremdsprachen (Kommunikationsproblem) • Marketing Know-how
Exit Strategie	• Attraktivität für andere Investoren • Stand alone/Strategische Allianz vs. Unternehmensverbund • AG als Rechtsform

Ausgangspunkt einer reinen Bottom-up-Vorgehensweise ist die Auswahl der Einzeltitel (Security Selection oder Stock Picking). Der Bottom-up-Ansatz gelangt über die Einzeltitelanalyse und -selektion zu einer Portfoliokonstruktion. Ein reiner Bottom-up-Ansatz hält sich an die Benchmarkvorgaben bzgl. Assetklassen und Länderselektion. Innerhalb der einzelnen Bereiche wird jedoch aktiv versucht, die besten Einzeltitel ausfindig zu machen (vgl. Bruns/Meyer/Bullerdiek, 1996, S. 88). In Verbindung mit einer Optimierung

---

25 Ein Markt wird als „bullish" bezeichnet, wenn er einen aufwärts gerichteten Trend der Aktienkurse aufweist.

26 Als „bearish" versteht man einen Markt, der anhand von Trendentwicklungen Kursrückgänge in Zukunft als wahrscheinlich erscheinen läßt.

des Market Timings (s. o.) wird eine Kauf-/Verkaufsentscheidung einzelner Anlagetitel auf der Basis der Ergebnisse der Unternehmensanalyse getroffen (vgl. Schmidt-von-Rhein, 1996, S. 29).

In der Portfoliomanagement-Praxis findet man nur sehr selten reine Top-down- oder Bottom-up-Ansätze. Sinnvoller erscheint in der Regel meist eine kombinierte Vorgehensweise, die in Abhängigkeit der Bedeutung des Anlagekonzepts und finanzanalytischer Ergebnisse eine der beiden Vorgehensweisen präferiert. Da, wie bereits erwähnt, empirische Tests ergeben haben, daß die größten Performancebeiträge aus strategischen Entscheidungen resultieren, ist offensichtlich die top-down festgelegte Anlagegattung oder Länderauswahl für die Portfolioperformance relevanter als die Auswahl von Einzeltiteln. Außerdem ist der notwendige Analyseaufwand geringer und ein Top-down-Ansatz damit kostengünstiger (vgl. Bruns/Meyer-Bullerdiek, 1996, S. 90).

Abb. 17: Entscheidungsvariablen der Portfoliostrukturierung und ihre Performanceimplikationen

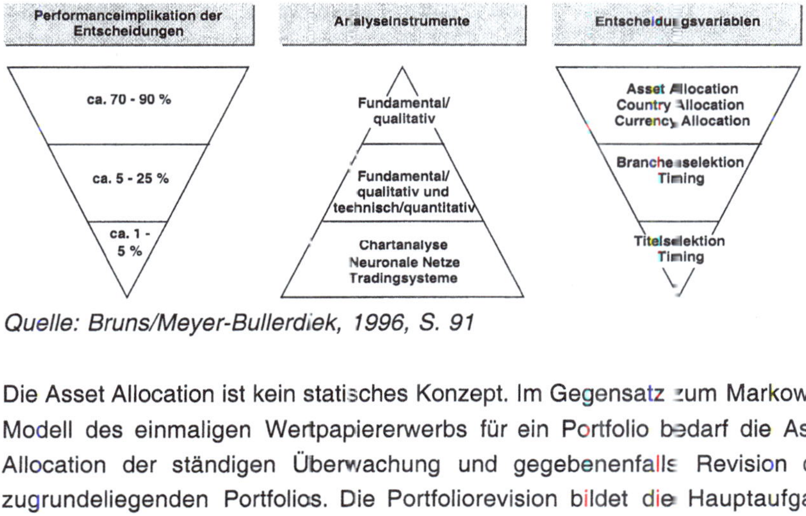

Quelle: Bruns/Meyer-Bullerdiek, 1996, S. 91

Die Asset Allocation ist kein statisches Konzept. Im Gegensatz zum Markowitz-Modell des einmaligen Wertpapiererwerbs für ein Portfolio bedarf die Asset Allocation der ständigen Überwachung und gegebenenfalls Revision des zugrundeliegenden Portfolios. Die Portfoliorevision bildet die Hauptaufgabe des Portfoliomanagements (vgl Schmidt-von-Rhein, 1996, S. 33 und Maginn/Vertin, 1983, S. 580f.: "Also a continuous process, revision - responding to change - is the most tedious, time consuming, significant and potentially valuable contribution of the portfolio manager. It is and should be the value added by professional investment management.").

Drei Gründe kennzeichnen die Notwendigkeit einer dynamischen Auffassung von Asset Allocation für Investmentfonds. Erstens können Veränderungen der einzel- und gesamtwirtschaftlichen Rahmenbedingungen seit der letzten Veränderung der Portfoliostruktur eine in irgendeiner Form geartete Reaktion des Portfoliomanagement erforderlich machen. Zweitens ist eine Portfoliorevision bei Veränderungen des Fondsvermögen durch Kapitalzu- bzw. -abflüsse erforderlich. Die Höhe des investierten Kapitals eines Portfolios ist nicht konstant. Zuflüsse entstehen u. a. durch Zinszahlungen, Dividendenzahlungen und Bezugsrechtserlöse oder Kapitaleinlagen neuer oder bestehender Kapitalanleger, über deren Wiederanlage zu entscheiden ist. Kapitalentnahmen sind Abflüsse, die zu veränderten Portfoliobedingungen führen und für die Wertpapierveräußerungen notwendig werden können, um die Entnahmen zu bedienen. Drittens können unerwartete Ergebnisse der Performancemessung und Performanceattribution die Portfoliorevision notwendig machen.

Die Art und Weise der Portfoliorevision wird durch die zugrunde liegende Anlagestrategie bestimmt. Es lassen sich aktiv-agressive, passive und aktiv-defensive Revisionsstrategien unterscheiden (vgl. Schmidt-von-Rhein, 1996, S. 29ff.). Die so gewählten Bezeichnungen der Revisionsstrategien folgen den Bezeichnungen für grundsätzliche Managementstile. Z. B. wird im Rahmen aktiv-agressiver Revisionsstrategien versucht, neue anlagerelevante Informationen gezielt zu einer Performancesteigerung des Fondsvermögens zu nutzen. Da Portfoliorevision regelmäßig mit Umschichtungen verbunden ist, entstehen dabei Transaktionskosten. Wegen des Primats der Wirtschaftlichkeit hinsichtlich der Portfoliorevision ist sicherzustellen, daß der aus einer Portfoliorevision erwachsende Nutzen die damit verbundenen Kosten übersteigt (vgl. Steiner/ Bruns, 1996, S. 130).

3.1.5. Performanceanalyse

Am Ende des Portfoliomanagementprozesses steht die Performanceanalyse. Unter Performanceanalyse wird die Beurteilung und der Vergleich des Anlageerfolges eines Portfolios verstanden (vgl. Steiner/Bruns, 1996, S. 495). Die Performanceanalyse kann als zweistufiges Verfahren dargestellt werden. Die erste Stufe bildet die Performancemessung, die zweite Stufe bildet die Performanceattribution. Im Rahmen der Performancemessung werden die objektivierbaren Portfolioergebnisse anhand der vorgegebenen Ziele analysiert. Die Performanceattribution versucht, die in der Portfoliomessung ausgegebenen Portfolioergebnisse auf ihre Verursachung (und Verursacher) zu interpretieren.

Die Performancemessung befaßt sich mit der Berechnung von Anlageergebnissen in der Vergangenheit. Mit Hilfe eines Instrumentariums zur Performancemessung, häufig basierend auf finanztheoretischen Grundlagen, werden die erreichten Resultate eines Portfolios auf ihre Zielerreichung hin untersucht. Zielkomponenten sind Rendite, Risiko und Zeit. Mit Hilfe der Sharpe und der Treynor Ratio läßt sich feststellen, ob die erzielten Portfolioergebnisse in einem gegebenen Zeitraum die festgelegte Benchmark übertroffen haben. Die Sharpe Ratio (SR) ist ein Maß für die Überschußrendite, die pro Einheit an übernommener Volatilität erzielt wurde. Die Sharpe Ratio setzt die erzielte Portfolio-Überschußrendite ins Verhältnis zur Volatilität und damit des Gesamtrisikos. Angestrebt wird ein möglichst hoher SR-Wert (vgl. Sharpe, 1966, S. 119ff.). Im Unterschied zur Sharpe Ratio verwendet die Treynor Ratio als Risikomaß den Beta-Faktor. Sowohl die Sharpe Ratio als auch die Treynor Ratio basieren auf Modellen der Kapitalmarkttheorie. Damit hängt ihre Validität jeweils von der Gültigkeit der dort verwendeten Annahmen ab. Zudem werden die Risikomaße als im Zeitablauf konstant angesehen bzw. ein Durchschnittsrisiko betrachtet. Anhand der Sharpe- und Treynor Ratio ist keine Performance-Attribution möglich (vgl. Treynor, 1965, S. 63ff.).

Zu unterscheiden ist zwischen relativer und absoluter Performancemessung. Wie bereits oben erwähnt, lassen sich unterschiedliche Arten von Benchmarks als Portfolioziel bestimmen. Wenn das Benchmark an ein bestimmtes Kapitalmarktsegment gebunden ist, spricht man von relativer Performance des

Portfolios im Vergleich zur Performance des Kapitalmarktsegments. Wenn ein bestimmtes Performanceziel ohne konkreten Bezug auf einen Vergleichsmaßstab vorgegeben ist, spricht man von absoluter Performancemessung. Die Resultat der Performancemessung sind in Wissenschaft und Praxis zum Teil umstritten, da nach wie vor eine Kontroverse um den richtigen Risikobegriff besteht.

Ziel der Performanceattribution ist die Aufschlüsselung und Zuordnung der im Rahmen der Performancemessung gewonnenen Ergebnisse zu den Fähigkeiten des Portfoliomanagers. Dabei stellt sich zum einen die Frage, ob die erzielte Performance aufgrund der Fähigkeiten des Portfoliomanagers oder aufgrund des Zufalls erzielt wurden. Zum anderen wird untersucht, aufgrund welcher Fähigkeiten des Portfoliomanagers die Performance erzielt wurde, seiner Prognosefähigkeit, Selektionsfähigkeit oder Timingfähigkeit. Die Performanceattribution zerlegt die aktive Performance in Performancebeiträge, wobei man in diesem Zusammenhang auch von Erfolgsquellenanalyse spricht (vgl. Steiner/Bruns, 1996, S. 513 und Schmidt-von-Rhein, 1996, S. 36). Man unterscheidet als konsequente Folge der Asset Allocation zwischen strategischer und taktischer Ebene. Timing[27] mißt die strategische Fähigkeit, eine (positive) aktive Performance aus der Über- bzw. Untergewichtung von Assetklassen im Ist-Portfolio im Vergleich zum Benchmarkportfolio zu erreichen. Im Idealfall nimmt das Portfolio aufgrund einer perfekten Timing-Strategie an allen Aufwärtsbewegungen des Aktienmarktes teil, während bei Abwärtsbewegungen keine Verlustpartizipation erfolgt. Timing-Fähigkeiten beziehen sich im Gegensatz zu Wertpapierselektionsfähigkeit auf die Einschätzung der Gesamtmarktentwicklung. Die Messung von Timing-Fähigkeiten ist kompliziert und z. T. auch umstritten (vgl. Samuelson, 1989, S. 4ff.; Lee/Rahman, 1991, S. 80ff.; Wittrock, 1995, S. 89ff.).Ein weit verbreiteter Ansatz zur Bestimmung von Timing Qualitäten steht in der Verwendung quadratischer Regressionen in der Form (vgl. Treynor/Mazuy, 1966, S. 134).

Falls Timing-Qualitäten vorliegen, sollte es einem Fondsmanager möglich sein, höhere Wertsteigerungsraten als ein gewähltes Benchmark zu erzielen,

[27] Das Timing der Performance-Attribution muß unterschieden werden vom traditionellen Market Timing der Portfoliorealisierung. Letzteres beschreibt Handelsstrategien, mit dem kurzfristig besonders günstige Kauf- und Verkaufszeitpunkte für Anlageobjekte bestimmt werden sollen. Im Kontext der Performance Attribution hat Timing dagegen einen strategischen und eher markt- statt titelbezogenen Charakter.

da das Benchmark ist zu jedem Zeitpunkt voll investiert ist (vgl. Steiner/Bruns, 1996, S. 514). Jedoch sind die praktischen Erfolgsaussichten aufgrund der Kurzfristigkeit dieser Vorgehensweise in Kombination mit den verbundenen Risiken Ansatzpunkt für Studien und Kritik gewesen. Untersuchungen belegen, daß der amerikanische Aktienmarkt in der Zeit vom 31.12.1981 bis 25.08.1987 einen durchschnittlichen jährlichen Ertrag von 26,3 Prozent aufwies. Falls jedoch ein Investor an den zehn Tagen, an denen die größten Preisanstiege zu verzeichnen waren, nicht investiert hat, wäre der durchschnittliche jährliche Ertrag nur mit 18,3 Prozent zu bemessen gewesen.

Dahingegen mißt die Selektivität die taktische Fähigkeit, eine positive) aktive Performance gegenüber der Benchmark durch die Ausnutzung über- bzw. unterbewerteter Anlagetitel zu erzielen. Eine überdurchschnittliche Selektionsfähigkeit basiert auf dem Besitz von Informationsvorsprüngen, wobei der Informationsvorsprung zeitlicher oder inhaltlicher Natur sein kann (vgl. Steiner/Bruns, 1996, S. 514). Ein zeitlicher Informationsvorsprung beschreibt die Kenntnis von kursrelevanten Daten vor anderen Marktteilnehmern. Ein inhaltlicher Informationsvorsprung ergibt sich aus der qualitativ besseren Auswertung von Informationen im Vergleich zu Mitbewerbern. Das Jensen-Alpha ist das klassische Maß zur Bestimmung von Wertpapierselektionsfähigkeit von Portfolio-Managern (vgl. Jensen 1968, S. 389ff.). Es basiert auf dem CAPM und mißt jenen Teil der Gesamtrendite eines Portfolios, der nicht mit der Rendite der vorspezifizierten Benchmark korreliert ist. Zur Messung des Jensen-Alphas bedient man sich einer linearen Regression. Problematisch ist die Formulierung des Jensen-Alphas als absolutes Performance-Maß. Für einen Investor ist aber gerade die Information bedeutsam wieviel Risiko für die Erzielung eines Jensen-Alphas zusätzlich in Kauf genommen wurde. Außerdem beruht die Konstruktion des Jensen-Alphas auf der Annahme eines konstanten Portfolios im Zeitablauf bzw im Untersuchungszeitraum der Regression. Diese Prämisse ist nur erfüllt, wenn keinerlei Timing-Aktiviäten des Portfoliomanagers vorliegen. Andernfalls ist das Jensen-Alpha durch Performance-Beiträge, die dem Timing zuzuordnen sind, verzerrt (vgl. Grinblatt/Titman, 1989, S. 395; Wittrock 1995, S. 85).

Zu unterschieden ist zwischen der quantitativen und der qualitativen Performanceattribution. Im Rahmen der quantitativen Performanceattribution sollen anhand von quantitativen Performance-Kennzahlen Schlußfolgerungen auf die Managementleistung anhand von historischen Portfoliodaten getroffen werden. Eine im statistischen Sinne verläßliche Unterscheidung von Können und Glück durch quantitativen Performance-Kennzahlen gelingt nur bei lange bestehenden Portfolios bzw. lange im Geschäft befindlichen Portfoliomanagern. Häufig sind in der Praxis lange Zeitreihen von Portfoliodaten nicht vorhanden, um zu statistisch signifikanten Daten zu kommen. Dies gilt vor allem für das Untersuchungsfeld dieser Arbeit. Aufgrund der sehr jungen Märkte in Osteuropa sowie der Tatsache, daß die Mehrzahl der Osteuropafonds erst seit weniger als zwei Jahren existiert, läßt sich eine aussagefähige zweistufige Performancemessung nicht durchführen, insbesondere da es schwierig ist, verläßliche Risikobestimmungen anhand von Volatilitätsmessungen vorzunehmen.

Daher sind zusätzlich zu quantitativen Beurteilungskriterien auch qualitative Beurteilungskriterien der Performanceattribution erforderlich. Dabei soll vor allen Dingen der Investmentstil des Portfoliomanagers analysiert werden. Anhand des sogenannten Informationskoeffizienten kann die Prognosefähigkeit von Portfolio-Managern gemessen werden. Der Informationskoeffizient mißt die Korrelation zwischen prognostizierter Rendite und ihrer Spätrealisation. Liegt eine positive Korrelation vor, so kann dies als eine überdurchschnittliche Prognosefähigkeit des Portfolio-Managers gedeutet werden. Beim Informationskoeffizient handelt es sich um eine gewichtete Korrelation. Es wird untersucht, ob ein konsistenter und mit der vorgegebenen Investmentphilosophie des Managers im Einklang stehender Investmentstil vorliegt.

3.2. Strategien der Investmentfonds in Zentral- und Osteuropa

Im nachfolgenden werden zuerst die Wertveränderungen der Sondervermögen der verschiedenen Investmentfonds über verschiedene Zeiträume miteinander verglichen. Anschließend wird der Prozeß der Asset-Allocation generalisiert dargestellt und die Unterschiede der dabei angewendeten Anlagestrategien der Investmentfonds erläutert. Abschließend wird versucht, herauszuarbeiten, inwieweit Unterschiede in den Anlagestrategien die Jahresergebnisse der Fonds beeinflußt haben. Dazu wird zum Ende dieser Arbeit versucht, eine Generalisierung der Performanceattribution der Anlagestrategien von Osteuropafonds vorzunehmen.

3.2.1. Entwicklung seit 1990

Gemessen am investierten Fondsvermögen sind die Emerging Markets bisher für internationale Investmentfonds kaum von Bedeutung. Zwar gewinnen sie für die Länder selbst als Finanzierungsquelle immer größere Bedeutung. In Abbildung 18 ist die Aufteilung des gesamten ausländischen Investitionsvolumens in Emerging Capital dargestellt. Tabelle 3 gibt eine Übersicht über die Zielländer von Portfolioinvestitionen. Daraus wird ersichtlich, daß in den letzten Jahren der Anteil von Portfolioinvestitionen am gesamten ausländischen Investitionsvolumen in Emerging Markets auf ca. ein Drittel angestiegen ist (vgl. Abb. 18). Trotzdem waren dies in 1995 nur ca. 1,5 Prozent des weltweit investierten Fondsvermögen (vgl. Kap. 2.2.2).

Micropal Limited[28], der größte kommerzielle Emerging-Markets-Fonds-Informationsdienst, unterteilt die Emerging Markets in die drei Regionen Asien, Lateinamerika und Europa/Mittlerer Osten/Afrika (EMEA). In der Region EMEA ist im Vergleich zu den beiden anderen Regionen geringes Fondsvermögen

[28] Micropal dokumentiert auf monatlicher Basis die Wertentwicklung 32 regionaler Open-End und vier regionaler Closed-End Osteuropafonds-Aktienfonds. Die von Micropal publizierten Daten dienen als Hauptinformationsquelle für die Auswertungen der Performance der verschiedenen Fonds. Daneben wurden, insbesondere für graphische Darstellungen, auf Informationen der FCS, Finanz und Computer GmbH, zurückgegriffen. Die FCS verfolgt die Kursentwicklungen der größten, in Deutschland zum Handel zugelassenen, regionalen Osteuropa Aktienfonds. Die vergleichenden Auswertungen des FCS beziehen sich jedoch nur auf das Jahr 1996, da zuvor keine ausreichende Zahl von Fonds zugelassen war bzw. nicht genügend Datenmaterial verarbeitet worden ist, und umfassen lediglich zehn offene regionale Osteuropa-Aktienfonds.

investiert. Betrachtet man nur die Länder Zentral- und Osteuropas (ohne den Mittleren Osten und die afrikanischen Staaten), so wird dieses Verhältnis noch ungleicher (vgl. Tab. 3)

Abb. 18: Investitionen und Kredite in Emerging Countries, 1990 - 1994 (Mrd. USD)

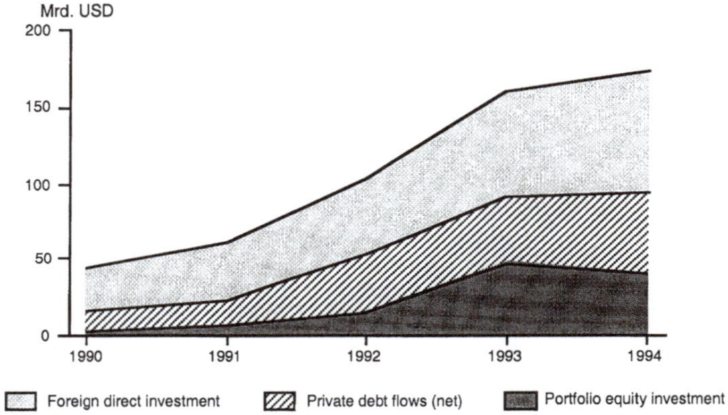

Quelle: World Bank, World Debt Tables 1994/95, Volume 1 (Washington, D.C., The World Bank, 1995), table 1.1.

Zum einen liegt das an den unvollkommenen Institutionen, die zu mangelhafter Informationstransparenz und infolge dessen zu höherem Risiko in diesen Regionen führen. Zum anderen liegt dies aber an der vergleichsweise geringen Börsenkapitalisierung in den Emerging Markets im Vergleich zu den entwickelten Ländern. Für Kapitalanleger sind die Investitionsmöglichkeiten begrenzt (vgl. Kap. 2.1.4). Für die Transformationsländer Zentral- und Osteuropas gelten dabei die gleichen Gründe, aber in verstärktem Maße, wie für alle Emerging Markets. Frühestens 1990 konnte hier mit den erforderlichen umfassenden Reformen begonnen werden.[29] Aus diesem Grund sind viele erforderliche Institutionen, wenn überhaupt, häufig noch unvollkommen vorhanden. Je nach Privatisierungsmethode und -geschwindigkeit sind Anlagemöglichkeiten für Kapitalanleger daher begrenzt. Offensichtlich steigt jedoch die Attraktivität dieser Länder für internationale Fondsgesellschaften. Die Region

---

[29] In einzelnen Ländern Zentral- und Osteuropas gab es schon vor dem Ende der Zentralen Planwirtschaft erste Reformansätze, bei denen u.a. mehr private Kleinbetriebe zugelassen worden sind. Es gab dies bereits in Ungarn und in der damaligen Tschechoslowakei.

EMEA weist seit dem ersten Quartal 1995 konstant Mittelzuflüsse internationaler Portfolioinvestoren auf, während die anderen beiden Regionen zeitweise sogar Mittelabflüsse zu verzeichnen hatten.

Tab. 3: Entwicklung der Portfolio-Volumina in Emerging Markets in 1996

Region / Land	Volumen zum 31.3.96		Veränderungen (USD Basis) Marktentwicklung 2. Q.	aufgrund Marktver.	Netto-Zu- Abflüsse 2. Q.	Volumen zum 30.6.1996	
	USD Mrd.	%	%	USD Mrd.	USD Mrd.	USD Mrd.	%
Asien gesamt	**76,9**	**62,98**		**1,5**	**1,7**	**80,1**	**65,59**
Latein Amerika gesamt	**24,3**	**19,92**		**2,5**	**1**	**27,8**	**22,78**
Tschechien & Slowakei	0,9	0,75	10,00	0,1	0,1	1,1	0,88
Griechenland	0,9	0,71	-3,10	0,0	0,1	1,0	0,78
Ungarn	0,8	0,63	20,90	0,2	0,2	1,1	0,89
Israel	0,3	0,22	-2,20	0,0	0,1	0,3	0,26
Marokko	0,1	0,12	9,30	0,0	0	0,2	0,15
Polen	1,1	0,92	20,40	0,2	0,1	1,4	1,16
Portugal	1,1	0,91	7,10	0,1	0,1	1,3	1,03
Rußland & CIS	0,9	0,74	144,00	1,3	-0,3	1,9	1,57
Süd Afrika	4,1	3,38	-5,50	-0,2	0,6	4,5	3,72
Türkei	1,4	1,16	-1,00	0,0	0	1,5	1,19
EMEA gesamt	**11,7**	**9,55**		**1,6**	**0,9**	**14,2**	**11,63**
Emerg. Markets gesamt	**112,8**	**92,44**		**5,7**	**3,7**	**122,2**	**100,0**

Quelle: Micropal, 1996

Im zweiten Quartal 1996 wurden ca. USD 900 Mio. Portfolioinvestitionen in den EMEA-Länder investiert. Hierbei vereinigten die Länder Südafrika und Ungarn mit USD 600 Mio. bzw. 200 Mio. die umfangreichsten Portfolioinvestitionen auf sich. Rußland verzeichnete in diesem Zeitraum einen Netto-Mittelabfluß von ca. USD 300 Mio. Dies war hauptsächlich auf Gewinnmitnahmen nach einer mehr als 100-prozentigen Wertsteigerung des russischen Aktienmarktes während des zweiten Quartals 1996 zurückzuführen. Von den Ende 1996 insgesamt USD 14,2 Mrd. Portfoliovermögen in der EMEA-Region wurden DM 2,7 Mrd. von den Regionalen Osteuropafonds verwaltet (vgl. Tab. 3).

Tab. 4: Quartalsweise Portfolio-Salden nach Regionen (Mrd. USD)

Region	1.Q.95	2.Q.95	3.Q.95	4.Q.95	1.Q.96	2.Q.96
Asien	4,5	2,7	-0,3	-0,6	6,1	1,7
Latein Amerika	-2,5	-0,5	0,0	-0,4	1,3	1,0
EMEA	0,9	0,9	0,8	0,4	1,2	0,9
Gesamt	**2,9**	**3,1**	**0,5**	**-0,6**	**8,6**	**3,6**

Quelle: Micropal, 1996

Im Zuge der Kapitalbereitstellung für den wirtschaftlichen Aufschwung der Länder im Transformationsprozeß entstanden bzw. engagierten sich verschiedene Gruppen von Kapitalanlegern durch das Auflegen von Investmentfonds.

Vornehmlich in den Transformationsländern, in denen teilweise oder vollständig eine Massenprivatisierung durch die Ausgabe von Zertifikaten oder Kupons an die Bevölkerung durchgeführt wurde, sind zahlreiche nationale Investmentfonds entstanden. Entweder durch Zuteilung oder im Tausch gegen Zertifikate erhielt die Bevölkerung Anteile an diesen Investmentfonds. Die Fondsmanager wiederum erwarben im Zuge der Privatisierung gegen Zertifikate Unternehmensbeteiligungen (Tschechien, Lettland). Eine andere Möglichkeit der Massenprivatisierung sah vor, daß die Zertifikate von Beginn an Anteile an zunächst staatlichen Investmentfonds darstellten. In diese Fonds wurden Anteile der Staatsunternehmen übertragen. Damit sollte von vornherein sichergestellt werden, daß die Bevölkerung eine ausreichende Risikostreuung ihres Vermögens hat. Anschließend wurden bzw. sollten die Fonds durch privates Management verwaltet werden, um ein professionelles Fondsmanagement zu gewährleisten (Polen, Rumänien). In jedem Land, in dem Kuponprivatisierung praktiziert wird, ist sie unterschiedlich geregelt. In allen Ländern, in denen sie praktiziert wird, hat sie nachhaltige Wirkung auf die Kapitalmärkte. An späterer Stelle wird daher noch vertieft auf die Kuponprivatisierung und die Nationalen Investmentfonds eingegangen (Kap. 4.3.4).

Eine andere wichtige Gruppe für den wirtschaftlichen Reformprozeß sind Investmentfonds, bei denen ausländische - meist westliche - Regierungen und supranationale Organisationen als Kapitalanleger oder besser als Kapitalgeber in Erscheinung traten. Zu erwähnen ist hier beispielhaft der British Know how Fund der britischen Regierung, der Polish-American Enterprise Fund der amerikanischen Regierung oder die Fonds der European Bank for Reconstruction and Development (EBRD) und der Weltbank. Ziel dieser Fonds ist es, aus Sicht des jeweiligen Kapitalgebers in Abstimmung mit den Regierungen der Zielländer, Kapital in Unternehmen oder Branchen zu investieren, deren schneller Aufbau für den Transformationsprozeß von zentraler Bedeutung ist. Die Investitionsobjekte sind nicht zwingend börsennotiert. Kapitalzuteilung erfolgt häufig über nationale Banken oder Regierungsstellen. Oberste Zielsetzung ist nicht die Zusammenstellung eines Portfolios mit optimaler Rendite-Risiko-Struktur. Sie sind daher nicht Untersuchungsgegenstand dieser Arbeit (vgl. et. al. EBRD, 1995 u. 1996; European Commission, Tacis 1996 und Phare 1996).

Untersuchungsgegenstand dieser Arbeit sind regionale Osteuropa-Aktienfonds internationaler Kapitalanlagegesellschaften, bei denen die Zielsetzung der Anlagestrategie die Bildung eines Portfolios mit optimaler Rendite-Risiko-Struktur ist. Im nachfolgenden werden regionale Osteuropa-Aktienfonds der Einfachheit halber nur noch Osteuropafonds genannt. Die ersten Osteuropafonds für ein breites Anlegerpublikum wurden im Jahr 1990 aufgelegt. Es handelte sich dabei um den "Ost-Invest Fonds" der Allgemeinen Sparkasse Oberösterreichs und den "Danubia-Invest Fonds" der Giro-Credit (vgl. Tab. 5, S. 64). Wichtigste Kapitalgeber dieser ersten Fonds waren institutionelle deutsche und österreichische Anleger. Überhaupt waren die österreichischen Kapitalanlagegesellschaften die ersten Anbieter von Osteuropafonds. Bis Ende 1993 wurden vier weitere Osteuropafonds aufgelegt. Von diesen jetzt sechs Osteuropafonds sind fünf von österreichischen Investmentgesellschaften aufgelegt worden, von denen wiederum vier als offen (open-end) und einer als geschlossen (closed-end) konzipiert waren. Die vier offenen österreichischen Publikumsfonds verwalteten zu dieser Zeit ein kumuliertes Gesamtvermögen von ca. 200 Mio. DM (vgl. Männicke, Osteuropafonds 1996, S. 13).

Vor dem Hintergrund der als wahrscheinlich angenommenen hohen Volatilität der noch sehr jungen Märkte hätte erwartet werden können, daß anfänglich hauptsächlich Closed-End-Fonds in Osteuropa aufgelegt werden würden.

Denn das vermeintliche Risiko der Open-End-Fonds, in rückläufigen Märkten von verunsicherten Anlegern die Anteilscheine zurücknehmen und dafür in einen sinkenden Markt hinein verkaufen zu müssen, könnte durch sie vermieden werden. Tatsächlich wurde der erste geschlossene Osteuropafonds von INVESCO CEAM im Jahr 1990 mit einem Volumen von 200 Mio. USD zur Zeichnung aufgelegt. Aber erst Anfang 1994 wurden die ebenfalls volumenstarken Closed-End-Fonds von Baring und Credit Suisse First Boston (CSFB) an der Londoner Börse zum Handel zugelassen. Der "Central European Growth Fund plc.", der CSFB, notierte als geschlossener Fonds mit einem Zeichnungsvolumen von 200 Mio. USD. Insgesamt sind bisher nur vier geschlossene Osteuropafonds aufgelegt. Der entscheidende Nachteil der Closed-End-Fonds ist ihre geringere Flexibilität im Vergleich zu den Open-End-Fonds. Zwar sind sie nicht dem Risiko des Mittelabflusses ausgesetzt. Allerdings kann auch ab dem Auflagezeitraum kein zusätzliches Anlegerkapital mehr aufgenommen werden. Außerdem ist eine ausreichend große kritische Masse an Investitionskapital erforderlich, um die Managementkosten je Anteilschein nicht zu hoch werden zu lassen. In dem frühen Entwicklungsstadium der Kapitalmärkte Zentral- und Osteuropas ist jedoch nur schwer einzuschätzen, ob und wieviel Kapital in den Märkten aussichtsreich investiert werden kann und wann das investierte Kapital eine angemessen Wertsteigerung erzielt haben wird. Aus diesem Grund werden vergleichsweise lange Laufzeiten bis zur Rückzahlung an die Anleger vereinbart, die zwischen vier bis zehn Jahren liegen (vgl. Valencia, 1993, o. S.). Die Aussicht für einen Anleger, sein Kapital in einem hoch spekulativen Markt für einen solch langen Zeitraum ohne Einflußmöglichkeit anzulegen, ist wenig attraktiv und damit die Aussichten für geschlossene Investmentfonds, ausreichend Sondervermögen zu erlangen, begrenzt (Anhang 6, Nr.1).

Die Menge an Kapital, die den Ostbörsen über die Investmentfonds in den ersten Jahren zufloß, war noch klein, gemessen z. B. am weltweit investierten Fondsvermögen. Bis Anfang 1994 betrug das von den Osteuropafonds verwaltete Vermögen ca. USD 300 Mio. (vgl. Männicke, Osteuropafonds 1996, S. 13). Immerhin bedeutete dies für die beiden oben genannten österreichischen Fonds, die bereits 1990 aufgelegt worden sind, einen Anstieg des verwalteten Vermögens in dieser Zeit um über 300 Prozent. Dies zeigt aber auch, wie bescheiden die Anfänge waren. Die Kapitalmärkte waren jedoch noch sehr eng,

d. h. das Angebot börsennotierter Unternehmen war noch gering. Daher hatten die Märkte Schwierigkeiten, selbst diese kleinen Mengen an internationalem Kapital aufzunehmen. Starke Kurssteigerungen vornehmlich an den Börsen Warschau und Budapest resultierten u. a. daraus. Dies führte zu einer erheblichen Überbewertung der dort notierten Unternehmen, die zeitweise durchschnittliche Kurs-Gewinn-Verhältnisse (KGV) von über 30 aufwiesen. Die Mexikokrise zum Jahreswechsel 1993/1994 führte bei internationalen Kapitalanlegern dazu, alle Emerging Markets etwas vorsichtiger zu betrachten. Da sich die Kurssteigerungen vieler Osteuropawerte inzwischen von fundamentalen Bewertungen abgekoppelt hatten, folgte eine kräftige Konsolidierung mit deutlichen Kursrückschlägen an allen Börsen der Visegrad-4-Staaten insbesondere in den Monaten März bis Juni 1994. Dies führte beispielsweise an der Börse Warschau (Polen) zu durchschnittlichen Kurseinbrüchen, gemessen an der Gesamtmarktentwicklung von 84 und in Prag (Tschechien) von 56 Prozent. Ihren Tiefstand erreichten die Börsen in Ungarn und Polen im vierten Quartal 1994. In Tschechien gaben die Kurse sogar noch bis zum dritten Quartal 1995 nach (Anhang 6, Nr. 1).

Durch den deutlichen Kursrückgang erfuhren die Aktienmärkte in Zentral- und Osteuropa in den Jahren 1994 und 1995 eine fundamentale Neubewertung auf realistischem Niveau (vgl. o.V., Börsen in Osteuropa, o. S.). Viele Kapitalanlagegesellschaften erachteten den Zeitpunkt zur Auflage eines eigenen Osteuropafonds nun offensichtlich für gekommen. Während Ende des Jahres 1993 nur sieben offene Osteuropafonds notiert wurden, stieg die Zahl bis Ende 1994 auf 18. Flemings legte als Vorreiter britischer Investmenthäuser am 4. Juli 1994 den "Eastern European Funds" auf. In rascher Folge zogen die Schweizer Vontobel Bank, das Bankhaus Pictet, die holländische ABN AMRO Bank und die deutsche Union Invest nach. Als weitere deutsche Fondsgesellschaften legte im April 1995 die Münchener Hypotheken- und Wechselbank den von dem britischen Fondsspezialisten Foreign & Colonial gelenkten "Hypo Osteuropa Fonds" auf. Der Dresdner Investmenttrust und die Deutsche Bank Investment Management folgten mit ihren Osteuropafonds im Oktober, respektive im November des Jahres 1995. Als vorläufig letzter bedeutender Fondsanbieter bot das britische Investmenthaus Mercury Anteile an seinem Mercury Eastern Europe Fund ab Dezember 1995 an.

Abb. 19: Anzahl der offenen regionalen Osteuropa-Aktienfonds 1990 - 1996

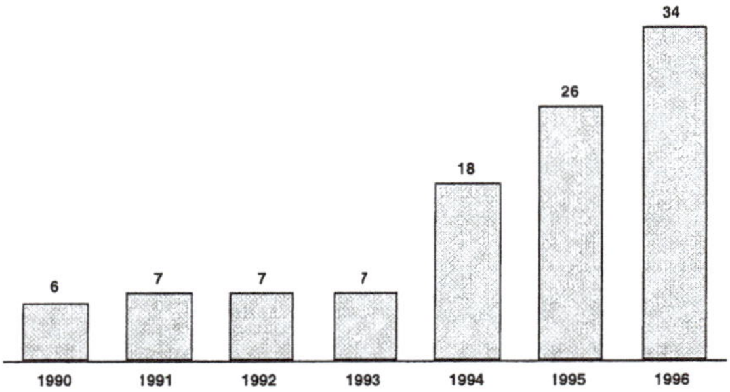

Quelle: Micropal 1996, Creditanstalt Central Europe Fund und der Dresdner Investmenttrust Osteuropa

Das Fondsvermögen aller Regionalen Osteuropafonds betrug zum 31.12.1996 DM 2.742,22 Mio. Bei den Open-End-Fonds vereinigten die sechs größten Osteuropafonds 60,9 Prozent oder DM 1.095,88 Mio. auf sich. Setzt man dies ins Verhältnis zur gesamten Marktkapitalisierung der Region Zentral- und Osteuropas, die Ende 1996 ca. USD 92 Mrd. betragen hat, verdeutlicht dies die Marktbedeutung einiger weniger Fondsgesellschaften und deren große Einflußmöglichkeit auf die z. Zt. noch engen Märkte, wenn sie verstärkt investieren würden (vgl. Kap. 4.5.3).

Aufgrund der weit überdurchschnittlichen Performancewerte der meisten Osteuropafonds in 1996 flossen ihnen zu Beginn des Jahres 1997 große Geldmittelströme zu. Beispielsweise verzeichnete der Mercury Eastern Europe Fund in den ersten drei Wochen dieses Jahres einen Anstieg des Fondsvermögens um DM 100 Mio. (Interviewprotokolle). Andere Fondsgesellschaften, wie die Spar Invest Austria oder Die erste österreichische Spar-Casse Bank, bezifferten ihre Mittelzuflüsse auf 100 bis 150 Prozent des Fondsvermögens zum 31.12.1996 (telefonische Expertengespräche mit Herrn Franz Weber, Spar Invest Austria und Herrn Günter Mandel, Die erste österreichischen Spar-Casse Bank AG). Unter Berücksichtigung der noch sehr engen Märkte in Mittel- und Osteuropa ist damit zu rechnen, daß diese neu zu investierenden Mittel die Aktienkurse zumindest kurz- bis mittelfristig ansteigen lassen wer

Tab. 5: Übersicht aller Regionalen Osteuropa Aktienfonds

Name of Fund (Part 1)	Company	Listing/ Domicile	Launch Date	Type	Curr-ency	Volume (Mio. DM)	Total Market share	Relative Market share
Fleming Flagship EE Fund	Fleming Fund Mgt (LUX)	Lux.	04. Jul. 94	Open-end	DEM	359,67	13,1%	20,0%
Schroder EE Fund	Schroder Inv.t Mgt.	Guernsey	14. Dez. 94	Open-end	USD	222,71	8,1%	12,4%
AAF Eastern Europe Equity Fund	ABN AMRO Asset Mgt.	Lux.	16. Jun. 95	Open-end	DEM	176,19	6,4%	9,8%
Pictet Targeted Fund - EE	Pictet Asset Management UK	Lux.	30. Jun. 95	Open-end	DEM	129,93	4,7%	7,2%
MST Eastern Europe	Mercury Asset Management	Lux.	29. Dez. 95	Open-end	DEM	112,06	4,1%	6,2%
Vontobel Fund EE Equity	Vontobel Fund Mgt. SA	Lux.	22. Aug. 94	Open-end	DEM	95,32	3,5%	5,3%
DIT - Dresdner Osteuropa	Dresdner Bank	Ireland	16. Okt. 95	Open-End	DEM	71,04	2,6%	4,0%
DB Osteuropa	DB Inv. Mgt SA (DBIM)	Lux.	03. Nov. 95	Open-end	DEM	63,80	2,3%	3,6%
Donau Fonds	Delta Lloyd Fondsenbeheer	Amsterdam	01. Aug. 90	Open-end	NLG	60,80	2,2%	3,4%
Ost-Activ Miteigentumsfonds	Österr. Investment-Ges.	Austria	01. Dez. 93	Open-end	ATS	59,36	2,2%	3,3%
Danubia Invest	Sparinvest KAAG	Austria	01. Okt. 90	Open-end	ATS	50,60	1,8%	2,8%
A 9 MEF I. WP	Bankinvest	Denmark		Open-end	DNK	46,40	1,7%	2,6%
Creditanstalt Central Europe Fund	CA Fund Advisory, Lazard	Guernsey - Dublin	11. Jan. 91	Open-end	GBP	46,40	1,7%	2,6%
Hypo Osteuropa Fund	Foreign and Colonial EM Ltd	Lux.	01. Apr. 95	Open-end	DEM	30,90	1,1%	1,7%
EM Osteuropa (Lux)	Union Invest	Lux + Germany	01. Okt. 94	Open-end	DEM	30,00	1,1%	1,7%
Invesco Taiga	Invesco	France		Open-end	FRF	24,91	0,9%	1,4%
BAI - OST Miteigentumsfonds	BAI Advisory	Austria	11. Feb. 95	Open-end	ATS	24,00	0,9%	1,3%
Aetna IUF Emerging Europe A	Aetna	Luxembourg		Open-end	USD	23,06	0,8%	1,3%
OstValor	HCM Capital Management	Austria		Open-end	ATS	22,40	0,8%	1,2%
Raiffeisen - Osteuropafonds Mit	Raiffeisen KAG	Germ. + Austria	21. Feb. 94	Open-end	ATS	22,40	0,8%	1,2%
BBL Invest Emerging Europe C	Banque Bruxelles Lambert	Belgium		Open-end	DEM	21,59	0,8%	1,2%
Mediterranee Emergence	GP Banque	France		Open-end	FRF	18,38	0,7%	1,0%
OST-Invest MEF I. WP	Allg. Sparkasse	Austria	01. Nov. 90	Open-end	ATS	17,60	0,6%	1,0%
M. Grenfell European EM Fund	Morgan Grenfell EM Fund	Dublin	29. Jul. 94	Open-end	USD	13,68	0,5%	0,8%
JF Eastern European Trust	Jardin Fleming	Caymans		Open-end	USD	13,14	0,5%	0,7%
KB Equity Fund East Europe C	Kredietbank	Belgium	13. Okt. 95	Open-end	BEF	10,48	0,4%	0,6%

Name of Fund (Part 2)	Company	Listing/ Domicile	Launch Date	Type	Curr-ency	Volume (Mio. DM)	Total Market share	Relative Market share
BBL (F) Emergence Sud	Banque Bruxelles Lambert	Belgium		Open-end	FRF	6,82	0,2%	0,4%
Aetna IUF Emerging Europe B	Aetna	Lux.		Open-end	USD	6,42	0,2%	0,4%
Europe Central Fund	Lloyds Inv. Managers, CA	Guernsey	31. Jul. 90	Open-end	USD	4,74	0,2%	0,3%
Baer Multicoop CE Stock Fund A	First Austrian Bank	Vienna, Lux.	31. Okt. 94	Open-end	ATS	3,92	0,1%	0,2%
Baer Multicoop CE Stock Fund B	First Austrian Bank	Vienna, Lux.		Open-end	ATS	3,92	0,1%	0,2%
State Street Europe Emergence	State Street	France		Open-end	FRF	3,85	0,1%	0,2%
BBL Invest Emerging Europe D	Banque Bruxelles Lambert	Belgium		Open-end	DEM	0,31	0,0%	0,0%
KB Equity Fund East Europe C	Kredietbank	Belgium		Open-end	BEF			
			Total Open-End-Funds			**1796,80**	**65,5%**	**100,0%**
Central European Growth Fund	Credit Suisse Inv. Mgt.	London	21. Mär. 94	Closed-end	USD	340,43	12,4%	36,0%
East Europe Development Ltd	Invesco CEAM	Jersey - Dublin	01. Dez. 90	Closed-end	USD	351,52	12,8%	37,2%
Baring Emerging Europe Trust	Baring Asset Management	London	20. Jan. 94	Closed-end	USD	224,67	8,2%	23,8%
Framlington Eastern Europe Fund	Framlington Asset Mgt.	Dublin		Closed-end	USD	28,80	1,1%	3,0%
			Total Closed-End-Funds			**945,42**	**34,5%**	**100,0%**
			Sector Total Net Assets			**2742,22**	**100,0%**	

Bewertung des Fondsvermögens zum: 1=31.12.1996; 2=29.11.1996; 3=31.10.1996; 4=eigene Schätzungen

Quelle: Micropal 1996, eigene Berechnungen

den auch ohne wesentliche Veränderungen der fundamentalen Unternehmens- und Wirtschaftsdaten.

Tabelle 5 stellt alle regionalen Osteuropafonds, geordnet nach Art der Rücknahme und nach abnehmender Höhe des Fondsvermögens, dar. Das Fondsvolumen entspricht, falls nicht etwas anderes angegeben ist, den Werten des Net Asset Value zum 31.12.1996.

3.2.2. Performancevergleich

Die Wertentwicklungen der ersten zwei Osteuropafonds wiesen in den ersten drei Jahren hohe Volatilitäten auf. Bis Ende des Jahres 1992 erlitten beide Fonds Verluste von 23 bzw. 41 Prozent. Im Jahr 1993 erzielte der Ost-Invest einen Wertzuwachs in Höhe von 73 Prozent und der Danubia-Invest von knapp 89 Prozent. Dadurch verbesserte sich die durchschnittliche Wertsteigerung über alle drei Jahre für den Ost-Invest auf ca. 10 Prozent p. a. und den Danubia-Invest auf etwas weniger als 10 Prozent. Der Micropal-Durchschnitt der 17 im Jahr 1994 notierten offenen Osteuropafonds verzeichnete dann wieder eine negative Wertentwicklung von 34 Prozent (vgl. Abb. 20).

Das normalerweise angewandte Vorgehen zum Vergleich der Performance von Investmentfonds, nämlich die Gegenüberstellung der Risiko-Rendite-Profile, läßt sich bei den Osteuropafonds nicht einheitlich durchführen. Aufgrund der sehr kurzen Entwicklungsgeschichte der Investmentfonds in Zentral- und Osteuropa läßt sich bisher nur für sieben Fonds ein aussagefähiges Risiko-Rendite-Profil erstellen, das zumindest die vergangenen drei Jahre bis zum 31. Dezember 1996 einschließt. Nur diese Fonds haben bereits sowohl eine Haussephase als auch eine Konsolidierungsphase durchlaufen. Es kann also unterstellt werden, daß die ausgewiesene Volatilität eine gewisse Verstetigung erfahren hat. In Abbildung 20 ist das Risiko-Rendite-Profil dieser sieben Fonds grafisch dargestellt. Die Rendite wird gemessen an der durchschnittlichen Wertveränderung in Prozent der Fondsanteile im Betrachtungszeitraum. Als Risikokennziffer wurde die Volatilität als Standardabweichung gemessen. Der Performance der Fonds wurde die Performance der wichtigen Osteuropaindizes gegenüber gestellt.

Im Vergleich mit den Indizes weisen nahezu alle der betrachteten Osteuropafonds eine höhere Volatilität auf. Lediglich der IFC Emerging Market Eastern Europe Index weist mit einer Standardabweichung von sieben eine Volatilität auf, die auf einem Niveau der Fondsvolatilitäten liegt. Nur für vier der sieben betrachteten Fonds hat das vergleichsweise hohe Risiko sich auch in einer höheren Rendite niedergeschlagen. Auch der Vergleich der Fonds untereinander zeigt, daß sich höheres Risiko in den Kapitalmärkten Zentral- und Osteuropas nicht zwangsläufig in einer höheren Rendite niederschlägt. Die Fonds weisen z. T. sehr große Performanceunterschiede auf. Obwohl beispielsweise der Bankinvest Fund und der Ost-Invest Fund nahezu identische Risikokennzahlen aufweisen, liegen die Wertzuwächse um etwa 90 Prozentpunkte auseinander. Der zum gleichen Zeitpunkt wie der Ost-Invest aufgelegte Danubia-Investmentfond ist immerhin noch um ca. 50 Prozentpunkte besser. Der Creditanstalt Central Europe Fonds ist zwar das höchste Risiko eingegangen, sein Wert blieb aber im Betrachtungszeitraum unverändert.

Abb. 20: Risiko-Rendite-Diagramm ausgewählter Osteuropafonds und Indizes für den Anlagezeitraum 1.1.1994 - 31.12.1996

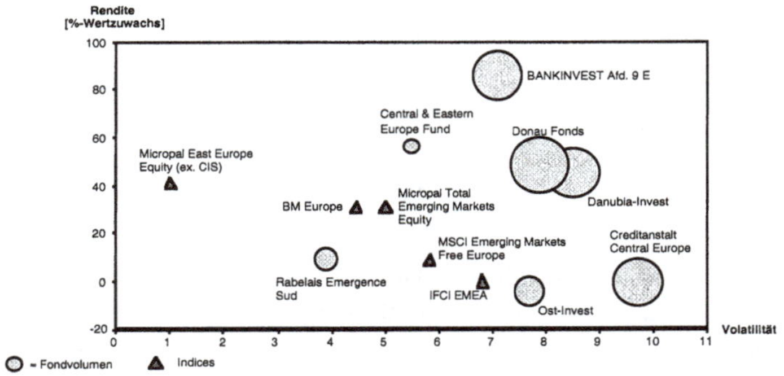

Quelle: Micropal, 1996, eigene Darstellung

Eine detaillierte Betrachtung der Wertverläufe der Fonds seit ihrem Auflagedatum bestätigt nachhaltig den Performancenachteil der österreichischen und deutschen Fonds (vgl. Abb. 21). Da es sich nicht um zeitpunktbezogene momentane Unterschiede handelt, hängt dies offensichtlich mit der jeweils gewählten Anlagestrategie zusammen.

Ein Vergleich mit den Indizes für diese Region ist wenig aussagekräftig, so daß die Fonds nur untereinander verglichen werden (vgl. Kap. 3.1.2, Peer Group Benchmark). Zusätzlich werden qualitative Kriterien zur Performancebeurteilung herangezogen, die sich aus den Auswertungen der Fragebögen und den Interviews mit Fondsmanagern beziehen sowie aus einer Untersuchung der Portfoliostrukturierung.

Abb. 21: Kumulierter Wertzuwachs (%) ausgewählter Osteuropafonds seit Auflagedatum des Fonds bis 30.12.1996

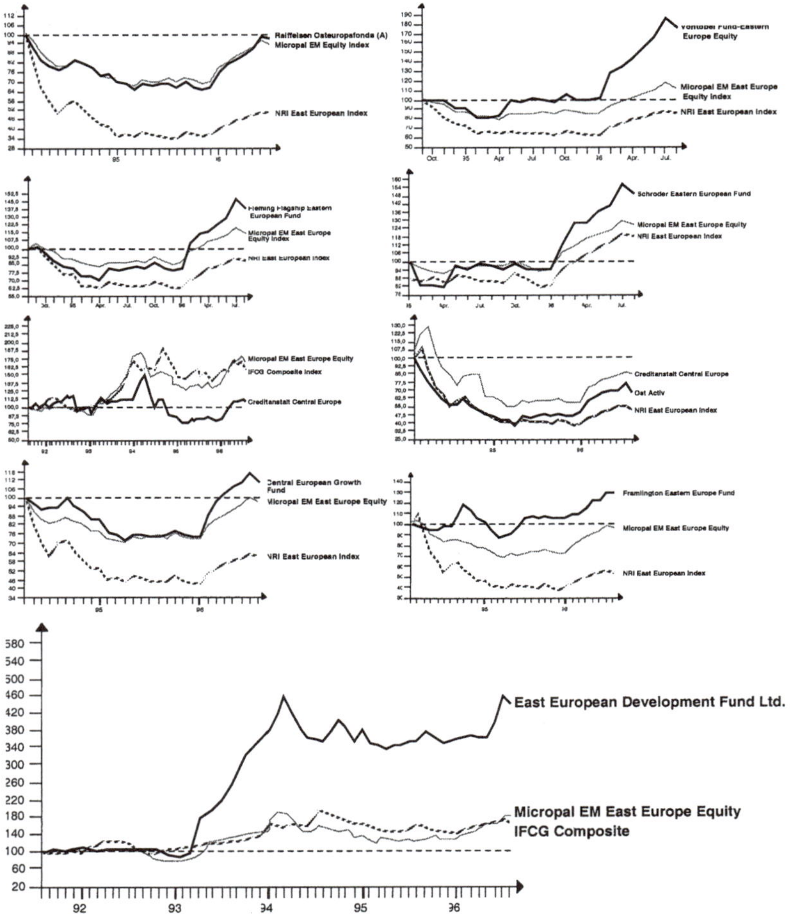

Quelle: Micropal, 1996

Die Fonds mit den höchsten Wertsteigerungen des Jahres 1996 existieren erst seit maximal 2 Jahren. Grundsätzlich wird der Anlageerfolg nach folgender Formel berechnet, um eine Vergleichbarkeit zu erzielen.

$$\text{Anlageerfolg} = \left(\frac{\textit{ausgewiesene Wertentwicklung} \; + 100}{1 + \frac{\textit{Ausgabeaufschlag} \; (\%)}{100}} \right) - 100$$

Die angegebenen Performance-Werte der Fondsinformationsdienste Micropal und FCS differieren für den selben Fonds und den gleichen Anlagezeitraum aufgrund unterschiedlicher Bewertungsmethoden. FCS verwendet die Wertberechnung des BVI, welche die Wertsteigerung eines Anteils auf DM-Basis unter Berücksichtigung des individuell gezahlten Ausgabeaufschlages widerspiegelt und wie es in der Formel oben dargestellt ist. Micropal berechnet die Wertzuwächse auf USD-Basis ohne Berücksichtigung des Ausgabeaufschlages. Beide Methoden re-investieren ausgeschüttete Beträge.

Tabelle 6 zeigt die von Micropal ermittelten, erfolgreichsten Osteuropafonds, geordnet nach den kumulierten Wertsteigerungen des Jahres 1996.

Tab. 6: Wertzuwachs regionaler Open-End-Osteuropafonds 1995 bis 1996

Fond	Management Gruppe	Währung	1996 %	1996 Rang	1995-1996 %	1995-1996 Rang
Mercury ST Eastern European	Mercury Asset Management	DEM	**156,19**	1		
Vontobel Eastern Europe Eq A	Vontobel Fund Mgt. SA	DEM	**102,15**	2	106,28	1
Fleming FF Eastern European	Fleming Fund Mgt (LUX)	DEM	**93,99**	3	79,30	2
AAF Eastern Europe Equity Fund	ABN AMRO Asset Mgt.	DEM	**92,15**	4		
Schroder Eastern European	Schroder Invt Mgt.	USD	**86,26**	5		
Baer Multicoop Central Eur B	First Austrian Bank	ATS	**76,37**	6	50,32	4
Baer Multicoop Central Eur A	First Austrian Bank	ATS	**76,37**	7	50,32	3
HYPO Osteuropa	Foreign and Colonial EM Ltd	DEM	**75,08**	8		
Raiffeisen-Osteuropafonds MEF	Raiffeisen KAG	ATS	**73,94**	9	43,46	6
Pictet T.F. Eastern Europe	Pictet Asset Management UK	DEM	**69,97**	10		
OST-AKTIV	Österr. Investment-Ges.	ATS	**68,39**	11	46,49	5
DANUBIA-INVEST MEF i. WP	Sparinvest KAAG	ATS	**63,05**	12	26,55	11

Quelle: Micropal, 1996

Dies verdeutlicht die generell positiven, dennoch unterschiedlich starken Wertzuwächse der von FCS dokumentierten Osteuropafonds. Ein einmaliges

Investment am 1. Januar des Jahres 1996 steigerte demnach seinen Wert je nach Fonds auf zwischen 33,9 Prozent und 156,2 Prozent. Da diese Fonds gleichermaßen regional in den Transformationsländern investierten, scheint die jeweilige Anlagestrategie ausschlaggebend für die Performance des Fonds zu sein. Setzt man den bestplatzierten Fonds, Mercury Eastern Europe, als Referenzfonds, so erzielten die Konkurrenten zwischen 19,6 und 46,8 Prozent geringere Renditen.

Abb. 22: Wertentwicklung ausgewählter Osteuropafonds vom 29.12.1995 - 10.12.1996 (%)

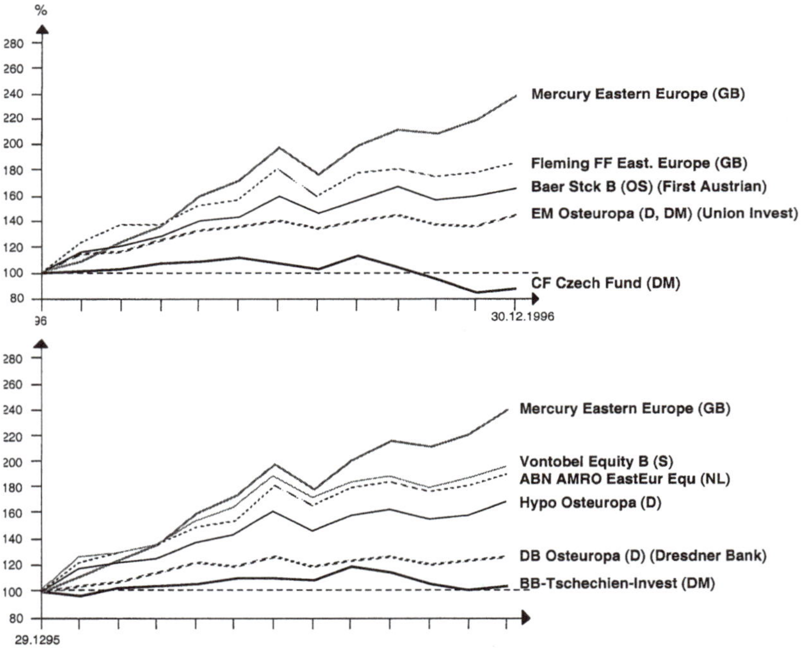

Quelle: FCS Finanz-Computer-Service, 1996

Durch einen Vergleich der Anlagestrategien und Managementstile soll später versucht werden, zumindest eine qualitative Bewertung der Risiken durch Analyse und Attribution der Performanceursachen zu geben. Für die weiteren Untersuchungen wird deswegen ausschließlich die Wertsteigerung und deren ursächlicher Zusammenhang mit der zugrundeliegenden Anlagestrategie untersucht. Die anschließenden Abschnitte versuchen, eine möglichst umfassende Generalisierung der Anlagestrategien von Investmentfonds in Osteuropa vorzunehmen, ohne jedoch dabei eine angemessene Differenzierung zu vernachlässigen.

3.2.3. Portfoliomanagementstile

Die großen Performanceunterschiede der Osteuropafonds sind zum einen auf die hohen Volatilitäten der Einzelmärkte Zentral- und Osteuropas infolge von Marktineffizienzen zurückzuführen, zum anderen jedoch auch auf den Umgang der einzelnen Fondsmanager mit diesen Ineffizienzen. Wichtig erscheint in diesem Zusammenhang an dieser Stelle noch einmal auf den Begriff der Effizienz einzugehen. Die Märkte der Transformationsländer sind informationsineffizient. Das heißt, das öffentliche und nicht öffentliche Informationen über die wirtschaftliche Lage der Unternehmen sich nicht oder nur zum Teil in den Kursen widerspiegeln. Dies bedeutet, daß auch die Kursentwicklungen der Vergangenheit von Marktanomalien beeinflußt waren und somit für den aktuellen Kurs und die zukünftige Kursentwicklung eines Wertpapiers nahezu ohne Aussagekraft sind. Empirische Studien belegen folgerichtig auch, daß an Märkten mit signifikanter Informationsineffizienz aktiv gemanagte Fonds höhere Wertsteigerungsraten aufweisen als passiv verwaltete Portfolios (vgl. Lechner/Keppler, 1996, S. 122ff.). Aufgrund der Informationsineffizienz können deutliche Performanceunterschiede erzielt werden, falls man systematisch Informationsvorteile bzgl. Unternehmensdaten gegenüber anderen Investoren bzw. Investmentfonds aufbaut. Wie dies geschehen kann, wird im folgenden dargestellt. Je weniger sich ein Fondsmanager passiv an einem Index bei der Portfoliozusammenstellung orientiert, um so größer sollte unter diesen Voraussetzungen die Wahrscheinlichkeit sein, überdurchschnittliche Wertzuwächse zu generieren.

In der Tat werden alle Osteuropafonds nach Aussagen ihrer Fondsmanager aktiv gemanagt. Von keinem Fonds ist die Portfoliozusammensetzung identisch mit derjenigen der wichtigsten Indizes für die Region Zentral- und Osteuropa (vgl. Anhang 2). Nahezu alle Fonds weisen im Jahr 1996 auch eine höhere Wertsteigerung auf als die Indizes (vgl. Abb. 22). Allerdings gibt es hinsichtlich des Niveaus eines aktiven Managements z. T. recht deutliche Unterschiede zwischen den Osteuropafonds. Sie lassen die Vermutung zu, daß mit zunehmenden Aktivitätsgrad des Managements eines Osteuropafonds im Jahr 1996 seine erzielten Wertsteigerungsraten zugenommen haben.

Ein Kriterium zur Beurteilung das Aktivitätsgrades von Fondsmanagern ist deren Orientierung an Indizes bei der Portfoliostrukturierung. Das Management der 1996 erfolgreichsten und dritterfolgreichsten Fonds, des Mercury ST Eastern European Fund und des Fleming Flagship Eastern Europe Fund, bezieht die verfügbaren Osteuropaindizes überhaupt nicht in seine Anlageentscheidungen mit ein (vgl. Fund Research Ltd., Mercury 1996; Fund Research Ltd., Fleming, 1996; Interviewprotokoll Kirsch). Vontobel Fund Eastern European Equity orientiert sich zumindest grob an Indizes. Theoretisch ist ein Abweichen von Länderanteilen am Portfolio um 50 Prozent im Vergleich zu dessen Anteilen am Referenzindex begrenzt. Falls es jedoch erforderlich sein sollte, ist ein stärkeres Abweichen praktisch nicht ausgeschlossen (vgl. Fund Research Ltd., Vontobel, 1996). Bei allen diesen Fonds verläuft die kumulative Performancekurve zumindest in 1996 deutlich oberhalb von regionalen Vergleichsindizes (vgl. Abb. 21, S. 68 und 22, S. 70)

ABN AMRO und Schroder, die viert- und fünfterfolgreichsten Fonds in 1996, sowie der Hypo Osteuropa Fonds haben ihren eigenen Index erstellt. Dieser Index dient der Orientierung der Anlageentscheidung, allerdings wird er nicht exakt nachgebildet. In dem Index sind alle investierbaren Aktienwerte der gesamten Region enthalten. Die Ländergewichtung wird anhand des Bruttoinlandsproduktanteils des jeweiligen Landes und der Marktkapitalisierung des Einzelmarktes im Verhältnis zur gesamten Region vorgenommen (vgl. Fund Research Ltd., Schroder, 1996; Fund Research Ltd., Hypo, 1996; Forsyth Partners, ABN AMRO, Reg.1, 1996). Immerhin trug offensichtlich dieser Managementstil dazu bei, daß alle diese Fonds seit ihrer Auflage zu den erfolgreichsten Osteuropafonds gehörten. Bei der Betrachtung der kumulierten Performance seit Auflage übertrafen sie vor 1996 selbst den Fleming Flagship Fund, der sich bekanntlich überhaupt nicht an einem Index orientiert. Erst in der Hausse des Jahres 1996 fielen sie hinter Mercury, Vontobel und Fleming zurück (vgl. Tab. 6). Dies deutet auf mögliche Nachteile bei der Orientierung der Länderallokation am Bruttoinlandsprodukt und der Börsenkapitalisierung der Einzelmärkte hin.

Die Osteuropafonds der österreichischen Kapitalanlagegesellschaften, der Raiffeisen Osteuropafonds, der First Austrian Bank Central Europe Stock Fonds der Creditanstalt Osteuropafonds und der Ost-Aktiv-Fonds sowie der Danubia Fonds der Sparinvest werden im Vergleich zu den o. g. Fonds nach sehr viel konservativeren Kriterien verwaltet. Zwar bilden auch sie keinen Index passiv nach, aber insbesondere bei der Länderallokation orientieren sie sich sehr viel stärker als andere Fonds an Indexgewichten der einzelnen Länder und an der gesamtwirtschaftlichen Entwicklung jedes einzelnen Landes. Nicht zuletzt das im Vergleich zu den oben genannten Fonds schlechtere Abschneiden der eigenen Fonds im vergangenen Jahr hat bei der Raiffeisenbank zu Überlegungen geführt, einen eigenen Index zu erstellen (vgl. Fund Research Ltd., Raiffeisen, 1996; Fund Research Ltd., Central First Austrian, 1996; Fund Research Ltd., Creditanstalt, 1996; Interviewprotokolle Schindler, Mandl) (vgl. Kap. 3.1.2).

Neben der Indexorientierung ist vor allem die Vorgehensweise bei der Generierung von Unternehmensinformationen zur Erlangung von Informationsvorsprüngen von entscheidender Bedeutung. Auch hier gibt es zwischen den Fondsmanagern Unterschiede. Als wichtigste Quelle verläßlicher Informationen wurden von allen Fondsmanagern übereinstimmend regelmäßige Besuche der Unternehmen vor Ort angegeben (vgl. Fragebogenauswertung in Kap. 3.2.8). Folglich kann die Häufigkeit des persönlich unternommenen Vor-Ort-Research als ein erster Anhaltspunkt für die Qualität der Informationen angesehen werden. Die in 1996 erfolgreichsten Fonds verlassen sich dabei ganz auf die eigenen Research-Kapazitäten der Managementgruppe. Über dreihundert Firmenbesuche pro Jahr sind dabei keine Seltenheit. Trotz der immer besser werdenden Qualität unabhängiger Broker in den jeweiligen Ländern, werden deren zur Verfügung gestellte Informationen und Kaufempfehlungen so gut wie nie genutzt. Je besser die Qualität der von Ihnen angebotenen Informationen ist, um so größer ist die Wahrscheinlichkeit, daß diese auch bereits anderen Investoren angeboten worden sind und sich damit bereits in den aktuellen Kursen widerspiegeln (vgl. Fund Research Ltd., Mercury 1996; Fund Research Ltd., Fleming, 1996; Interviewprotokoll Kirsch).

Die Investmenttochtergesellschaften der großen Universalbanken, wie ING Baring, DB Investment Management, Dresdner Investmenttrust, Raiffeisen KAG und ABN AMRO bauen verstärkt auf die Vor-Ort-Büros der Muttergesellschaften und binden diese in das Market-Research mit ein. Vor-Ort-Büros umfassen sowohl Repräsentanzen als auch Filialen von westlichen Banken in Zentral- und Osteuropa. Repräsentanzen unterscheiden sich von Filialen durch den Umfang ihre Tätigkeiten. Während Repräsentanzen nur als Informationssammler und -aufbereiter sowie Kontaktstelle dienen, führen Filialen zusätzlich bereits Bankdienstleistungen aus. Informationen und Kaufempfehlungen der inländischen Broker wird insbesondere von den österreichischen und deutschen Fonds mehr Beachtung geschenkt als von den erfolgreicheren Fonds, was hinsichtlich der Ausnutzung von Informationsineffizienzen offensichtlich einen Nachteil darstellt (vgl. Fund Research Ltd., Raiffeisen, 1996; Fund Research Ltd., Central, First Austrian, 1996; Fund Research Ltd., Creditanstalt, 1996; Interviewprotokolle Schindler, Mandl). Insbesondere die eigenen Vor-Ort-Büros der Muttergesellschaften scheinen auf den ersten Blick von Vorteil zu sein. Betrachtet man jedoch die Ergebnisse, so schneiden die Fonds, die vollkommen auf eigene Research-Kapazitäten angewiesen sind, erfolgreicher ab.

Die generierten Datenmengen müssen erst nutzbringend verarbeitet werden, um in wertsteigernde Investments zu münden. Dabei bestimmen das Vorhandensein und die konsequente Aktualisierung einer umfangreichen Datenbank sowie die dem Fondsmanagement zur Verfügung stehenden Research-Kapazitäten die Qualität der Informationsverarbeitung. Die Research-Kapazitäten besitzen sowohl eine quantitative als auch eine qualitative Komponente. Bedeutend ist sowohl die Anzahl der Portfoliomanagement-Team-Mitarbeiter, die zu Researchverabeitungszwecken, d. h. zur Aktualisierung und Pflege der Datenbank, zur Verfügung steht als auch die Qualität der Research-Mitarbeiter.

3.2.4. Portfoliostrukturierung - Grundsätzliche Vorgehensweise

Die graduellen Unterschiede in den aktiven Portfoliomanagementstilen der Fondsmanager spiegeln sich auch in der Art der Portfoliostrukturierung wider. Dies betrifft sowohl das grundsätzliche Vorgehen im allgemeinen als auch die Länder- bzw. Branchen- und Aktienselektion im besonderen.

Bei der Asset Allocation werden zwei grundsätzliche Vorgehensweisen unterscheiden: der Top-down-Ansatz oder der Bottom-up-Ansatz (vgl. Kap.3.1.4). Beim Top-down-Ansatz wird zunächst mit der Festlegung der Portfolioanteile der "zentralen Assetklassen" begonnen. Nachdem in diese Untersuchung nur Aktienfonds einbezogen sind, erscheint es sinnvoll, eine Unterteilung von zentralen Assetklassen nach Ländern vorzunehmen. Dies bedeutet, daß man im Falle eines reinen Top-down-Ansatzes mit der Festlegung der Länderanteile am Fondsvolumen beginnen würde . Im zweiten und dritten Schritt würden dann die Branchen und die Einzeltitel bzw. Unternehmen festgelegt werden, die in das Portfolio aufgenommen werden sollen, entsprechend der vorgegebenen Länderanteile. Beim reinen Bottom-up Ansatz würde man dagegen lediglich eine Zusammenstellung des Portfolios durch Auswahl von Einzeltiteln vornehmen. Eine Gewichtung der Einzeltitel im Falle Zentral- und Osteuropas nach Länderanteilen am Portfolio würde entfallen.

Eine Ausrichtung an einem vorgegebenen Benchmark kann zur Folge haben, daß das Fondsmanagement versucht, konstant feste Gewichtungen von Ländern in ihrer Asset Allocation zu verwirklichen. Dieser sehr ausgeprägte Ansatz eines passiven Managementstils findet nur bei sehr wenigen Fonds Anwendung, da vielen erfolgversprechenden Investments sowie neuen aufstrebenden Märkten somit zu geringe Bedeutung beigemessen würde. Fonds, die eine solche Strategie verfolgen, weisen in der Regel die geringsten Wertsteigerungsraten auf. Daraus läßt sich ableiten, daß eine Nichtnutzung von möglichen Informationsvorsprüngen zu Wettbewerbsnachteilen führt.

Mehr oder weniger verfolgen alle Osteuropafonds einen kombinierten Bottom-up-/Top-down-Ansatz. Teilweise bestehen jedoch erhebliche Unterschiede hinsichtlich der Schwerpunktlegung auf den einen oder anderen Ansatz. Bei allen Fonds liegt nach eigenen Aussagen der Fondsmanager das Übergewicht auf dem Bottom-up Ansatz (vgl. Interviewprotokolle). Je aktiver ein Fonds verwaltet wird, um so mehr Augenmerk wird auf den Bottom-up Ansatz gelegt. Fleming und Vontobel, die zweit- und dritterfolgreichsten Fonds des Jahres 1996 mit einem nachweislich aktiven Managementstil, behaupten sogar, daß sie ausschließlich Bottom-up bei der Portfoliozusammenstellung vorgehen (vgl. Fund Research Ltd., Vontobel 1996; Fund Research Ltd., Fleming, 1996). Ein vollkommener Verzicht auf den Top-down-Ansatz hieße jedoch, das strategische Element der Asset Allokation völlig unberücksichtigt zu lassen. Auf den ersten Blick scheint dies vor der Realität der Märkte in Zentral- und Osteuropa die richtige Vorgehensweise zu sein. Dabei ist jedoch zu berücksichtigen, daß es sich im Jahr 1996, dem Hauptvergleichsjahr, um ein Haussejahr handelte. Allein daraus zu schließen, daß ein rein operatives Vorgehen auf der taktischen Ebene der Einzeltitelauswahl die optimale Vorgehensweise zur Portfoliozusammenstellung wäre, ist zu stark auf die kurzfristige Entwicklung der Märkte abgestellt. Eine grundsätzliche Beurteilung der Kapitalmärkte als Basis für eine Anlagestrategie kann helfen, das Risiko einzugrenzen. Außerdem sei an dieser Stelle auch noch einmal darauf hingewiesen, daß empirische Studien belegt haben, daß die Performancebeiträge der strategischen Asset Allocation weit höher liegen als z. B. Entscheidungen über Einzeltitel (vgl. 3.1.4).

Scheinbar hatte jedoch nicht nur der Detaillierungsgrad der Analyse, sondern auch, nach welchen Kriterien Zielländer für die Asset Allokation top down festgelegt wurden, Einfluß auf die Fondsperformance. In jedem Fall hat es Auswirkungen auf die Transaktionskosten. Unterschiede gibt es hinsichtlich der Berücksichtigung gesamtwirtschaftlicher Kriterien sowie Kriterien bzw. Institutionen, die verstärkt Einfluß auf die Kapitalmarktentwicklung haben. Bei der Einbeziehung gesamtwirtschaftlicher Kriterien wird anhand der Vergangenheitsentwicklung dieser Kennzahlen zusammen mit der politischen Situationsbeurteilung auf die zukünftige Entwicklung des betroffenen Landes und damit auch dessen Kapitalmarktentwicklung prognostiziert. Wie noch zu zeigen sein wird, korrelieren gesamtwirtschaftliche Entwicklung und Kapitalmarktentwicklung nur bedingt miteinander, so daß es u. U. zu Fehlallokationen bei der Portfoliostrukturierung kommen kann. Bei der Berücksichtigung von institutionellen Entwicklungen der Kapitalmärkte zur Prognose zukünftiger Börsenentwicklungen ist eine größere Nähe zu relevanten Faktoren gegeben.

Die Entwicklung des Mercury Eastern European Fund im Jahr 1996 und die allgemeine Entwicklung der Osteuropafonds bis 1996 deuten darauf hin. Eine Konzentration der Ressourcen für Research- und Analyseaktivitäten auf Länder, in denen tatsächlich noch Informationsvorsprünge erzielt werden können, trägt dazu bei, die Transaktionskosten im Verhältnis zu den Wertzuwächsen begrenzt zu halten. Eine mögliches Modell dafür wird in Kapitel 4 entwickelt.

3.2.5. Länderallokation

Ob überhaupt, mit welcher Gründlichkeit und in welcher Systematik eine Länderallokation durch Fondsmanager vorgenommen wird, hängt offensichtlich von der Risikobereitschaft des Fondsmanagements ab. Als Risikobereitschaft kann dabei bezeichnet werden, inwieweit ein Manager bereit ist, auch in den Länder Zentral- und Osteuropas zu investieren, die sich noch in einem frühen Stadium des wirtschaftlichen Reformprozesses befinden. Diese Risikoabschätzung bestimmt den Grad der Ausprägung des kombinierten Bottom-up-/Top-down-Ansatzes. Je weniger die so definierten Länderrisiken in die Investitionsentscheidungen einfließen, desto ausgeprägter ist der Bottom-up-Ansatz. Die Länder Zentral- und Osteuropas weisen einen unterschiedlichen Stand bei der wirtschaftlichen Entwicklung auf. Beurteilungskriterien für die wirtschaftliche Entwicklung sind dabei insbesondere gesamtwirtschaftliche Faktoren wie die Entwicklung des BIP, Inflation, Privatisierung, Haushaltsdefizit etc. (vgl. Kap. 2.1.2.). Durch den Verzicht oder die Reduzierung des Investments in wirtschaftlich zurückgebliebenen Länder hofft man, die Risiken für die Wertentwicklung des Fondsvermögens reduzieren zu können.

Die Performancewerte der Osteuropafonds nehmen mit der Risikobereitschaft des Management ab. Setzt man den Anteil der Länder Tschechien, Polen und Ungarn ins Verhältnis zum Wertzuwachs der Fonds in 1996, so zeigt sich, daß ein höherer Anteil dieser wirtschaftlich weiter etwickelten Länder am Portfolio häufig einen geringen Wertzuwachs zur Folge hat (vgl. Abb. 23). Offensichtlich ließen sich hier nur noch selten überdurchschnittliche Renditen aus Informationsvorsprüngen über Unternehmen und Märkte erzielen.

Abb. 23: Portfolioanteile Polen, Tschechien, Ungarn; Wertzuwachs 1996 (%)

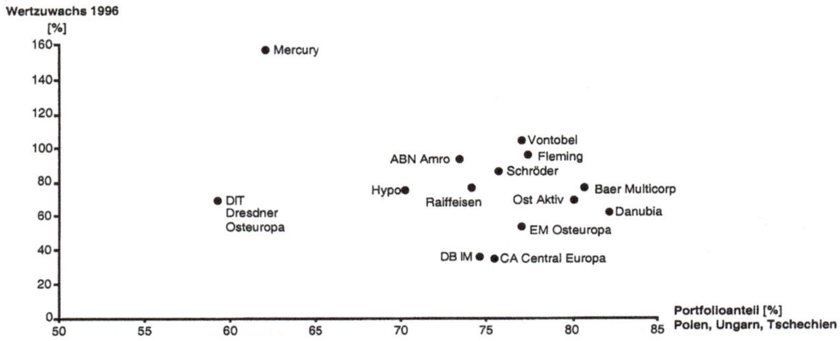

Quelle: Micropal, 1996 und Forsyth, 1996, eigene Berechnungen

Noch deutlicher wird dieser Zusammenhang, wenn man nur den Länderanteil Tschechiens, dem bisher wirtschaftlich am weitesten entwickeltem Land Zentral- und Osteuropas, berücksichtigt (vgl. Abb. 23). Der Mercury Eastern Europe Fund, der in 1996 erfolgreichste Osteuropafonds, hat seinen Tschechien-Anteil sogar auf 2 Prozent reduziert. Der tschechische Aktienmarkt hat sich demnach in 1996 schlechter entwickelt, als die anderen Märkte der Region, trotz grundsätzlich positiver Einschätzung der gesamtwirtschaftlichen Situation in Tschechien. Fonds mit hohem Tschechien-Anteil weisen daher in aller Regel einen geringeren Wertzuwachs auf als die mit einem geringen Tschechien-Anteil (vgl. Abb. 24).

Abb. 24: Portfolioanteile Tschechien; Wertzuwachs 1996 (%)

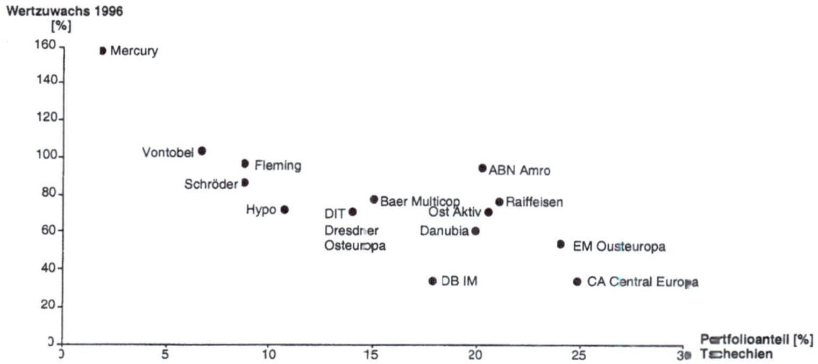

Quelle: Micropal, 1996 und Forsyth, 1996, eigene Berechnungen

Umgekehrt besteht offensichtlich auch ein Zusammenhang zwischen dem Wertzuwachs und dem Anteil der wirtschaftlich weniger entwickelten Länder am Portfolio. Je größer der Anteil ist, um so höher ist offensichtlich der Wertzuwachs. Sie korrelieren positiv. Allerdings ist dieser Zusammenhang bei weitem nicht so eindeutig wie die negative Korrelation von Tschechien-Anteil und Wertzuwachs des Fonds (vgl. Abb. 25).

Abb. 25: Portfolioanteile Sonstige Länder; Wertzuwachs 1996 (%)

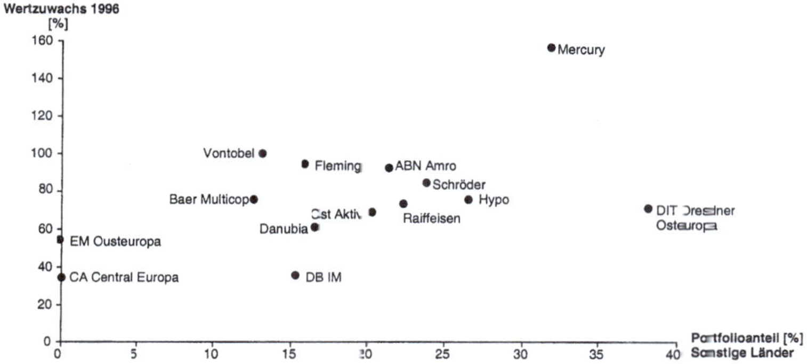

Quelle: Micropal, 1996 und Forsyth, 1996, eigene Berechnungen

Dies hängt u. a. mit der Zusammensetzung dieser anderen Länderanteile zusammen. Pictet bspw. hat zwar mit 38 Prozent Anteil an anderen Ländern den höchsten Anteil, mit 22 Prozent Rußlandanteil macht dies fast 60 Prozent davon aus. Wie noch gezeigt wird, ist in Rußland die Aktienanlage in 1996 noch besonders risikobehaftet. Mercury hat mit 8 Prozent Rußlandanteil am gesamten Fondsvermögen nur vergleichsweise wenig in Rußland investiert; dafür aber mit 6 Prozent im Baltikum hier den höchsten Anteil aller Fonds, gemessen am jeweiligen Fondsvermögen in dieser Region, investiert. Nach Aussagen des Managements hat dies auch im dritten und vierten Quartal maßgeblich zu der guten Gesamtperformance des Fonds beigetragen (vgl. Interviewprotokoll Kirsch).

Die Anlagestrategie und daraus resultierend die Performance sind auch geprägt durch das Image einer Fondsgesellschaft sowie durch die Mentalität ihre Anleger. Die Deutsche Bank hat unter Rücksichtnahme auf ihr Image und ihre Klientel bisher keine Rußlandinvestments vollzogen und vielmehr auf die „etablierten" Märkte Tschechien, Ungarn und Polen vertraut (Anhang 6, Nr. 2). Ähnliches trifft für einige österreichische Fonds zu, die teilweise eine stark abgeschwächte Kombination des Bottom-up-/Top-down-Ansatzes umsetzen. Ursächlich hierfür wurde ebenfalls die stellenweise ältere und eher „risikoaverse" Anlegerschaft der Investmentgesellschaften genannt (vgl. Interviewprotokoll, Weber).

Restriktive gesetzliche Vorschriften in Bezug auf die Portfoliozusammenstellung können eine vollständige Partizipation an Kurssteigerungen einzelner Märkte ebenfalls verhindern. Im Gegensatz zu den einschränkenden Regelungen bezüglich des Anteils von ungeregelten Märkten am Sondervermögen für deutsche und luxemburgische Fonds sind in England zugelassene Fonds durch eine solche Restriktion nicht betroffen und können deswegen an Kurssteigerungen an ungeregelten Märkten stärker profitieren.

Fonds, die in Ländern der Europäischen Union registriert sind, unterliegen der europäischen Investmentrichtlinie 85/611/EWG[30]. Artikel 19 II a schreibt vor, daß höchstens zehn Prozent des Sondervermögens eines Investmentfonds

---

30 Richtlinie des Rates vom 20. Dezember 1985 zur Koordinierung der Rechts- und Verwaltungsvorschriften betreffend bestimmte Organismen für gemeinsame Anlagen in Wertpapieren (OGAW).

an nicht geregelten Märkten angelegt werden dürfen. Da Rußland als nichtgeregelter Markt eingestuft ist, können Investmentfonds dort keine kumulierten Positionen größer als zehn Prozent halten. Diese gesetzliche Restriktion wird teilweise dadurch umgangen, daß an Stelle russischer Aktien ADRs oder GDRs, die an geregelten Märkten in Westeuropa oder den Vereinigten Staaten notiert sind, ins Portfolio genommen werden. Weitere Limitierungen hinsichtlich der Höhe der Investments können aufgrund der strategischen Asset Allocation und des Benchmarks bestehen. Die in der strategischen Asset Allocation festgelegten Prozentsätze für die Länder- und Sektorengewichtung können einem zusätzlichen Investment entgegenstehen oder es nicht in voller Höhe zulassen, falls die Anlagepolitik der Investmentgesellschaft eine strenge Einhaltung der Höchstsätze vorschreibt. Einige Fondsgesellschaften limitieren den Anteil eines bestimmten Marktes auf maximal 50 Prozent des Fondsvolumens sowie den Anteil an der Börsenkapitalisierung eines Unternehmens auf maximal fünf Prozent. Gemäß Artikel 22 I der EU-Richtlinie vom 20.12.1985 darf ein OGAW höchstens fünf Prozent seines Sondervermögens in Wertpapieren ein und desselben Emittenten anlegen (vgl. Kuhn, 1997, o. S.). Nach Artikel 22 II können die Mitgliedstaaten der EU die in Satz I genannte Grenze bis auf zehn Prozent anheben. Jedoch darf der Gesamtwert der Wertpapiere von Emittenten, in deren Wertpapieren der OGAW mehr als fünf Prozent seines Sondervermögens angelegt hat, nicht 40 Prozent des Wertes dieses Sondervermögens übersteigen.

Zusammenfassend läßt sich feststellen, daß es durchaus chancenreich erscheint, in den noch jungen Aktienmärkten der wirtschaftlich unterentwickeltere Transformationsländer Zentral- und Osteuropas zu investieren. Aufgrund des Entwicklungsstandes sind hier die Marktineffizienzen größer als in den schon weiter entwickelten Transformationsländern. Je größer der Anteil dieser Länder am Fondsvolumen ist, um so wichtiger ist eine umfassende und solide Einzeltitelauswahl zur Risikobegrenzung und Renditeoptimierung.

3.2.6. Branchenallokation

Während Gewichtungen von Länderanteilen am Portfolio teilweise die Anlagestrategie einiger Osteuropafonds bestimmen, ließen sich dagegen keine

Hinweise auf eine Verfolgung bestimmter Branchengewichtungen finden. Übereinstimmungen ließen sich lediglich für die Bedeutung einiger Branchen hinsichtlich der Faktoren Wachstumspotential, Marktbreite, Liquidität und Diversifikationsmöglichkeiten feststellen. Übereinstimmend wurde von Fondsmanagern geäußert, daß das entscheidende Kriterium zur Beurteilung von Branchen ihr Wachstumspotential ist.

Die wichtigsten Wachstumsbranchen der Region sind die Infrastrukturbereiche (Verkehr, Ver- und Entsorgungsbetriebe, Telekommunikation) und Umweltschutz. In den Ländern der Region gibt es jedoch Unterschiede, abhängig von den bisherigen Branchenstrukturen und den neu geschaffenen Rahmenbedingungen (vgl. Abb. 26).

Abb. 26: Wachstumsbranchen Zentral- und Osteuropas

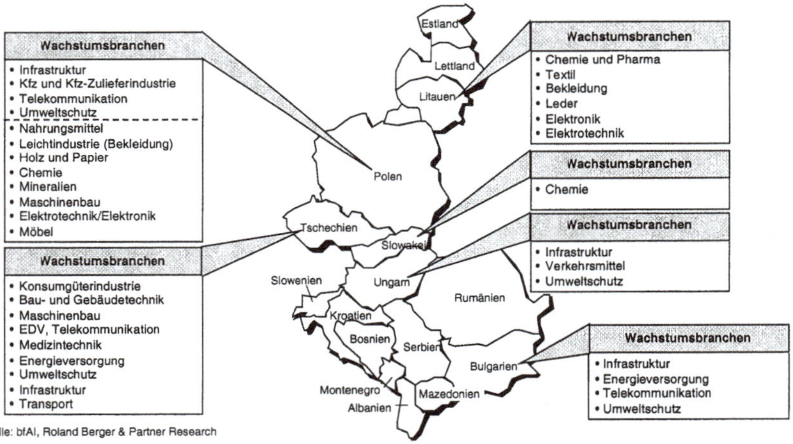

Quelle: bfAI, Roland Berger & Partner Research

Vor dem Hintergrund der wirtschaftlichen Situation in den zentral- und osteuropäischen Transformationsländern bestimmen deshalb die Branchen Banken, Telekommunikation, Investitionsgüter, Bau- und Pharmaindustrie große Teile der Portfolios der Investmentfonds. Möglicherweise wird dagegen von vielen Fondsmanagern den Branchen Chemie, Konsum und Nahrungsmittel nur mäßiges Wachstumspotential zugetraut. Positionen in diesen Branchen werden nur sehr selektiv und zu Diversifikationszwecken gehalten. Ausnahme bildet hier der Mercury Fonds, der einen vergleichsweise hohen Konsumgüteranteil im Portfolio hält (vgl. Anhang 2). Ein möglicher Grund könnte die noch geringe Pro-Kopf-Kaufkraft sein, die noch nicht ausreichend sein könnte, frühzeitig den Nachholbedarf in diesem Segment zu befriedigen. Entscheidender Einfluß bestimmter Branchenanteile eines Portfolios auf die Performance der einzelnen Fonds konnte jedoch nicht eindeutig festgestellt werden, was nicht heißen muß, daß er mittel- bis langfristig nicht besteht. Ein Grund dafür ist sicherlich die sehr ähnliche Einschätzung aller Fondsmanager. Es ist daher davon auszugehen, daß alle Fondsmanager ähnliche Branchenanteile in den Portfolios halten.

3.2.7. Titelallokation

Da offensichtlich die Länderallokation und noch weniger die Branchenallokation aufgrund des überwiegend Bottom-up-Vorgehens bei der Portfoliostrukturierung besonderes Gewicht bei den Fondsmanagern haben, ist die Selektion der Titel derzeit die entscheidende Einflußgröße auf die Performance. Die Wirkung der Portfoliostrukturierung nach Einzeltitel auf die Performance wird anhand verschiedener Kriterien untersucht:

- Marktbedeutung der erworbenen Titel
- Umschlaghäufigkeit (Turnover-Ratio)
- Anzahl der Positionen (Diversifikationsgrad)
- Portfolioanteil der Einzelpositionen

- *Marktbedeutung der erworbenen Titel*

Marktbedeutung von Einzeltiteln definiert sich über ihren Anteil an der gesamten Marktkapitalisierung ihres nationalen Kapitalmarktes. Nahezu alle Börsen Zentral- und Osteuropas verzeichneten einen Kursanstieg kurz nach Aufnahme des Handels (vgl. Anhang). Der Aufschwung der ersten Phase nach der Gründung von Aktienmärkten wurde hauptsächlich von den großen Werten, gemessen an ihrer Marktkapitalisierung, getragen. Deswegen sind die größten Werte der jeweiligen Länder wie Gedeon Richter (Ungarn), Pliva (Kroatien), Gazprom (Rußland), Elektrim (Polen), Komercni-Banka (Tschechien), etc. in fast jedem Portfolio der Fonds enthalten. Diese Titel werden daher auch als sog. „first tiers" bezeichnet. Im frühen Stadium der Kapitalmarktentwicklung gab es häufig aufgrund der geringen Anzahl börsennotierter Unternehmen keine Möglichkeit, andere Werte zu erwerben. Im Zuge der fortschreitenden wirtschaftlichen Reformpolitik und der damit einhergehenden Privatisierung ändert sich dies langsam. Inzwischen hat sowohl die Marktkapitalisierung der gesamten Region Zentral- und Osteuropa zugenommen als auch die Zahl der börsennotierten Unternehmen. Für die Osteuropafonds vermehrten sich dadurch die Anlagemöglichkeiten. Sie werden allerdings sehr unterschiedlich genutzt.

Insbesondere der erfolgreichste Osteuropafonds in 1996, der Mercury Eastern Europe Fund, hat auch sogenannte „second und third tiers" in sein Portfolio aufgenommen. Dieser Grad der Risikobereitschaft wurde zumindest im vergangenen Jahr 1996 honoriert, denn gerade diese Nebenwerte trugen nicht unerheblich zum Wertzuwachs des Fonds bei. Die überproportionalen Wertsteigerungen einiger „second-tier"-Positionen des Mercury Eastern Europe werden in Abbildung 27 auf USD-Basis veranschaulicht.

Abb. 27: Wertsteigerungen ausgewählter Nebenwerte des Mercury Eastern Europe Fund

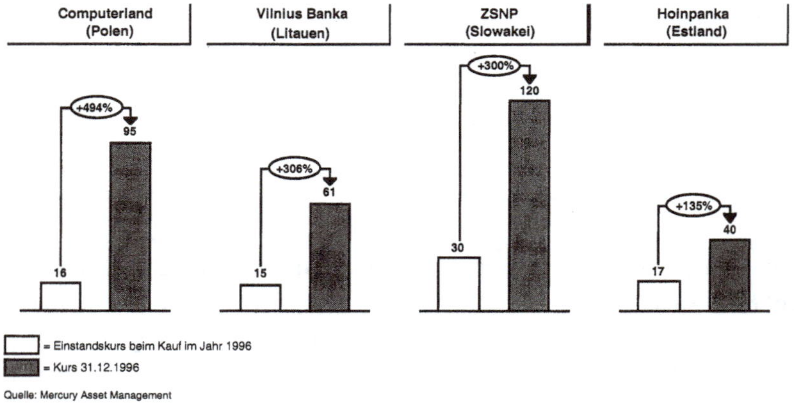

Quelle: Mercury Asset Management, eigene Darstellung

Grundsätzlich läßt sich feststellen, daß diejenigen Fondsmanager, die bereit sind, in den wirtschaftlich noch zurückliegenden Staaten Zentral- und Osteuropas zu investieren, auch bereit sind, verstärkt sog. Nebenwerte mit in das

Portfolio aufzunehmen (vgl. Fund Research Ltd., Mercury 1996; Fund Research Ltd., Fleming, 1996; vgl. Fund Research Ltd., Vontobel 1996; Interviewprotokoll Kirsch). Dagegen geben die Fonds, die schon bei der Länderallokation vorsichtiger vorgehen, an, daß sie vornehmlich große Werte mit vergleichsweise hoher Marktkapitalisierung vorziehen (vgl. Fund Research Ltd., Raiffeisen, 1996; Fund Research Ltd., Central First Austrian, 1996; Fund Research Ltd., Creditanstalt, 1996; Interviewprotokolle Schindler, Mandl).

In diesem Zusammenhang bestimmt die Marktbedeutung der erworbenen Titel in hohem Maße die Performanceunterschiede zwischen den Fonds. Dieses entspricht dem Small-Cap-Phänomen entwickelter Kapitalmärkte.

- *Umschlaghäufigkeit*

Die Umschlaghäufigkeit oder Turnover-Ratio gibt an, wie häufig das durchschnittliche jährliche Fondsvolumen rechnerisch in Kauf- und Verkaufstransaktionen umgesetzt wird. Dies stellt eine Grobindikation für die Ausprägung der Akitivität des Management dar.

$$\textit{Turnover - Ratio} = \frac{\textit{Kaufvolumen} + \textit{Verkaufvolumen}}{\textit{durchschnittliches jährliches Fondsvolumen}}$$

Der Einfluß der Umschlaghäufigkeit auf die Performanceunterschiede der Osteuropafonds läßt sich nur schwer quantifizieren. Alle befragten Fondsmanager gaben an, daß sie hier weder konkrete Begrenzungen noch Zielwerte gesetzt haben (Interviewprotokolle, Fragebogenauswertung) Aufgrund der laufenden Mittelzuflüsse und den damit verbundenen Portfolioinvestitionen der offenen regionalen Osteuropa-Aktienfonds mußten ständig Käufe getätigt werden. Dadurch lassen sich ohnehin keine aussagefähigen Turnover-Ratios bezüglich der Aktivität des Managements errechnen.

Trotzdem ist auffällig, daß bei ausgewählten Fonds die Höhe der Turnover-Ratios mit der Performance positiv zu korrelieren scheinen. Die Turnover-Ratios variierten bei einigen eher passiven oder index-orientierten österreichischen Fonds von ca. 30 Prozent bis über 70 Prozent bei einigen angelsächsischen Fonds. Der erfolgreichste Fonds, der Mercury Fund, weist sogar 100

Prozent auf. Unter der Annahme ineffizienter Aktienmärkte in Zentral- und Osteuropa besteht somit offensichtlich die Möglichkeit, eine höhere Performance durch aktives Management - ausgedrückt durch eine hohe Turnover-Ratio - zu erwirtschaften. Große Handelsaktivitäten tragen jedoch zu hohen Transaktionskosten bei. Offensichtlich lassen sich die mit einem aktiven Fondsmanagement verbundenen Transaktionskosten kompensieren.

- *Anzahl der Positionen (Diversifikationsgrad)*

Bei der Anzahl der Positionen der Osteuropafonds ist auffällig, daß der Mercury Eastern Europe Fund fast doppelt so viele Positionen im Portfolio hält wie die meisten seiner Konkurrenten. Dies ist Ausdruck zweier Grundsätze; erstens der Bereitschaft und des Willens, Nebenwerte zu erwerben. Da diese nur eine relativ geringe Kapitalisierung besitzen, können Positionen in diesen Werten ebenfalls nur ein geringes Volumen aufweisen. Zweitens wird das Portfolio durch die Vielzahl an Titeln breiter diversifiziert. Ohne dies durch historische Daten für die Osteuropafonds statistisch signifikant nachweisen zu können, deutet ein auf diese Weise breit diversifiziertes Portfolio auf eine relativ geringere Volatilität gegenüber Mitkonkurrenten hin.

- *Portfolioanteil der Einzelpositionen*

Ebenso wie die Anzahl der Einzelpositionen eines Fonds ist auch ihr Wertanteil am Fondsvermögen weniger rendite- als risikorelevant. Je geringer der Anteil eines Einzeltitels am Fondsvolumen desto höher ist die Anzahl und damit die Diversifikation. Eine große Anzahl bedeutet gleichzeitig eine Vielzahl von Transaktionen und damit höhere Transaktionskosten. Die Osteuropafonds müssen also darauf achten, durch eine begrenzte Anzahl von Titeln die Transaktionskosten gering zu halten, ohne dabei jedoch zu wenig diversifiziert zu sein und somit ein unverhältnismäßiges Risiko einzugehen. Vergleichsweise große Osteuropafonds, wie der Fleming Eastern Europe, können in der momentanen Entwicklungsphase der Kapitalmärkte Zentral- und Osteuropas nicht (mehr) in viele kleine Unternehmen investieren, da ansonsten die Transaktionskosten stark ansteigen würden. Große Fonds sind eher bemüht, volumenreichere Positionen einzelner Titel aufzubauen als kleinere oder mittlere Fonds. Aufgrund des größeren Fondsvolumen muß die Diversifikation dadurch nicht kleiner werden.

Einige Fondsgesellschaften limitieren den Anteil eines bestimmten Marktes auf maximal 50 Prozent des Fondsvolumens sowie den Anteil an der Börsenkapitalisierung eines Unternehmens auf maximal fünf Prozent. Beispielsweise legt der Pictet Target Fund Eastern Europe einen maximalen Anteil am Fondsvolumen von fünf Prozent je Position fest, welches sich in einer ebenfalls sehr breiten Diversifizierung des Gesamtportfolios mit 120 verschiedenen Positionen auswirkt (Anhang 6, Nr. 3). Exemplarisch für eine Obergrenze der frei handelbaren Kapitalisierung eines Unternehmens steht die Strategie des Baring Emerging Europe, der nicht mehr als fünf Prozent des unternehmensspezifischen „Free Float" in sein Portfolio aufnimmt. Dadurch soll offensichtlich sichergestellt werden, daß immer eine ausreichende Diversifikation gegeben ist. Fondsmanager lehnen darüber hinaus Investitionen in Werte mit sehr geringem Free Float ab. Unter „Free Float" versteht man den Prozentsatz der frei handelbaren Börsenkapitalisierung eines Unternehmens. Diesen Werten ist das Risiko inhärent, bei fallenden Aktienkursen nicht ausreichend liquidierbar zu sein. Einige Fonds investieren deswegen je Position bis zu einer maximalen Höhe von fünf Prozent des unternehmensspezifischen „Free Float" (Anhang 6, Nr. 1).

Gemäß Artikel 22 I der EU-Richtlinie vom 20.12.1985 darf ein OGAW höchstens fünf Prozent seines Sondervermögens in Wertpapieren ein und desselben Emittenten anlegen (vgl. Kuhn, 1997, o. S.). Nach Artikel 22 II können die Mitgliedstaaten der EU die in Satz I genannte Grenze bis auf zehn Prozent anheben. Jedoch darf der Gesamtwert der Wertpapiere von Emittenten, in deren Wertpapieren der OGAW mehr als fünf Prozent seines Sondervermögens angelegt hat, nicht 40 Prozent des Wertes dieses Sondervermögens übersteigen.

3.2.8. Prognoseverfahren

Aktives Portfoliomanagement erfordert überdurchschnittliche Prognosefähigkeiten, um Informationsvorsprünge generieren zu können. Zu unterscheiden ist zwischen den technisch-quantitativen Verfahren und den fundamental-qualitativen Verfahren. Die technisch-quantitativen Verfahren, bei denen die Prognosen auf vergangenen Zeitreihen basieren, sind zum jetzigen Zeitpunkt für die Kapitalmärkte Zentral- und Osteuropas noch ungeeignet. Die Zeitreihen reichen ganz einfach noch nicht weit genug in die Vergangenheit zurück, um daraus verläßlich zutreffende Prognosen ableiten zu können (vgl. Kap. 3.2.1). Alle Osteuropafonds verwenden daher hauptsächlich fundamental-qualitative Verfahren, bei denen versucht wird, alle zukünftig preisbeeinflussenden Variablen zu schätzen und anschließend in ihrer Bedeutung zu gewichten. Solche Variablen sind sowohl Kennzahlen und Informationen des zur Disposition stehenden Unternehmens im Rahmen einer Unternehmensanalyse als auch Variablen der wirtschaftlichen Entwicklung des Landes im Rahmen der Länderanalyse. Unterschiede zwischen den Fonds gibt es hinsichtlich der Auswahl der Variablen und ihrer jeweiligen Gewichtung für die zukünftige Wertentwicklung des ausgewählten Titels. Da alle Osteuropafonds bei der Portfoliozusammenstellung mehr oder weniger stark bottom-up vorgehen (vgl. Kap. 3.2.3), liegt der Schwerpunkt der Prognoseverfahren auf der fundamentalen Unternehmensanalyse. Je weniger ein Osteuropafonds bottom-up verwaltet wird, um so größer ist die Bedeutung der Länderanalyse.

(1) Unternehmensanalyse

Um herauszufinden, ob eine Aktie bzw. ein Unternehmen ein Wertsteigerungspotential besitzt, wenden die meisten Manager der Osteuropafonds ein zweistufiges Verfahren an. In der ersten Stufe wird anhand von Kennziffernanalysen versucht, Aktien zu identifizieren, die unterbewertet sind, d. h. deren aktueller Börsenkurs niedriger als der Unternehmenswert ist. In der zweiten Stufe wird dann für den oder die unterbewerteten Aktien eine Abschätzung des Wachstumspotentials vorgenommen. Das grundsätzliche Vorhandensein von Wachstumspotentialen ist Voraussetzung für die nachhaltige Wertaufholung des Aktienkurses.

- *Kennziffernanalyse*

Zur Identifikation unterbewerteter Unternehmen werden sowohl finanzielle als auch bilanzielle Kennziffern herangezogen. Finanzielle Kennziffern geben Auskunft über die Ertragskraft der Unternehmen. Die am häufigsten verwendeten Finanzkennzahlen zur Aktienanalyse sind das Kurs-Gewinn-Verhältnis (KGV, P/E ~ Price-Earning ratio), Eigenkapitalrendite, Kurs-Buchwert-Verhältnis, Cash Flow und Dividendenausschüttung. Die Auswertung der Fragebögen hat ergeben, daß die wichtigste finanzielle Kennziffer aus Sicht der Fondsmanager das Kurs-Gewinn-Verhältnis ist. Sie ist nach wie vor international die zentrale Kennziffer für die Aktienanalyse.

Abb. 28: Fragebogenauswertung (1)

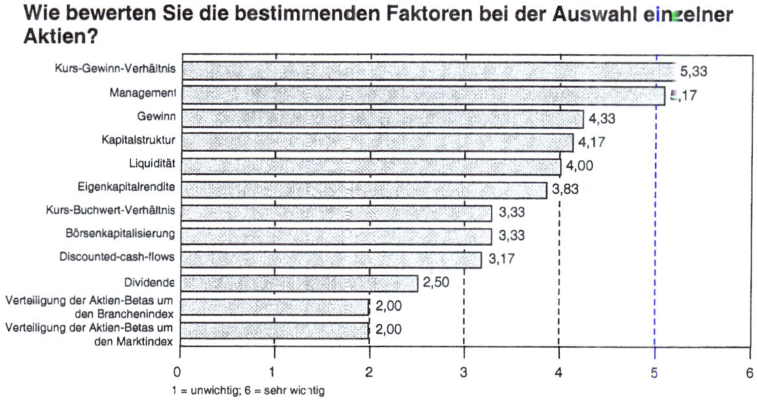

Durch einen Vergleich bekommt man einen ersten Eindruck davon, ob das analysierte Unternehmen im internationalen Vergleich unterbewertet ist. Die Aktien an den Börsen Zentral- und Mitteleuropas scheinen, gemessen am KGV, noch preiswert zu sein (vgl. Abb. 29).

Abb. 29: KGVs ausgewählter Länder Zentral- und Osteuropas im Vergleich (1996)

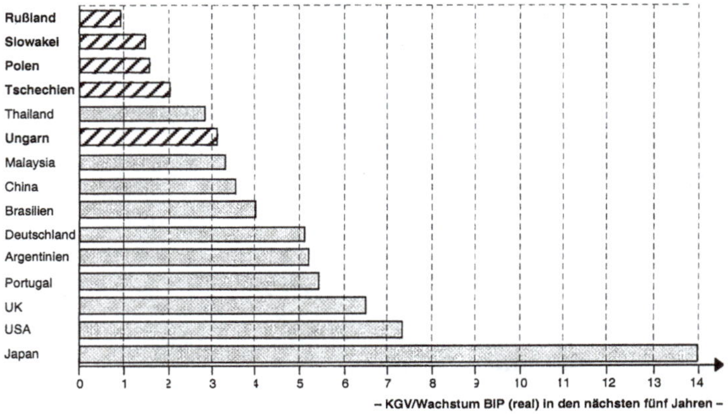

Quelle: International Centre for Business Information Genève

Die Dividende ist dagegen für die Fondsmanager von nachgeordneter Bedeutung. Sie sind nicht an möglichst hohen Gewinnausschüttungen interessiert, die ja auch zu Lasten der Substanz gehen können. Ihr Interesse gilt einer überproportionalen Kurssteigerung der Aktie. Ebenfalls werden Kennziffern wie EV/Sales[31] oder EV/EBITDA[32] verwendet. Während diese Relationen von kontinental-europäischen Fondsmanagern in der Regel nicht angewendet werden, betonen einige angelsächsische Manager die Bedeutung der Kennziffern insbesondere für Märkte ohne einen ausreichenden Streubesitz der Aktien (Anhang 6, Nr. 1).

In Tabelle 7 wurden die durchschnittlichen Werte der wichtigsten Unternehmenskennzahlen ausgewählter Länder Zentral- und Osteuropas mit denen anderer Märkten verglichen. Alle Kennzahlen Zentral- und Osteuropas weisen ebenfalls, wie in Abb. 29, z.T. deutlich niedrigere Werte auf als die in den verglichenen Märkten. Dies deutet prinzipiell auf ein erhebliches Kurssteigerungspotential der Werte Zentral- und Osteuropas hin.

---

31 EV = Enterprise value = Market capitalisation + Net Debt

32 EBITDA = Earnings before interest, tax, depreciation and amortisation

Tab. 7: Bewertungskennziffernvergleich Unternehmensanalyse

	P/E 1997	P/CF 1997	P/Sales 1996	P/BV 1996
Tschechien	11,5	4,4	1,9	1,4
Ungarn	10,0	7,1	2,3	2,7
Polen	10,2	8,2	1,1	3,3
Slowakei	6,2	3,1	0,5	0,7
West Europa	16,3	9,9	2,8	3,4
Latein Amerika	15,2	12,8	2,5	1,7
Asien	18,6	15,9	3,4	2,0

Quelle: World Equities, Mercury Asset Management

Ein ähnliches Bild zeigt sich beim Vergleich ausgewählter Branchen aus Ost- und Westeuropa. Auch hier gibt es Anzeichen für eine Unterbewertung der Aktien in Zentral- und Osteuropa (vgl. Tab. 8).

Tab. 8: Wichtige Kennziffern im Branchenvergleich

		P/E 1997	P/CF 1997	P/Sales 1996	P/BV 1996
Chemie	Ost-Europa	6,7	3,9	0,4	1,0
	Westeuropa	14,5	6,1	1,0	2,6
Pharmazeut. Güter	Ost-Europa	9,4	5,9	1,6	1,5
	Westeuropa	19,5	14,6	n/a	6,2
Nahrungsmittel	Ost-Europa	10,4	6,8	0,5	1,3
	Westeuropa	15,7	9,8	0,9	1,8
Bauindustrie	Ost-Europa	9,0	6,1	0,3	1,2
	Westeuropa	15,9	7,6	0,9	0,7

Quelle: World Equities, Mercury Asset Management

Allein aus einem vergleichsweise niedrigem KGV läßt sich noch keine Unterbewertung ableiten. Es sagt noch nichts über den dafür erforderlichen finanziellen und organisatorischen Restrukturierungsaufwand aus. Um dies abschätzen zu können, werden von einigen Fondsmanagern zusätzlich bilanzielle Kennziffern in die Unternehmensanalyse mit einbezogen. Durch die Gegenüberstellung des Börsenkurses je Produktionseinheit zum Buchwert des Anlagevermögens je Produktionseinheit wird versucht, unterbewertete Unternehmen anhand preiswerter Produktionseinheiten zu identifizieren. Je höher der Buchwert im Verhältnis zum Börsenkurs je Produktionseinheit ist, um so "preiswerter" erscheint die Aktie. Zusätzlich zur Bestimmung des Buchwertes muß allerdings der technische Zustand und das Alter der Produktionseinheiten mit berücksichtigt werden. Häufig sind aufgrund der nach wie vor von Land zu Land unterschiedlichen Buchführungsregeln die Wertansätze in den Büchern deutlich höher als der Ertragswert der Produktionsanlagen. Die auf diese Weise ermittelten Werte vergleicht das Fondsmanagement wiederum sowohl mit den Daten der Branche des Unternehmens in Zentral- und Osteuropa als auch in anderen Wirtschaftsräumen der Welt (vgl. o. V., Schnäppchenjagd, o. S).

Die eigentliche Aktienselektion anhand von finanziellen und bilanziellen Kennziffern wird als Stock-Screening bezeichnet. Dabei werden den verschiedenen Kennziffern je nach individueller Einschätzung Gewichtungsfaktoren zugeordnet. Je nach Ausprägung der Kennziffer wird sie in einem Punktbewertungsverfahren bewertet und mit dem Gewichtungsfaktor multipliziert. Durch die Summation der so ermittelten Einzelwerte je Kennziffer erhält man für jede Aktie eine Gesamtpunktzahl. Falls diese Gesamtpunktzahl einen vom Investor vorher festzulegenden Wert erreicht, wird dies auf dem "Screen" mit einem Vermerk gekennzeichnet. Jene Aktien, die eine solche Kennzeichnung besitzen, stellen schließlich potentielle Investments dar. Dies Vorgehen entspricht in etwa dem der Wertanalyse. Problematisch ist dabei, daß sowohl die Gewichtung der Kennziffern als auch die Punktbewertung subjektiv durch den Fondsmanager durchgeführt wird.

Allein die Kennzifferanalyse ist noch nicht ausreichend für eine fundierte Aktienauswahl. Zum einen ist die Zuverlässigkeit und die Qualität der Datenaufbereitung und -bereitstellung erst selten an internationale Standards entwickelter Kapitalmärkte angepaßt (vgl. Interviewprotokolle). Zum anderen geben die Kennziffern noch keine Auskunft darüber, ob das Unternehmen überhaupt in der Lage ist, auf einen international üblichen Wert vergleichbarer Unternehmen aufzuschließen. Aus diesem Grund wird in einer zweiten Stufe der Unternehmensanalyse versucht, eine Abschätzung des Wachstumspotentials des analysierten Unternehmens vorzunehmen.

- *Wachstumspotentialabschätzung*

Das Vorhandensein von Wachstumspotentialen eines Unternehmen ist die Voraussetzung zur Wertaufholung des Börsenkurses. Zur Abschätzung der Wachstumspotentiale wird untersucht, welche Möglichkeit das Unternehmen zur Verbesserung seiner Ertragskraft hat. Es wird untersucht, welche Möglichkeiten zur Ausweitung von Marktanteilen im In- und Ausland bestehen. Für die zukünftige Ertragskraft eines Unternehmens sind die Qualität der Produkte, Absatzwege und ausbaufähige Märkte entscheidend (vgl. Vontobel, Verkaufsprospekt). Qualität des Managements und der Mitarbeiter sowie die Finanzstruktur spielen ebenfalls eine entscheidende Rolle für die Durchführung eines Investments (vgl. Abb. 30).

Abb. 30: Fragebogenauswertung (2)

Wie bewerten Sie die nachfolgend genannten Wege der Informationsbeschaffung?

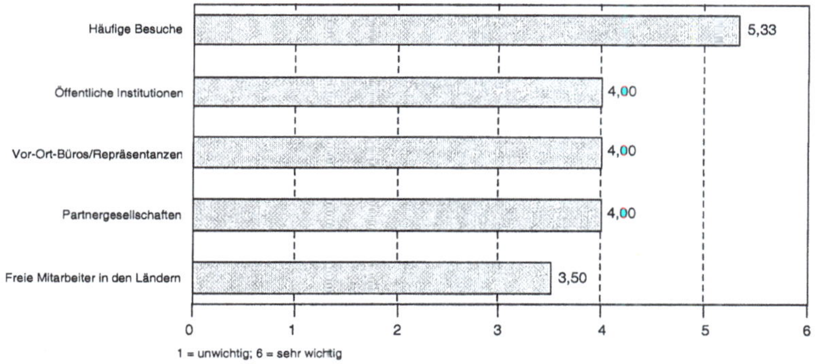

Die Investmentgesellschaften versuchen, sich ein Bild über die möglichen Wachstumspotentiale der Unternehmen durch eigene umfangreiche Analysen zu verschaffen. Für alle Fondsmanager sind dabei das persönliche Gespräch mit dem Management und Besuche der Produktionsanlagen die wichtigste Informationsquellen. Zu diesem Zweck bereisen die Fondsmanager die osteuropäischen Länder bis zu vier Monate im Jahr. Vor Ort werden dann bis zu dreihundert Firmenbesuche in diesem Zeitraum absolviert. In diesen Gesprächen werden die Leistung des Managements, die wirtschaftliche Situation und die Unternehmensstrategie sorgfältig untersucht und auf Plausibilität geprüft.

Dies ermöglicht eine Verifizierung der Kennzahlen (vgl. Fragebogenauswertung, Interviewprotokolle).

Ein wichtiges Indiz für Wachstumspotentiale eines Unternehmens ist die Beteiligung eines oder mehrerer internationaler Großunternehmen. Einige Fondsmanager vertreten die Meinung, daß westliche Unternehmen nur nach eingehender Analyse der osteuropäischen Unternehmen zu einer strategischen Allianz bereit sind. Der Untersuchungsaufwand eines westlichen Unternehmens vor einer solchen Beteiligung übersteigt die von Investmentfonds normalerweise durchgeführten Analysen. Außerdem ist davon auszugehen, daß die erforderlichen Restrukturierungen schnell durchgeführt werden. Folglich stellen diese Unternehmen mit westlichen Partnern attraktive Investitionsobjekte für Osteuropafonds dar. Beispielsweise wurde der estnische Autoteileproduzent Norma in das Portfolio des Pictet Target Fund Eastern Europe aufgenommen, weil General Motors mit diesem eine strategische Allianz eingegangen ist (vgl. Bonte-Friedheim, 1996/97, S. 22).

Die Basis einer kontinuierlichen Portfoliorevision bildet bei allen aktiv geführten Osteuropafonds eine mehr oder weniger umfangreiche Datenbank. Darin werden die Informationen der Unternehmensanalyse verwaltet und täglich aktualisiert. Die ständige Überwachung der Unternehmensdaten zielt darauf ab, den richtigen Zeitpunkt zum Kauf und Verkauf von Anlagetiteln zu ermitteln (Security Selection und Market Timing). Dafür werden, wie im Stock-Screening, bestimmte Maximal- bzw. Minimalkriterien für die einzelnen Kennziffern festgelegt. In der täglichen Überwachung werden dann die aktuellen Kennziffernwerte einer Aktie mit den vorgegebenen Grenzwerten verglichen. Falls ein Anlagetitel nicht mehr innerhalb der vorgegebenen Parameter liegt, wird er entweder verkauft oder seine Parameter neu bestimmt. Auf der anderen Seite werden durch die tägliche Analyse der Datenbank neue potentielle Anlagemöglichkeiten, deren Bewertung sich innerhalb der vorgegebenen Kaufparameter befindet, identifiziert.

(2) *Länderanalyse*

Aufgrund des Schwergewichts auf dem Bottom-up-Ansatz bei der Portfoliostrukturierung wird die Länderanalyse von keinem Osteuropafonds mit der gleichen Intensität, wie die Unternehmensanalyse durchgeführt. Je nach dem, wie eindeutig die Gewichtung auf dem reinen Bottom-up-Ansatz ist, wird anhand gesamtwirtschaftlicher Kennzahlen der einzelnen Länder grundsätzlich entschieden, ob ein Land bzw. ein regionaler Kapitalmarkt für ein Engagement in Frage kommt. Prognostiziert wird in aller Regel nur die gesamtwirtschaftliche Entwicklung hinsichtlich der Risiken eines Landes. Einige Fondsmanager legen nur grob Portfolioanteile für ein Land fest. Besondere Wettbewerbsvorteile eines Landes in bestimmten Branchen werden allenfalls oberflächlich betrachtet.

Abb. 31: Fragebogenauswertung (3)

Wie bewerten Sie die nachfolgenden Kriterien zur Aufnahme eines Landes in Ihren Fonds?

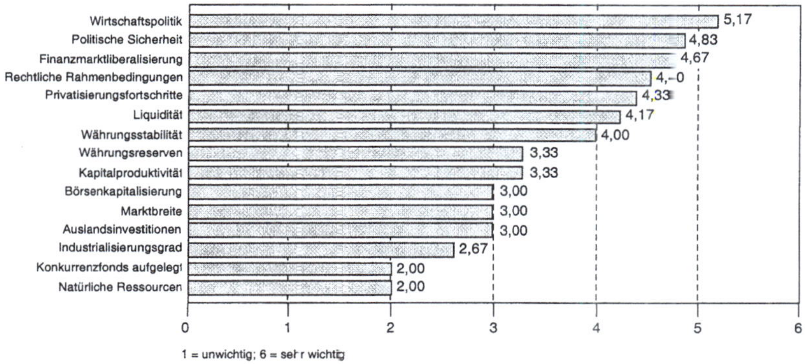

Dies spiegelt sich auch in der Fragebogenauswertung wider bei der nach den wichtigsten Faktoren für die Länderanalyse gefragt wurde. Als wichtigste Gruppe wurden gesamtwirtschaftliche Kriterien genannt, darunter als erstes Kriterium die gesamtwirtschaftliche Entwicklung und die politische Sicherheit als Ausdruck für Stabilität, Rechtssicherheit sowie eine allgemeine Finanzmarktliberalisierung. Als zweitwichtigste Gruppe wurden Kriterien genannt, die den Kapitalmarkt beeinflussen. Privatisierungsfortschritte tragen zu einer größeren Liquidität, einer größeren Marktbreite und höheren Börsenkapitalsierung bei.

Abb. 32: Fragebogenauswertung (4)

Welche Bedeutung messen Sie folgenden Faktoren als zyklische Kriterien zur Risikoabschätzung bei?

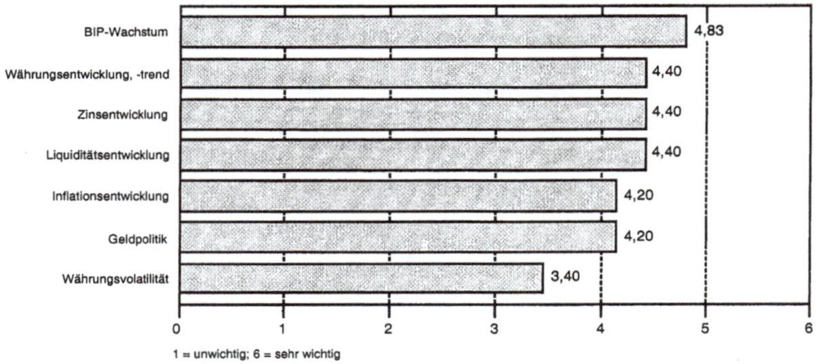

Als Basis für eine langfristig orientierte Anlagestrategie ist eine solche Beurteilung der Länder kaum geeignet. Dies ist allerdings auch nicht die erklärte Absicht der meisten Fonds. Diejenigen Fonds, die überhaupt Länderkennziffern derzeit berücksichtigen, tun dies zur Risikoeingrenzung durch Vermeidung von Investitionen in zu jungen Märkten (vgl. Interviewprotokolle, Fragebogenauswertung).

3.2.9. Transaktionen

Anhand der Ergebnisse der Asset Allocation sowie der Risiko-Rendite-Prognose findet die eigentliche Transaktion des Anteilserwerbs statt. Hier gibt es in Zentral- und Osteuropa neben dem normalen Erwerb von Aktien an der Börse noch weitere Möglichkeiten, die sich hinsichtlich Art und Zeitpunkt unterscheiden. Es handelt sich dabei um den Anteilserwerb

- im Zuge eines Initial Public Offering (IPO ~ Börseneinführung),
- über Investmentzertifikate bzw. Privatisierungskupons,
- durch Erwerb von Depositenscheinen.

- *Initial Public Offering*

Fondsmanager sind daran interessiert, unterbewertete und damit preiswerte Aktien zu erwerben. Eine gute Möglichkeit dazu sehen sie dafür im Zuge von Börseneinführungen (Anhang 6, Nr. 4). Einige ausgewählte Beispiele der vergangenen Jahre verdeutlichen, welche großen Wertsteigerungen bereits kurze Zeit nach Börseneinführungen möglich waren. Andererseits gilt dies nicht grundsätzlich und für alle Werte, die an den Börsen Zentral- und Osteuropas eingeführt wurden und werden (vgl. Bagniewski/Männicke, 1993, S. 371-409).

Dies bedeutet für die Fondsmanager, daß sie für diese Aktien den gleichen Researchaufwand leisten müssen wie für Werte, die sie im normalen Börsenhandel erwerben würden. Andererseits haben sie nicht die Garantie, daß sie im Zuteilungsverfahren auch berücksichtigt werden. Im Falle von Nicht- oder Teilzuteilungen kaufen die Manager daher auch in der ersten oder zweiten Schwächephase kurz nach Einführung des Wertes. Z. B. gibt Stefan Boettcher, der Fondsmanager des Flemings Flagship Eastern Europe Fund, die anstehenden Börseneinführungen in Polen und Rußland als potentielle Investitionsobjekte für das Jahr 1997 an (vgl. Reed, 1996/97, S. 26).

- *Investmentzertifikate bzw. Privatisierungsfonds*

In einigen Ländern Zentral- und Osteuropas, in denen die Zertifikat- oder Kuponprivatisierung durchgeführt wird, ist der Erwerb und Einsatz dieser Zertifikate bei Privatisierungen auch für Ausländer möglich. Der Erwerb von Aktien im Zuge von IPO durch Einsatz von Zertifikaten bietet z. T. einen noch höheren Hebel, preiswert Aktien zu erwerben, als der Erwerb gegen Barmittel. Die Zertifikate werden häufig unter ihrem Nominalwert gehandelt. In Lettland z. B. beträgt der Nennwert Lat 28, gehandelt wurden sie lange Zeit zu einem Kurs bis unter Lat 1. Ihr Eintausch gegen Aktien im Zuge eines IPO erfolgt jedoch zum Nennwert. Das bedeutet für einen Anleger, der ein Zertifikat zu Lat 1 erworben hat und diese gegen Aktien eintauscht, daß er einen sofortigen Hebel von 28 realisiert. Steigt dann noch der Kurs der Aktie nach der Börsenzulassung an, ergibt dies einen doppelten Hebel. Das Beispiel der beiden estnischen Werte Tallina Kaubamaja und der Sakru Brewery verdeutlicht dies anschaulich. Investoren, die hier sich über Zertifikate engagiert haben, konnten in den ersten Monaten nach Börseneinführung Kurssteigerungen von über 1.000 Prozent realisieren (vgl. Agar, 1996, o. S.).

Keiner der Osteuropafonds nutzt bisher diese Möglichkeit des Aktienerwerbs. Begründet wird dies damit, daß man zuerst die Zertifikate erwerben muß, die jedoch erst dann einen Wert darstellen, wenn sie eingetauscht werden können. So lange binden sie Liquidität. Der Zeitpunkt aber, wann ein geeigneter Wert an der Börse eingeführt wird, der als Anlage attraktiv erscheint, ist jedoch ungewiß. Dieses Vorgehen ist zu spekulativ. Außerdem ist die rechtliche Situation unklar, ob Fonds die nach Luxemburger oder deutschem Recht aufgelegt worden sind, Zertifikate für das Fondsvermögen erwerben können (Interviewprotokolle Kirsch, Mandl, Schindler).

- *Depositenscheine (ADR, GDR)*

Depositenscheine (ADRs) sind durch amerikanische Kreditinstitute bestätigte Hinterlegungsscheine, die anstelle der eigentlichen Aktien nach ausländischem Recht gehandelt werden können. Sollten einem direkten Kauf von Aktien einschränkende Marktbedingungen entgegenstehen, können eventuell sog. Depositenscheine der Unternehmen an westlichen Börsenplätzen erworben werden. Für den Fall, daß eine Notierung von GDRs oder ADRs erfolgt, wird wiederum geprüft, ob sich die Liquiditätssituation dieser Depository Receipts besser darstellt als die vergleichbare Notierung der Aktie im Heimatland. Beispielsweise erwarb die Raiffeisen KAG für ihren Raiffeisen Osteuropa Miteigentumsfond Anteile am rumänischen Möbelhersteller Elvila über eine GDR-Notierung an der London Stock Exchange. Falls man keine direkte Portfolioinvestition über Aktien oder Depositenscheine vornehmen möchte, kann alternativ ein geschlossener Investmentfonds erworben werden, der entweder nationalen oder regionalen Fokus haben kann. So erwarben Die Erste österreichische Spar-Casse für den Central Europe Stock Fund Anteile am geschlossenen Baltic Republics Fund der SocGen Emerging Europe Asset Management (vgl. Interviewprotokoll, Mandl) und die Raiffeisen KAG Anteile am Ukraine Fund der Regent Fund Management. Hierdurch wird an längerfristigen Kursentwicklungen bestimmter Länder oder Regionen teilgenommen, ohne dafür umfangreiches Research leisten zu müssen (Anhang 6, Nr. 5).

3.3. Zusammenfassung

Aufgrund ihrer Unvollkommenheit und Unvollständigkeit ist es grundsätzlich möglich, auf den Kapitalmärkten Zentral- und Osteuropas hohe Renditen durch aktives Management zu erzielen. Je stärker ein Osteuropafond aktiv verwaltet wurde, umso höher waren seinen Wertzuwächse. Es stellt sich allerdings die Frage, ob sich dies auch langfristig für die Länder Zentral- und Osteuropas bestätigen wird. Zwar gibt es Anzeichen dafür, daß zumindest längere Zeit ein aktiver Managementstil noch lohnend sein könnte. Von allen Fonds, die bereits vor 1996 aufgelegt waren, erzielten diejenigen die vergleichsweise besten Ergebnisse, die rein bottom up bei der Portfoliostrukturierung vorgegangen sind. Die Verwaltung aller Osteuropafonds läßt sich als taktisch-operativ beschreiben. Das Fondsmanagement ist ständig in der gesamten Region Zentral- und Osteuropas auf der Suche nach unterbewerteten Aktien und führt dazu auch ständig Veränderungen in der Portfoliostruktur durch.

Mit fortschreitender Entwicklung der Kapitalmärkte wird ein solches Vorgehen jedoch immer schwieriger. Die Zahl der notierten Werte erhöht sich ständig, so daß der Researchaufwand, der betrieben werden muß, um alle Werte laufend zu erfassen und das Zahlenwerk zu aktualisieren, stark ansteigen wird und mit ihm die Transaktionskosten. Andererseits wird es mit zunehmender Entwicklung der Kapitalmärkte immer schwerer, Informationsvorsprünge zu identifizieren. Der Fondsmanager muß also seinen Researchaufwand früher oder später dort einsetzten, wo die größte Informationsineffizienzen sind.

Die Entwicklung der einzelnen Kapitalmärkte Zentral- und Osteuropas verläuft nicht parallel. Einige Märkte sind heute weiter entwickelt als andere, wieder andere entstehen gerade. Je weniger ein Markt entwickelt ist, umso größer dürften die Informationsineffizienzen sein. Der Performancevergleich für das Jahr 1996 zeigt, daß der Fonds die höchste Wertsteigerung aufzuweisen hatte, der am konsequentesten den am weitesten entwickelten Markt - Tschechien - relativ unbeachtet ließ und dafür verstärkt in Kapitalmärkte investiert hat, die sich noch in einem frühen Entwicklungsstadium befinden.

Eine langfristig ausgerichtete Anlagestrategie müßte sich demnach an den Entwicklungsstadien der Kapitalmärkte orientieren. Die Aktivitäten des Managements müßten sich auf die Märkte in einem frühen Entwicklungsstadium richten, während weiter entwickelte Märkte und damit deren Portfolioanteile passiv verwaltet werden könnten. Je entwickelter ein Markt ist, umso weniger lohnt sich aktives Management. Problematisch ist jedoch die Abgrenzung der einzelnen Entwicklungsstadien von Kapitalmärkten und wie die einzelnen Ländern diesen Entwicklungsstadien zugeordnet werden können. Makroökonomische Faktoren scheinen dabei nur von nachgeordneter Bedeutung zu sein. Zwar betrachten insbesondere die konservativeren Fondsmanager bereits heute die Länderentwicklungen. Sie berücksichtigen dabei aber vornehmlich gesamtwirtschaftliche Faktoren. Ihr Anlageverhalten wird dahingehend beeinflußt, daß sie Länder in einem frühen Entwicklungsstadium nicht ins Portfolio aufnehmen und ihre Aktivitäten auf die entwickelteren Länder konzentrieren. Sie hatten damit im Vergleich zu den anderen Osteuropafonds deutlich weniger Erfolg.

4. Ableitung eines Modells zur strategischen Ausrichtung von Investmentfonds in Zentral- und Osteuropa

Wenn es für den Erfolg eines Investmentfonds in den Emerging Markets Zentral- und Osteuropas entscheidend ist, ob und auf welche Weise er seine Anlagestrategie an den Entwicklungsstadien der einzelnen Kapitalmärkte ausrichtet, müssen zunächst Entwicklungsstadien abgegrenzt und eine Zuordnung der Länder zu Entwicklungsstadien vorgenommen werden. Dies ist Ziel des folgenden Kapitels. Für jedes Entwicklungsstadium werden schließlich Normstrategien für Investmentfonds definiert. Dabei ist zu unterscheiden zwischen Normstrategien je nach Risikobereitschaft der Anleger und damit des jeweiligen Fonds.

4.1. Finanztheoretischer Bezugsrahmen

4.1.1. Grundlagen

Als theoretischer Bezugsrahmen der Analyse von Investitionsentscheidungen von Investmentfonds in Emerging Capital Markets werden die Forschungsansätze der neueren Investitions- und Finanzierungstheorie gewählt. Die neuere Investitions- und Finanzierungstheorie richtet ihr Augenmerk auf die Optimierung von Investitions- und Finanzierungsentscheidungen.

Die neuere Investitions- und Finanzierungstheorie versucht, Empfehlungen abzugeben, wie Entscheider bzw. Zielträger „rationale" Investitions- und Finanzierungsentscheidungen treffen sollten, um der Zielerreichung eines maximalen zukünftigen Konsumeinkommensstroms bei gegebenem Risiko oder einem minimalen Risiko bei gegebenem zukünftigen Konsumeinkommensstrom zu dienen. Investition und Finanzierung werden als Maßnahmen gesehen, die Veränderungen von Konsumströmen auslösen. Konsumeinkommensströme setzen sich aus einer Reihe von zukünftigen Zahlungen zusammen, die in einer bestimmten Höhe, zu einem bestimmten Zeitpunkt und mit einer bestimmten Wahrscheinlichkeit eintreten (vgl. Schmidt/Terberger, 1996, S. 38ff.). Für die Investitions- und Finanzierungstheorie heißt das, daß der Investor bzw. Kapitalgeber die Entscheidung trifft, die bei gleichem Unsicherheitsgrad den maximalen Konsumeinkommensstrom erzielt oder die bei erwartetem Konsumeinkommensstrom den minimalen Unsicherheitsgrad aufweist (vgl. Schmidt/Terberger, 1996, S. 44ff.). Gewinn[33] und Vermögen[34] sind als finanzielle Ziele dem Konsumstrom unterzuordnen (vgl. Copeland/Koller/Murrin, 1994, S. 73ff.).

Der Grad der Unsicherheit ist eine Dimension des Zielerreichungsgrades (vgl. Schneider, 1992, S. 21-42). Deshalb muß die Unsicherheit als Dimension der Zielerreichung bei langfristigen Entscheidungen berücksichtigt werden. Unsicherheit kann gleichgesetzt werden mit unsicheren Erwartungen und unvollkommener Information (vgl. Schmidt/Terberger, 1996, S. 275f.). Der Entscheidungsträger ist weder in der Lage, die Periodenüberschüsse, den Restwert bzw. Wiederverkaufswert noch die künftigen Zinssätze und marktlichen Rahmenbedingungen während der Nutzungsdauer des Investitionsobjektes exakt zu bestimmen. Da die Konsequenzen einer Entscheidung auf solcher unsicheren Grundlage in vollem Umfang nicht vorhersehbar ist, kann ihr auch nicht ein Ergebnis eindeutig zugeordnet werden (vgl. Hax, H., 1979, S. 133ff.). Gleichwohl wird das Ergebnis - analog zur Entscheidungssituation bei sicheren Erwartungen - durch die im Rahmen dynamischer Investitionsrechenverfahren relevanten Zielgrößen, wie Kapitalwert, effektive Verzinsung etc. charakterisiert (vgl. Eilenberger, 1989, S. 153). Das Grundproblem besteht nun darin, die Bewertung von Konsumeinkommensströmen vorzunehmen. Investition und Finanzierung sind Maßnahmen, um Konsumeinkommensströme zu verändern. Investition und Finanzierung sind zwei Seiten ein und derselben Sache.

---

33 Gewinn ist der ermittelte Überschuß eines Unternehmens aus einer Periode. Er ist damit maximal für die kurzfristige Erfolgsrechnung einer Periode geeignet, nicht aber für eine Betrachtung, die mehrere Perioden umfaßt. Außerdem repräsentiert der Gewinn den Erfolg des Unternehmens und nicht des eigentlichen Zielträgers der Investitions- und Finanzierungstheorie, dem Investor und Kapitalgeber. Das Unternehmen ist nur Mittel zum Erreichen seiner persönlichen Ziele und daher interessiert ihn der finanzielle Erfolg aus dem Erfolg des Unternehmens, den er für sich verbuchen kann. Dies kann nur der ausgeschüttete Gewinn sein. Gewinn bzw. Gewinnstrom können daher ebenso wie das Vermögen lediglich Mittel zum Zweck sein. (vgl. Schmidt/Terberger, 1996, S. 46f.)

34 Vermögen ist eine Bestandsgröße und keine Stromgröße. Eine Bestandsgröße bezieht sich auf einen Bezugszeitpunkt und nicht auf eine Reihe aufeinanderfolgender Zeitpunkte oder Zeiträume. Es stellt den Wert der Güter eines Individuums zu einem bestimmten Zeitpunkt dar. Dadurch repräsentiert es ein Konsumpotential für den Fall der Veräußerung, aber keinen Konsumstrom.

Eine Investition ist eine Zahlungsreihe, die mit einer (sicheren) Auszahlung beginnt, auf die zu späteren Zeitpunkten (unsichere) Einzahlungen folgen.

Eine Finanzierung ist eine Zahlungsreihe, die mit einer Einzahlung beginnt, auf die zu späteren Zeitpunkten (unsichere) Auszahlungen erfolgen (vgl. Schneider, 1992, S. 20f.).

Es muß beurteilt werden, ob die Zahlungsströme, die durch Investitions- und Finanzierungsentscheidungen ausgelöst werden, den Konsumeinkommensstrom des Investors, Kapitalgebers, Kapitalnehmers positiv beeinflussen oder nicht (vgl. Schmidt/Terberger, 1996, S. 51). Das bedeutet, daß das Geld, das ihm heute zur Verfügung steht, mehr wert ist als das Geld, das er zukünftig aus einer Investition zurückerhält (vgl. Brealy/Myers, 1991, S. 12).

Eine allgemein gültige Bewertung läßt sich nicht geben, da Investoren, Kapitalgeber und -nehmer unterschiedliche Präferenzen haben können hinsichtlich Höhe, zeitlichem Anfall und Unsicherheit. In jedem Fall wird ein einwertiger oder sicherer Kapitalwert für unsichere zukünftige Zahlungen benötigt. Dazu ist eine Bewertungstheorie erforderlich, die Unsicherheit ausdrücklich berücksichtigt. Außerdem muß sie die Interdependenzen von verschiedenen Investitionsentscheidungen mit berücksichtigen, die bei Unsicherheit bestehen. Ein Entscheidungsproblem unter Unsicherheit für einzelne Investitionsvorhaben läßt sich nicht darstellen. Handlungsalternativen unter Unsicherheit beeinflussen sich gegenseitig. Die Zielgrößen Einkommensstrom bzw. Rückflüsse aus Investitionen sind daher das Ergebnis nicht einer einzelnen Investition, sondern von Investitionsprogrammen (vgl. Schmidt/Terberger, 1996, S. 301ff.).

Zunächst schlug die moderne Investitions- und Finanzierungstheorie den Weg der kapitalmarktorientierten neoklassischen Sichtweise zur Lösung des Problems ein. Ausgangspunkt war die neoklassische Produktionsfunktion von Gutenberg. Sie wird daher auch als neoklassische Investitions- und Finanzierungstheorie bezeichnet und ist Ausdruck des Gutenberg`schen Verständnisses des Betriebes als Gesamtheit der betrieblichen Teilbereiche Produktion, Absatz und Finanzen. Allerdings erwies sich der Weg sehr schnell als zu

perfekt, um reale Investitions- und Finanzierungsprobleme befriedigend lösen zu können. Die Neoklassik genießt nach wie vor die weiteste Verbreitung in der Portfoliomanagement-Praxis. Es wird mehr und mehr deutlich, daß sie eigentlich kaum in der Lage ist, Entscheidungshilfen zu geben, da alle Kapitalmärkte mehr oder weniger ineffizient sind. Auf eine Darstellung der Neoklassik wird hier verzichtet. Aufgrund ihrer Bedeutung wird allerdings am Ende dieses Kapitels eine Beurteilung ihrer Anwendbarkeit in Emerging Capital Markets vorgenommen.
Es entstand die institutionenorientierte neoinstitutionalistische Sichtweise, die im Gegensatz zur Neoklassik weniger auf Kapitalmärkte und mehr auf Institutionen achtet (vgl. Schmidt/Terberger, 1996, S. 51 ff.). Die neoinstitutionalistische Theorie vermeidet die Annahme des vollkommenen Kapitalmarktes. Sie macht die Welt vielmehr als kompliziert erkennbar. Es werden Hinweise auf Probleme gegeben, die sich nicht durch den Marktmechanismus lösen lassen und darauf, welche anderen Möglichkeiten zur Lösung von Problemen es gibt (vgl. Schmidt/Terberger, 1996, S. 372 ff.). Gerade Emerging Markets sind aufgrund des Transformationsprozesses weit von dem Idealbild des vollkommenen und vollständigen Marktes entfernt.

Die Kapitalmarktineffizienzen greift die Kapitalmarkteffizienzhypothese auf. Sie beschränkt sich aber weitgehend auf eine grobe Klassifizerung von Effizienzstufen von Kapitalmärkten sowie eine Einschätzung von Anlagestrategien für Portfolioinvestoren in Abhängigkeit von Effizienzstufen. Der Neoinstitutionalismus versucht, konkret Hilfestellungen bei praktischen Entscheidungsproblemen in unvollkommenen und unvollständigen Märkten zu geben. Das Modell zur Ableitung von Anlagestrategien basiert daher vor allem auf der Kapitalmarkteffizienzhypothese und dem Neoinstitutionalismus. Beide werden im folgenden charakterisiert und bewertet sowie Grundsatzstrategien abgeleitet. Es wird ein Schwerpunkt der weiteren Analyse sein, welche institutionellen Regelungen für Investitionsentscheidungen von Bedeutung sind und welche Wechselwirkung zwischen ihrer Einführung und den Anlageerfolgen von Investmentfonds bestehen.

4.1.2. Kapitalmarkteffizienzhypothese

Die grundlegende Annahme vollkommen effizienter Märkte der neoklassischen Modelle wurde Anfang der siebziger Jahre zum Gegenstand der Kapitalmarktforschung. Kapitalmarkteffizienz bezieht sich auf die Informationsverarbeitung an Kapitalmärkten. Sie wird deshalb auch als Informationseffizienz bezeichnet. Markteffizienz ist ein Bestandteil eines vollkommenen und vollständigen Marktes (vgl. Steiner/Bruns, 1996, S. 40). Nach Jensen ist ein Markt dann effizient, „wenn auf Basis verfügbarer Informationen kein ökonomischer Gewinn, gemessen als risikoadjustierter Nettogewinn, erzielbar ist" (Jensen, 1978, S. 96); anders ausgedrückt, wenn der aus Informationen erzielte Nutzen die Kosten der Informationsbeschaffung und -auswertung nicht übersteigt (vgl. Bruns/Meyer-Bullerdiek, 1996, S. 61). Die Vorstellung, daß ein Kapitalmarkt effizient ist, basiert auf drei grundsätzlichen Annahmen:

1. Preisbildung auf den Märkten vollzieht sich dadurch, daß eine größere Anzahl von gewinnmaximierenden Marktteilnehmern unabhängig voneinander Wertpapiere analysiert und bewertet.

2. Neue Informationen, die Auswirkungen auf den Marktwert haben könnten, sind unabhängig voneinander.

3. Investoren lassen neue Informationen umgehend durch Kauf- oder Verkaufstransaktionen in die Preisbildung einfließen. Durch die gegenseitige Konkurrenz stellt sich ein neuer, fairer Preis aus Angebot und Nachfrage für ein Wertpapier ein.

Unter diesen Voraussetzungen kommen Preisänderungen einzelner Wertpapiere vollkommen unabhängig voneinander zustande (vgl. Reilly, 1994, S. 195). Ein Kapitalmarkt ist demnach effizient, wenn die Marktpreise der Wertpapiere zu jeder Zeit alle erhältlichen Informationen reflektieren und jede neue Information über ein Wertpapier unverzüglich in dessen Bewertung durch den Markt einfließt (vgl. Fama, 1976, S. 7ff.).

Die Hypothese der Informationseffizienz ist ein Modell, das ein ungefähres Abbild der Realität liefern soll (vgl. Bruns/Meyer-Bullerdiek, 1996, S. 63). Kapitalmärkte weisen einen unterschiedlichen Grad an Effizienz auf. Dieser Grad der Effizienz selbst ist Gegenstand der Untersuchung (vgl. Steiner/Bruns, 1996, S. 40). Der Markteffizienzforschung geht es darum, den Grad der Informationseffizienz eines Kapitalmarktes beurteilen zu können. Hinsichtlich des Grades der Informationseffizienz lassen sich nach Fama drei Abstufungen vornehmen: schwache, halb-strenge und strenge Informationseffizienz (Fama, 1970, S. 383ff.: Weak-Form, Semistrong-Form und Strong-Form). Aus den Abstufungen ergeben sich unterschiedliche Konsequenzen für die Kapitalanlagepraxis.

- *Schwache Informationseffizienz*

Märkte sind schwach informationseffizient, wenn zu jedem beliebigen Zeitpunkt sämtliche Informationen über vergangene Kurs- und Renditeentwicklungen, Umsätze und andere, durch den Markt selbst generierte Informationen bereits in die gegenwärtigen Marktpreise eingeflossen sind. Diese Informationen sollen im folgenden als Marktinformationen bezeichnet werden. Ist dies der Fall, lassen sich allein aus der technischen Aktienanalyse keine Überrenditen erzielen (vgl. Reilly, 1996, S. 198). Jede vermeintliche Chartkonstellation aus Vergangenheitswerten ist bereits im Wertpapierkurs enthalten. Nur die Kenntnis darüber hinaus gehender Information aus z. B. einer fundamentalen Unternehmensanalyse kann zu einer Kapitalverzinsung führen, die über der risikoadäquaten Gleichgewichtsrendite liegt. Eine Bewertung der Aktien anhand von Kursentwicklungen der Vergangenheit ist bereits abgeschlossen (vgl. Steiner/Bruns, 1996, S.42 u. Brealey/Myers, 1996, S. 324-326).

- *Halb-strenge Informationseffizienz*

Die Hypothese der halb-strengen Informationseffizienz geht davon aus, daß nicht nur alle Marktinformationen, sondern zusätzlich auch sämtliche sonstigen öffentlich verfügbaren Informationen zu jedem beliebigen Zeitpunkt bereits in den Marktpreisen der Wertpapiere enthalten sind. In diesem Fall erübrigt sich auch die fundamentale Unternehmensanalyse. Jahresabschlüsse oder Informationen aus z. B. Emmissionsprospekten sind zusätzlich zu den

Marktinformationen bereits in den Kursen berücksichtigt (vgl. Bruns/Meyer-Bullerdiek, 1996, S. 60).

Wenn einem Kapitalmarkt ein gewisser Grad an Effizienz unterstellt werden kann, wird damit gleichzeitig die Existenzberechtigung von Portfoliomanagern, Finanzanalysten und anderen institutionellen Marktteilnehmern in Frage gestellt. Ihre Aufgabe besteht darin, durch Marktbeobachtungen und Analysen Informationsdefizite auszugleichen. Wenn alle Informationen transparent sind und sich bereits in den Preisen widerspiegeln, wäre die Existenz von Institutionen zur Behebung von Informationsintransparenzen überflüssig (vgl. Brealey/Myers, 1996, S. 323). Aber schon bei der halb-strengen Informationseffizienz tritt das sog. Informationsparadoxon auf. Einerseits ist durch fundamentale Aktienanalyse kein Vorteil zu erzielen. Würde andererseits niemand Fundamentalanalyse betreiben, könnten diese Informationen nicht in die Kursbildung einfließen. Für den Status des halb-strengen Kapitalmarktes ist daher fundamentale Aktienanalyse erforderlich (vgl. Möller, 1985, S. 500). Aktives Wertpapiermanagement macht im Falle halb-strenger Informationseffizienz nur Sinn, falls nicht öffentlich zugängliche Insider-Informationen oder Spezialkenntnisse vorliegen. Nur dann lassen sich gemäß der Effizienzhypothese Überrenditen realisieren (vgl. Steiner/Bruns, 1996, S. 43).

- *Strenge Informationseffizienz*

Strenge Informationseffizienz liegt nur dann vor, wenn sämtliche Informationen über ein Unternehmen, also auch nichtöffentliche wie Insider-Informationen, in den Marktpreisen enthalten sind und somit ebenfalls nicht gewinnbringend genutzt werden können. In einem streng informationseffizienten Kapitalmarkt entspricht die zu erwartende Rendite in jedem Fall der Gleichgewichtsrendite der Anlage. Nur ein passives Management von Kapitalanlagen ist bei strenger Informationseffizienz sinnvoll (vgl. Steiner/Bruns, 1996, S. 43). Aus empirischen Untersuchungen läßt sich allerdings ableiten, daß die Annahme strenger Informationseffizienz in der Realität nicht existiert. Die steigende Zahl börsennotierter Werte, neuer Anlageformen (z. B. Futures, Optionen, Derivate) sowie die ständigen Veränderungen der Weltwirtschaft und ihr Einfluß auf die Unternehmen lassen sich nicht von allen Marktteilnehmern in gleicher Form erfassen (vgl. Brealey/Myers, 1996, S.329-331). Allenfalls gibt es einzelne Kapitalmärkte, die sich diesem Ideal annähern.

- *Fazit*

Gemäß der Kapitalmarkteffizienztheorie lohnt sich aktives Management auch noch auf Märkten mit halb-strenger Informationseffizienz (vgl. Abb. 33). Es lassen sich danach durch aktives Management nachhaltige Informationsvorsprünge realisieren, die dauerhaft eine höhere Verzinsung versprechen als die Gleichgewichtsrendite des betroffenen Marktes. Die Tatsache, daß es so gut wie keinen Kapitalmarkt gibt, der die Voraussetzungen einer strengen Informationseffizienz erfüllt, könnte darauf schließen lassen, daß sich aktives Portfoliomanagement in jedem Fall lohnen kann. Anleger profitierten in diesem Fall davon, daß in der Realität immer wieder Irrationalitäten im Verhalten der Anleger zu beobachten sind, die auch als Marktanomalien bezeichnet werden. Kennzeichnend für Anomalien ist, daß bei ihrem Auftreten Kursentwicklungen festzustellen sind, die sich weder aus der technischen oder fundamentalen Analyse begründen lassen, noch auf sonstige Insider-Informationen basieren. Je nach Ausprägung werden sie als Bubbles[35], Positive Feed back, Scalping,[36] Market Overreaction [37] oder Noise-Trading [38] bezeichnet. Sofern sie auftreten, ist es sehrwohl möglich, Überrenditen durch aktives Wertpapiermanagement zu erzielen.

---

35 Der Marktlaunenansatz nach Shiller beschreibt die auf einem Markt zu beobachtenden sogenannten „Fads und Fashions" (vgl. Stöttner, 1989, S. 151).

36 So wird von „Scalping gesprochen, wenn eine Bank Kaufempfehlungen ausspricht und die dadurch künstlich erhöhten Kurse für eigene Verkäufe nutzt (vgl. Watermann , 1996, S. 98).

37 Mit einer Übergewichtung des Gehalts neuer Informationen beschäftigt sich die Hypothese der „Market overreaction" (vgl. Stöttner , 1989, S. 159). Kursrelevante Daten führen danach zu massiven Preisanpassungen, durch die es zu einer temporären Abweichung von fundamentalen Werten kommt (vgl. DeBondt/Thaler, 1987, S. 557): "People show a tendency to 'overreact', i.e. they overweight recent information and underweight base rate data".). Durch ein derartiges Verhalten der Investoren ließen sich beispielsweise kurzfristige intensive Kurseinbrüche erklären, die oft auf politische Veränderungen in den aufstrebenden Märkten folgen und selten fundamental, sondern üblicherweise psychologisch-technisch zu erklären sind (vgl. Schroth/Wenzeler, 1996, S. 57)

38 Auf jungen Märkten ist gewöhnlich ein hohes Maß an Noise-Trading zu beobachten, das durch den spekulativen Anreiz der Märkte gefördert wird. Für gewöhnliche Investoren bedeutet Noise ein zusätzliches systematisches Risiko, das nicht diversifiziert, aber auch nicht quantifiziert werden kann (vgl. Bruns/Meyer-Bullerdiek, 1996, S. 71)

Abb. 33: Grad der Informationseffizienz und ableitbare Anlagestrategien

Grad der Informationseffizienz
Art der abzulehnenden Anlagestrategien

Streng	**Halbstreng**	**Schwach**
Generell keine aktiven Anlagestrategien	Keine aktiven Anlagestrategien auf Basis vergangener oder aktueller, öffentlich verfügbarer Informationen	Keine aktiven Anlagestrategien auf Basis vergangener Marktdaten

Quelle: Schmidt-von Rhein, 1996, S. 31, eigene Darstellung

Allerdings handelt es sich bei all diesen Phänomenen, die nur eine Auswahl darstellen, um kurzfristige Effekte. Um nachhaltig und langfristig überdurchschnittliche Renditen erzielen zu können, müßte ein Portfoliomanager in der Lage sein, solche Effekte zu erkennen, um im Zeitablauf ein Phänomen nach dem anderen auszunutzen. Dies ist schwer vorstellbar. Untersuchungen am amerikanischen Aktienmarkt haben daher auch ergeben, daß es Fondsmanagern, bei denen ein Informationsvorteil vermutet werden könnte, in der Regel nicht möglich gewesen ist, durch aktive Anlagestrategien mittel- oder langfristig ein besseres Ergebnis zu erzielen im Vergleich zu Anlagen in ein Portfolio, bestehend aus Indexwerten, also mit passiven Managementstilen (vgl. Malkiel, 1995 und Kahn/Rudd, 1996, nach Bruns/Meyer-Bullerdiek, 1996, S. 61). Entwickelten Kapitalmärkten kann demnach offensichtlich eine hinreichende Effizienz unterstellt werden, da es selbst professionellen Investoren - außer in Ausnahmefällen - nicht möglich ist, systematisch Überrenditen gegenüber Marktindizes wie z. B. dem US-amerikanischen S&P 500 oder dem deutschen DAX an den jeweiligen Kapitalmärkten zu erzielen (vgl. Burgmaier, 1997, S. 81). Nur in Einzelfällen und oft auch nur kurzfristig sind institutionelle Investoren in der Lage, den ihnen unterstellten Informationsvorsprung aus einer aktiven Anlagestrategie zum eigenen Vorteil zu nutzen. Für den deutschen Markt konnte allerdings beobachtet werden, daß inländische Gesellschaften langfristig höhere Renditen zu erzielen vermögen als ihre ausländischen Konkurrenten (vgl. Scherer, 1997, S. 82-89).

Es müssen also nicht erst die Anforderungen der strengen Informationseffizienz erfüllt sein, bevor aktives Management nicht mehr lohnenswert ist. Es reicht offensichtlich auch schon eine halb-strenge Informationseffizienz. Der Übergang ist jedoch fließend und auch innerhalb der Kategorien von Effizienz gibt es Unterschiede hinsichtlich der Erfolgsaussichten von Managementstilen. Schwierig ist jedoch, zu erkennen, wo der Übergang zwischen den Phasen ist, in denen sich aktives Management noch lohnt oder in denen die damit entstehenden Transaktionskosten durch überdurchschnittliche Renditen nicht mehr kompensiert werden können.

Viele Anzeichen sprechen dafür, daß in den hier untersuchten Ländern Zentral- und Osteuropas allenfalls schwache Informationseffizienz vorliegt und daß Marktanomalien auftreten mit entsprechenden Implikationen auf das Fondsmanagement (vgl. Kap. 3.3.2). An den noch jungen Kapitalmärkten in Mittel- und Osteuropa war es professionellen Anlegern in der Vergangenheit durchaus möglich, durch aktives Anlagemanagement überdurchschnittliche Erträge zu erzielen, die weit über den vergleichbaren Marktrenditen lagen. In 1996 konnte der erfolgreichste ausländische Investmentfonds - der von der Mercury Asset Management Ltd., London, verwaltete Mercury Eastern European Fund - auf DM-Basis einen Wertzuwachs von 155,4 Prozent verzeichnen. Die ungarische Börse erreichte im gleichen Jahr mit dem weltweit zweithöchsten Wertzuwachs eine Steigerung um 146,9 Prozent. Polen und Tschechien verzeichneten in 1996 eine Steigerung ihres Aktienmarktes von 86,7 Prozent bzw. 24,4 Prozent. Der Fonds hatte seinen Anlageschwerpunkt nicht in Ungarn (vgl. Micropal und BVI, 1996). Daß andere Fonds mit vergleichbaren Anlageschwerpunkten nach Ländern z. T. deutlich abweichende Ergebnisse erzielt haben (vgl. Scherer, 1997, S. 84 und Performancevergleich in Kap. 3.2.2), läßt auf Informationsineffizienzen in den jeweiligen Ländern schließen, die einzelne Investoren in die Lage versetzen, Informationsvorteile gegenüber anderen Marktteilnehmern gewinnbringend zu nutzen.

4.1.3. Neoinstitutionalistische Finanzierungstheorie

Die Annahme eines vollkommenen und vollständigen Kapitalmarktes wird häufig als unrealistisch eingestuft. Sie ist es in jedem Fall in dem hier behandelten Untersuchungsfeld der Emerging Markets in Ost- und Zentraleuropa.

Aber selbst für die Untersuchung solcher Situationen ist die neoklassische Sicht von Bedeutung. Reale Finanzierungsprobleme müssen wohl ihren Ursprung in der Unvollkommenheit und Unvollständigkeit realer Kapitalmärkte haben. Sie sind dadurch zu erkennen, zu verstehen und zu überwinden, daß man die Ursachen der Unvollkommenheit und Unvollständigkeit des Kapitalmarktes aufgreift. Eine Theorie vollkommener und vollständiger Kapitalmärkte hilft zu erkennen, worin die Ursachen für Diskrepanzen zwischen Modellwelt und Realität zu suchen sind. Dies erleichtert wesentlich die Analyse und die Lösung von Finanzierungsproblemen auch in Situationen, in denen das von dieser Theorie Gezeichnete offensichtlich nicht paßt. Genau auf diesen Grundgedanken beruht die neoinstitutionalistische Sicht (vgl. Schmidt/Terberger, 1996, S. 64).

Der Neoinstitutionalismus geht davon aus, daß in den Kooperationsbeziehungen zwischen Kapitalgeber und Kapitalnehmer in der Regel Interessenskonflikte bestehen, die zu Einigungs- und Kooperationsproblemen führen. Bei jeder Transaktion treffen Partner aufeinander, deren Interessen gegeneinander gerichtet sein können und die sich opportunistisch verhalten können (vgl. Williamson, 1985, S. 47ff.). Opportunismus ist die Bereitschaft, die eigenen Interessen auch auf Kosten des Partners zu verfolgen. Diese Bereitschaft hat besonders dann Konsequenzen, wenn der Partner die Gefahr nicht erkennt und/oder sich nicht schützen kann. Zum Vergleich sei hier daran erinnert, daß dieser jeder Transaktion innewohnende Interessenskonflikt in der kapitalmarktorientierten Theorie nicht existiert.

Die Ursache von Funktionsschwächen des Kapitalmarktmechanismus und damit in den Kooperationsbeziehungen liegt in Informationsproblemen, mit denen Marktteilnehmer konfrontiert sind. Asymmetrische Informationsverteilung ist demnach auch der Schlüsselbegriff der neoinstitutionalistischen Theorie (vgl. Akerlof, 1970, S. 488ff.). Eine Informationsverteilung wird als asymmetrisch bezeichnet, wenn es Informationsvorsprünge gibt; d. h. wenn ein oder einige Marktteilnehmer besser informiert ist bzw. sind als andere. Dies gilt auch, wenn die anderen dies wissen (vgl. Schmidt/Terberger, 1996, S. 387). Für den besser informierten Tauschpartner besteht der Anreiz, den Informationsnachteil des Gegenübers zum eigenen Vorteil auszunutzen. Er tut dies, indem er für eine gegebene Leistung eine minderwertige Gegenleistung liefert. Die Gegenleistung kann von vornherein weniger wertvoll sein als der Tauschpartner vermuten konnte oder weil er den Wert im eigenen Interesse verringert hat. Das ist besonders dann zu erwarten, wenn sich die Qualität eines Tauschgegenstandes schwer beurteilen läßt. Der Käufer eines Zahlungsstroms kann andererseits nicht erwarten, daß der Transaktionspartner die nicht offensichtlichen Mängel seines Angebots freiwillig preisgibt. Schließlich würde er sich hierdurch selber schaden. Der Handel von Finanztiteln ist geradezu ein Musterbeispiel für einen Markt mit Informations- und Anreizproblemen. [39] In den Emerging Capital Markets ist davon auszugehen, daß noch eine verschärfte asymmetrische Informationslage vorliegt.

Speziell bei Transaktionen, bei denen ein Marktpartner seine Leistungen erst in der Zukunft erbringt, wie es bei Zahlungsströmen immer der Fall ist, kommt ein weiteres Informationsproblem verschärfend hinzu: Die Qualität des angebotenen Gutes kann nachträglich durch das Verhalten des Verkäufers beeinträchtigt werden. Dieses mögliche eigennützige Verhalten nach Vertragsabschluß ist unter dem Begriff „Moral Hazard" bekannt (vgl. Arrow, 1963, S. 91-96). Ein potentieller Käufer ist jedoch dem Problem einer asymmetrischen Informationsverteilung und damit einhergehenden Moral Hazard nicht völlig schutzlos ausgeliefert. Er kann z. B. das Risiko, Ware minderwertiger Qualität zu erhalten, in seinem Preisgebot antizipieren. Sein Preisgebot fällt entsprechend niedrig aus. Dabei besteht allerdings die Gefahr, daß dieser Preis dann nur noch für solche Verkäufer interessant ist, die tatsächlich niedrige Qualität anbieten oder bei denen die Anreize, die Qualität nachträglich zu verringern, ausgeprägt sind. Die Antizipation von minderer Qualität im Preis beinhaltet also die Gefahr, einen Prozeß der Negativauslese zu provozieren. Dieser Prozeß der Negativauslese wird auch „Adverse Selection" genannt (vgl. Akerlof, 1970, S. 488-500). Im Extremfall zieht sich in einer solchen Situation das qualitativ hohe Angebot vom Markt ganz zurück, ebenso wie die Nachfrage nach hoher Qualität. Das Marktgeschehen kommt weitgehend zum Erliegen, der Markt wird unvollständig.

---

[39] In einer von Coase (1960) entwickelten Theorie liegt der Ursprung des neoinstitutionalistischen Ansatzes. Kapitalgüter unterscheiden sich danach von Realgütern dadurch, daß nicht physische Güter, sondern Property Rights, also Eigentums-, Verfügungs- und Handlungsrechte Gegenstand der Transaktion sind (vgl. Loistl , 1994, S. 6) Derartige Rechte sind in ihrem Wert nur schwer quantifizierbar. Bei der Preisbildung auf dem Kapitalmarkt entstehen dadurch Friktionen, welche die Neoklassik nicht zu erklären vermag, da behavioristische Einflüsse wie Machtstreben keine Berücksichtigung finden.

Eine weitere Möglichkeit, sich vor einer Übervorteilung zu schützen besteht darin, zu versuchen, das Informationsdefizit abzubauen, indem das Angebot des Verkäufers genau geprüft wird. Kreditvergaben beispielsweise mit intensiver Prüfung sind eine Domäne der Banken. Banken zählen zu den Institutionen (vgl. Jaffee/Russell, 1976, S. 651-666). Darüber hinaus können Käufer und Verkäufer vertragliche Vereinbarungen treffen, die vor bösen Überraschungen schützen sollen. So können beispielsweise Kreditsicherheiten eingearbeitet werden, die auch unter den Begriff der Institutionen fallen. Es gibt vielfältige Institutionen in den Finanzmärkten, die helfen können, Informationen und hieraus resultierende Finanzprobleme einzudämmen. Dies macht die institutionenorientierte bzw. neoinstitutionalistische Richtung der Investitions- und Finanzierungstheorie zu ihrem Thema.

In der neoinstitutionalistischen Finanzierungstheorie bildet das institutionelle Wahlproblem ein zentrales Thema. Die methodische Grundannahme des Neoinstitutionalismus besteht darin, Institutionen oder institutionelle Regelungen als Vorkehrungen zu betrachten, die geschaffen sein könnten, Verhaltensanreize zu gestalten und zu verändern, um damit Verhalten zu steuern. Eine neoinstitutionalistische Analyse enthält damit immer einen Vergleich verschiedener denkbarer institutioneller Gestaltungen. Das reale Wahlproblem entspricht der Auswahl unter verschiedenen möglichen institutionellen Gestaltungen. Der Begriff der Institutionen ist sehr weit. Dazu zählen Banken und Gesetze (z. B. Insolvenzrecht oder handelsrechtliche Rechnungslegungsvorschriften), Rechtswesen, Handelsbräuche und sogar Sprache. Besonders wichtige Institutionen sind die Unternehmungen (vgl. Ordelheide, 1993, Sp. 1838-1855), der Staat und Märkte, insbesondere organisierte Kapitalmärkte (Schmidt, Hartmut, 1988, S. 5ff.).

Als Folge der Informationsprobleme entsteht die sog. Transaktionskostenproblematik (vgl. Dalmann, 1979, S. 141-162 oder Barzel, 1985, S. 4-16). Insofern liegt die wesentliche Quelle für Transaktionskosten in den Aktivitäten zur Überwindung von Informationsdefiziten. Der Neoinstitutionalismus analysiert Institutionen oder institutionelle Gestaltungen und Regelungen als mögliche Vorkehrungen gegen negative Auswirkungen aus asymmetrischer Informationsverteilung für Finanzierungsbeziehungen. Märkte mit einer komplexeren institutionellen Ausgestaltung funktionieren nicht reibungslos (vgl. Akerlof,

1970, S. 488-500). Vielmehr verursacht das Zustandekommen von Transaktionen Kosten, die man als Transaktionskosten bezeichnet (vgl. z. B. Coase, 1960, S. 1-44 oder Williamson, 1979, S. 233-261). Transaktionskosten machen den Markt unvollkommen. Ist der Abbau von Informations- und Anreizproblemen sehr teuer, kann es sein, daß Transaktionen überhaupt nicht möglich sind; der Markt ist dann unvollständig (vgl. Schmidt/Terberger, 1996, S. 53-67).

Transparenz bildet die wesentliche Grundlage eines effizienten Marktes. Nur wenn gewährleistet ist, daß sämtliche relevanten Markt- und Unternehmensdaten eine umfassende Verbreitung unter den Marktteilnehmern finden, ist auch die Signalwirkung dieser Daten im Hinblick auf eine objektive Preisbildung gegeben. Andernfalls führt die resultierende Unsicherheit entweder zu Informationsasymmetrien oder gar dazu, daß Transaktionen nicht vorgenommen werden. Unterstützung findet die Informationstransparenz durch Institutionen wie die jeweils geltenden rechtlichen Rahmenbedingungen und deren Umsetzung durch die Wertpapieraufsichtsbehörden (vgl. Pongracz, 1996). An den Börsen sorgen in dieser Weise Publizitätspflichten und Zulassungsbedingungen dafür, daß Unternehmenswerte markttransparenter werden als etwa auf einem grauen Kapitalmarkt (vgl. Bagniewski/Männicke, 1993, S. 86). Die Finanzintermediäre ihrerseits sind wiederum der staatlichen Gesetzgebung und Börsenaufsicht als weitere Institution [40] unterworfen.

Zentrales Problem für Investmentfondsmanager ist es, einen Bewertungsmaßstab für Investitionsobjekte bzw. Anlagemöglichkeiten zu finden. In der Neoklassik ist dies die risikoadjustierte Gleichgewichtsrendite (vgl. Markowitz, 1952, S. 82). Da der Neoinstitutionalismus davon ausgeht, daß dies in der Realität nicht erreicht werden kann, muß die Unvollkommenheit und Unvollständigkeit in den Bewertungsmaßstab mit einbezogen werden. In der neoinstitutionalistischen Literatur wird zur Bestimmung eines Bewertungsmaßstabs vom Ideal ausgegangen. Dies entspricht dem vollkommenen und vollständigen Kapitalmarkt der Neoklassik. Im Neoinstitutionalismus wird dieses Stadium als „First-best Optimum" bezeichnet, das jedoch in der Realität nicht erreichbar ist. Durch die Existenz ineffizienter Kapitalmärkte kann die Realität

---

[40] Beispielsweise kann das durch die Gesetzgebung eines Staates festgelegte Konkursrecht bei umfassender Ausgestaltung unterstützend wirken, indem es das Gläubigerausfallrisiko transparenter macht.

den Anforderungen der Neoklassik nicht genügen. Ihre normativen Modelle sind daher nicht oder nur sehr begrenzt einsetzbar. Durch eine institutionelle Gestaltung von Kapitalmärkten ist jedoch eine Annäherung an ein sog. „Second-best-Optimum" möglich. Nach North sind Institutionen jegliche Art von Vorkehrungen, die zur Absicherung der Ordnung des Marktes dienen und dadurch die in Tauschbeziehungen bestehenden Unsicherheiten reduzieren (vgl. North, 1991, S.97). Die Institutionen dienen dazu, möglichst hohe Informationstransparenz für alle Marktteilnehmer zu schaffen und dadurch Transaktionskosten zur Informationsbeschaffung zu minimieren. Gerade die Informationsineffizienz in den Emerging Markets ist ein wichtiges Kriterium für die Anlagestrategie eines Investmentfonds.

First-best-Optimum und Second-best-Optimum unterscheiden sich in den sog. Agency-costs, die sich aus den Monitoring-costs, Bonding-costs und dem Residual-loss zusammensetzen. Der schlecht informierte Transaktionspartner wendet Kontrollkosten (Monitoring-costs) auf, um sich gegenüber der besser informierten Seite zu schützen. In dem vorliegenden Fall ist der Fondsmanager in der Rolle des schlecht informierten Principals, der versucht Informationen über die potentiellen Investitionsobjekte zu bekommen. Dadurch erhofft er sich Aufschluß über die Wertentwicklungspotentiale und -risiken der Objekte. Eine andere Möglichkeit des Schutzes ist die Selbstbindung des besser Informierten. Diese Selbstbindung verursacht ebenfalls Kosten, die sog. Bonding-costs. Selbstbindung besteht beispielsweise darin, daß der Kreditnehmer zur Absicherung des Kreditrisikos dem Kreditgeber Kreditsicherheiten einräumt.

Im Second-best-Optimum wird es in der Regel ein optimales Niveau der Selbstbindung und des Selbstschutzes geben. Trotz der optimalen Wahl des Niveaus der Monitoring-costs und der Bonding-costs läßt sich trotzdem nicht der Zustand des First-best-Optimums erreichen. Es bleibt ein Restverlust oder auch Residual-loss. Übertragen auf Kapitalmärkte kann das bedeuten, daß, je besser die institutionelle Ausgestaltung eines Kapitalmarktes ist, die Agency-costs umso geringer ausfallen. Allerdings verursachen Institutionen Kosten, die sog. Transaktionskosten, die dann den Residual-loss darstellen. Reibungsverluste durch erforderliche Koordination dienen als Bezugspunkt für die Beurteilung der Qualität von Institutionen auf einem Kapitalmarkt. Die

Agency-costs setzen sich aus Ressourcenverzehr bzw. Reibungsverluste bei der Durchsetzung von Transaktionen sowie für nicht realisierte Kooperationsgewinne, die aufgrund der im Vergleich zum First-best unzulänglichen institutionellen Ausgestaltung entgehen (vgl. Jensen/ Meckling, 1976, S. 305 - 360).

Die Wissenschaft ist sich weitgehend einig, daß sich Transaktionskosten nicht eindeutig messen lassen (vgl. Schneider, D., 1987). Lediglich eine indirekte Prüfung, daß sich Institutionen durchsetzen, die eine Senkung von Transaktionskosten bewirken, gilt als möglich (vgl. Picot, A./ Dietl, H., 1990, S. 183). Von Bedeutung sind insbesondere Institutionen, die sich als Geflecht von wiederkehrenden Handelsbeziehungen ergeben. Set-up-Kosten und Kosten zur Aufrechterhaltung der Kapazität werden für sie erst dadurch lohnend, daß sie immer wieder für eine Vielzahl gleichartiger Transaktionen nutzbar sind. Für Emerging Capital Markets kann dies bedeuten, daß mit zunehmender Verbesserung der Institutionen im Zeitablauf sich der Kapitalmarkt immer mehr dem Second-best-Optimum annähert, bis er es erreicht hat. Die Agency-costs würden im gleichen Zeitraum abnehmen (vgl. Abb. 34).

Abb. 34: Schematische Darstellung der Entwicklung der Transaktionskosten in Abhängigkeit der Institutionenentwicklung im Zeitablauf

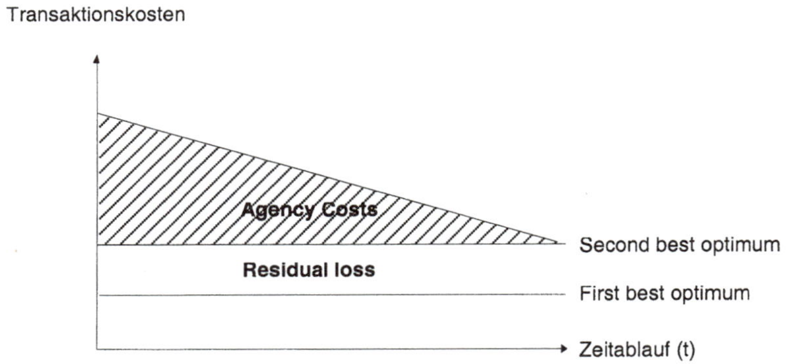

Unterschiedliche institutionelle Voraussetzungen lassen sich prinzipiell anhand der Tansaktionskosten vergleichen. Allerdings muß die Einschätzung individuell durch jeden Fondsmanager vorgenommen werden, da bis heute eine eindeutige Meßbarkeit nicht möglich ist. Für einen Investor bedeutet dies, daß er zusätzlich zu einer angemessenen Risikoprämie die aufgewandten Transaktionskosten aus dem Ertrag einer Kapitalanlage vergütet bekommen muß, damit sein Investment lohnenswert sein kann. Bezieht man die Aussagen der Kapitalmarkteffizienzhypothese mit ein, so heißt dies, daß in den frühen Phasen, in denen die höchsten Transaktionskosten anfallen dürften, auch die zu erwartenden Erträge am höchsten sind. In diesem Fall lohnt sich aktives Management, da die damit zusammenhängenden Transaktionskosten überkompensiert werden können. Mit zunehmender Fortentwicklung der Institutionen sinken zwar einerseits die Transaktionskosten, allerdings nehmen auch die Marktineffizienzen ab. Dadurch wird es immer schwieriger, durch aktives Management Überrenditen zu erzielen. Je mehr sich der Kapitalmarkt dem Second-best annähert, um so erfolgversprechender dürften passive Anlagestrategien sein.

4.1.4. Grundsatzstrategien

Strategische Handlungsvariablen eines Fondsmanagers sind der grundsätzlich gewählte Managementstil, die Prinzipien der Portfoliostrukturierung und die Analysemethoden. Zu unterscheiden sind jeweils ein aktiver bzw. passiver Managementstil, eine Bottom-up- bzw. Top-down-Vorgehensweise bei der Portfoliostrukturierung und fundamental-qualitative bzw. technisch-quantitative Analyse- und Prognosemethoden als die gegensätzlichen Extreme der einzelnen Strategiebestandteile. Die Entscheidung für eine Anlagestrategie sollte von der Kapitalmarkteffizienz beeinflußt werden. Entscheidungskriterien sind die Renditepotentiale, das Risiko und die Transaktionskosten. Je ineffizienter ein Kapitalmarkt ist, umso größer ist seine Volatilität. In den großen Wertschwankungen liegt einerseits ein höheres Risiko, andererseits erhöhen sie die Möglichkeiten, überdurchschnittliche Renditen zu erzielen. In solchen Märkten lohnt sich aktives Management, da sich dadurch noch Informationsvorsprünge vor anderen Marktteilnehmern generieren lassen.

Bei den Transaktionskosten ist zwischen beeinflußbaren und nicht beeinflußbaren Transaktionskosten zu unterscheiden. In Anlehnung an die neoinstitutionalistische Finanzierungstheorie können die beeinflußbaren Transaktionskosten auch als „agency costs" und die nicht beeinflußbaren als „residual loss" bezeichnet werden. Die nicht beeinflußbaren Transaktionskosten lassen sich nur dadurch verhindern, daß in dem betreffenden Land oder Markt nicht investiert wird. Es handelt sich dabei z.B. um Gebühren für die Durchführung von Transaktionen etc. Mit zunehmender Effizienz ist davon auszugehen, daß diese Transaktionskosten sich verringern werden. Beeinflußbare Transaktionskosten sind solche, die durch die Aktivitäten des Fondsmanagements ausgelöst werden. Damit ist insbesondere der personelle und materielle Aufwand für Analysetätigkeiten, Marktresearch, Reisen etc. gemeint. Je aktiver ein Fonds verwaltet wird, umso höher sind diese beeinflußbaren Kosten für Unternehmens- und Marktanalysen. Ein entsprechendes Renditepotential, um hohe Transaktionskosten zu kompensieren und eine angemessene Risikoprämie zu erzielen, bietet ein Markt je ineffizienter er ist. Es ist sogar davon auszugehen, daß diese beeinflußbaren Kosten mit zunehmender Effizienz des Kapitalmarktes steigen, da es für den Fondsmanager immer aufwendiger wird, Informationsvorsprünge zu generieren. Die nicht beeinflußbaren Transaktionskosten hingegen dürften mit einem zunehmenden Markteffizienz abnehmen. Es handelt sich hier insbesondere um Gebühren und Provisionen von Intermediären. Zum einen erhöht sich die Anzahl der Transaktionen je Institution. Dadurch sinken die Kosten je Einzeltransaktion, da die Gesamtkosten auf mehr Transaktionen umgelegt werden. Zum anderen sind mehrere gleichartige Institutionen entstanden und der gesetzliche Rahmen ist weiterentwickelt worden. Durch größeren Wettbewerb und verbesserte Rahmenbedingungen hat sich die Effizienz der Institutionen verbessert mit der Folge von Kostensenkungen (vgl. Abb. 35).

Abb. 35: **Schematische Darstellung der Entwicklung von Renditepotential und Transaktionskosten in Abhängigkeit der Markteffizienz**

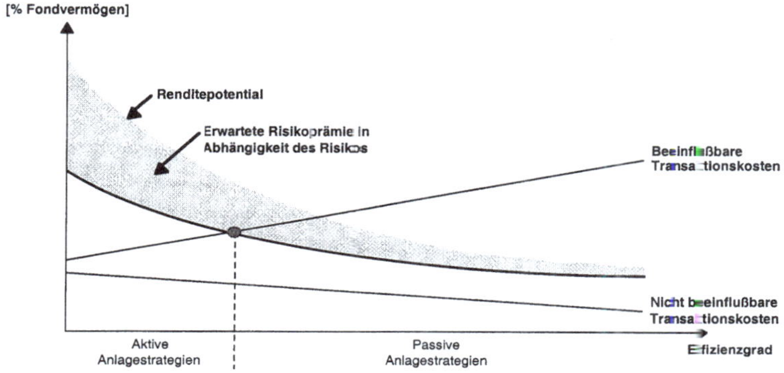

Neben der Kapitalmarkteffizienz hat sich bei der Untersuchung der Länder Zentral- und Osteuropas ergeben, daß auch die Kapitalmarktgröße von Bedeutung für die Anlagestrategien von Investmentfonds ist. Zwar ist sie ein Kriterium für die Effizienz, verdient aber durchaus gesonderte Betrachtung in diesem Umfeld. Wenn ein Kapitalmarkt noch keine ausreichende Anlagemöglichkeit aufgrund seiner Größe aufweist, ist die Ausführung einer wie auch immer gearteten Anlagestrategie nicht möglich. Als Maßstab für die Größe eines Aktienmarktes kann seine Kapitalisierung im Verhältnis zum Pro-Kopf Bruttoinlandsprodukt genommen werden. Dies wird als relative Kapitalmarktgröße bezeichnet. Die Entscheidung für eine aktive oder passive Anlagestrategie ist hauptsächlich abhängig vom Effizienzgrad des Kapitalmarktes und den Transaktionskosten. Wenn der Grad der Ineffizienz es nicht mehr ermöglicht, Renditen zu erzielen, die ausreichen, die Transaktionskosten um die erwartete Risikoprämie überzukompensieren, lohnt sich eine aktive Anlagestrategie in diesem Markt nicht mehr. Problematisch ist dabei die Festlegung der Höhe der Transaktionskosten, wie oben bereits dargesellt wurde. Hier wird jeder Fondsmanager eine individuelle Bewertung vornehmen müssen, um zu einem eigenen Entscheidunskriterium zu kommen.

Die relative Größe des Kapitalmarktes der einzelnen Länder beeinflußt die Entscheidung, ob ein Markt grundsätzlich attraktiv für die Kapitalanlage ist. Ein Markt, der sehr ineffizient und gleichzeitig relativ klein ist, ist für aktive

Anlagestrategien relativ unattraktiv. Trotzdem können einzelne Werte sich durchaus als attraktive Anlagen mit hohem Renditepotential erweisen. Eine aktive, systematische Marktbearbeitung ist hier grundsätzlich zwar nicht zu empfehlen, eine selektive Auswahl von Einzeltiteln zur Beimischung in einen Regionenfonds sollte jedoch immer in Betracht gezogen werden. Gleiches gilt auch für einen kleinen Markt, der jedoch bereits gut organisiert ist und einen hohen Effizienzgrad aufweist. Für Anlagestrategien, auch wenn sie passiv sind, ist ein solcher Markt nach wie vor von geringer Attraktivität. Gute Optionen von einzelnen Werten sollten jedoch einem Regionenfonds beigemischt werden. Der Researchaufwand sollte dabei auf das mögliche Minimum begrenzt bleiben.

In der unten dargestellten Entscheidungsmatrix sind die beiden gewählten Faktoren für die Ableitung grundsätzlicher Anlagestrategien auf den Achsen abgetragen (vgl. Abb. 36).

Abb. 36: Entscheidungsmatrix zur Ableitung von Grundsatzstrategien

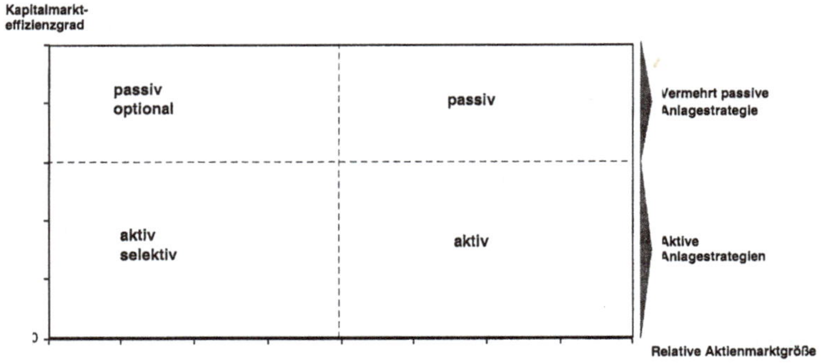

Während die Ermittlung der relativen Größe eines Kapitalmarktes vergleichsweise unproblematisch ist, ist die Bestimmung des Effizienzgrades dafür umso schwieriger. Im folgenden wird versucht, anhand von Effizienzkriterien ein Bewertungsschema zu entwerfen und anschließend anhand der ausgewählten Länder Zentral- und Osteuropas eine Zuordnung zu Entwicklungsphasen zu versuchen, die einen Effizienzgrad widerspiegeln. Im folgenden wird versucht, für die ausgewählten Länder Zentral- und Osteuropas Effizienzgraade zu bestimmen und daraus Anlagestrategien abzuleiten.

4.2. Phasenmodell

4.2.1. Grundzüge des Modells

Als Bezugsrahmen für die Phasendefinition der Kapitalmarktentwicklung dient die neoinstitutionalistische Finanzierungstheorie. Die untersuchten Länder Zentral- und Osteuropas variieren stark in Ausmaß, Organisation und Regulierung des Kapitalmarktes. Basis für die Phaseneinteilung der Kapitalmarktentwicklung ist aus Sicht eine Analyse solcher Institutionen und ihrer Ausprägungen, die zu einer größeren Informationseffizienz und möglichst niedrigen Transaktionskosten bei gleichzeitiger Erhöhung der Liquidität beitragen. Die Betrachtung der institutionellen Ausgestaltung von Kapitalmärkten ist deshalb notwendig, weil diese im Sinne des neoinstitutionalistischen Ansatzes zwei wesentliche Rahmenfaktoren für die Anlagestrategien von Investmentfonds beeinflussen: die Informationsassymmetrien und die Transaktionskosten.

- Informationsasymmetrien werden ausgeglichen.
  Die Konkurrenz verschiedener Unternehmen um Anlegerkapital auf dem Markt sowie rechtliche Rahmenbedingungen sorgen für immer größere Informationstransparenz, die allen Marktteilnehmern zugute kommt und eventuelle Informationsnachteile kompensiert.

- Transaktionskosten werden gesenkt.
  Finanzierungsbeziehungen bestehen in einem zentralisierten Kapitalmarkt nicht mehr zwischen den Unternehmen und einzelnen Investoren. Statt dessen tritt ein aggregierter Gesamtmarkt als Partner in die Finanzierungsbeziehung ein. Institutionen sorgen für eine Gleichstellung der Marktteilnehmer.

In Emerging Capital Markets befinden sich die Voraussetzungen und Institutionen erst im Entstehen. Banken und Börsen sind entweder kaum vorhanden oder funktionieren noch nicht ausreichend nach marktwirtschaftlichen Prinzipien. Dadurch ist die Fungibilität von Anlagen stark eingeschränkt. Markttransparenz ist kaum vorhanden.

Für die Entwicklung von Kapitalmärkten können ebenso Phasen definiert werden wie für die gesamtwirtschaftliche Entwicklung (vgl. Kap. 2.1.2). Jede dieser Phasen wird in den verschiedenen Ländern unterschiedlich schnell durchlaufen, je nach Nachhaltigkeit und Konsequenz der politischen und wirtschaftlichen Reformen in den betreffenden Ländern. Für jede dieser Phasen gibt es mehr oder weniger starke Anzeichen und Signale, an denen ein Investor möglicherweise erkennen kann, in welcher Entwicklungsphase sich ein Kapitalmarkt gerade befindet. Ein Ziel der vorliegenden Untersuchung ist es, die Entwicklungsphasen abzugrenzen und ihre Kennzeichen zu definieren. Dazu werden beispielhaft die ausgewählten Länder Zentral- und Osteuropas herangezogen. Der Anlageerfolg eines Investmentfonds hängt davon ab, ob er die Signale rechtzeitig erkennt und richtig deutet, um die für die einzelnen Entwicklungsphasen geeignete Strategie zu entwickeln. Kritische Erfolgsfaktoren, die das Fondsmanagement zu beachten hat, sind bspw. Anlegerstruktur, Anlageziele oder Organisation des Fonds.

4.2.2. Phasenbeschreibung

Bei der Betrachtung der Länderindizes fällt auf, daß deren Ausprägungen im Zeitverlauf Ähnlichkeiten aufweisen. Sie könnten somit als Anhaltspunkt für eine Phasendefinition dienen. Eine ähnliche Überlegung liegt der Lebenszyklusthese von "GT Management" zugrunde (vgl. GT Management, 1994, o. S.). Darin wird die wirtschaftliche Entwicklung aufstrebender Länder in verschiedene Phasen eingeteilt, entsprechend charakteristischer Verläufe der länderspezifischen Kapitalmarktindizes. An dieser Phasendefinition orientiert sich die folgende Einteilung der Kapitalmarktentwicklung. Folgende fünf Phasen werden unterschieden:

Phase 1: *Transformation*
Phase 2: *Spekulation*
Phase 3: *Marktentwicklung*
Phase 4: *Marktvertiefung*
Phase 5: *Wettbewerb*

Die Phasen weisen folgende unterschiedliche Charakterisierungen auf:

Phase 1: *Transformationsphase*

Im Laufe der Transformationsphase werden Börsen gegründet, mit den Privatisierungen in wichtigen Industriezweigen begonnen, Zollbestimmungen liberalisiert, Kapitalverkehrsbeschränkungen aufgehoben und ausländische Investitionen zugelassen.

Charakteristisch für die Kapitalmärkte in der ersten Phase ist eine sehr begrenzte Titelauswahl sowie geringe Handelsvolumina insgesamt und je Aktie. Wiederum nur einige dieser Unternehmen erscheinen den Fondsmanagern für private und institutionelle Anleger attraktiv in dem Sinne, daß sie für diese Werte zukünftige Kapitalzuflüsse antizipieren. Nach Prüfung der fundamentalen Rahmenbedingungen sowie der Identifizierung eines oder mehrerer Kaufobjekte wird insbesondere die Art des Erwerbs des Investments abgewogen. Hierbei bieten sich dem Fondsmanagement in der Regel drei unterschiedliche Möglichkeiten vor, während und nach Börseneinführung. Falls der Kauf von Aktien eines Unternehmens an der Heimatbörse ohne größere Einschränkungen bezüglich Liquidität des Wertes, Repatriierung der Gewinne und Verwahrung der Stücke möglich ist, kann ein Investment vor Ort vollzogen werden.

Aufgrund der großen Marktenge wirken sich frühe Engagements ausländischer Investoren überproportional im Vergleich zu entwickelteren Märkten auf die Kursentwicklung des Marktes aus. Die Kurse steigen in kurzer Zeit vergleichsweise stark an.

Phase 2: *Spekulationsphase*

In dieser Phase haben sich die fundamentalen Daten der Märkte nur wenig im Vergleich zur ersten Phase verändert. Die institutionelle Entwicklung der Kapitalmärkte hat sich allenfalls leicht ggü. der ersten Phase verbessert. Sie sind nach wie vor von großer Illiquidität und Intransparenz gekennzeichnet. Durch die positive Kursentwicklung in der ersten Phase werden allerdings weitere Investoren angezogen. Die Phase des ersten Booms wird primär getragen von den größten und somit liquidesten Werten, den sogenannten „first tiers". Nach einer Sättigung dieser Werte fließt viel Liquidität in die Nebenwerte, die sogenannten „second oder third tiers". Die Kurse steigen sprunghaft an und koppeln sich von den fundamentalen Daten ab.

Der Übergang von der Transformationsphase in die Spekulationsphase (Euphorie), in der die Kursentwicklung an Dynamik zunimmt, ist fließend. In aller Regel leiten Gewinnmitnahmen, ausgelöst durch die Überbewertung nahezu aller Einzeltitel, starke Kurskorrekturen ein.

Phase 3: *Marktentwicklungsphase*

Nachdem die Werte ihren Boden erreicht haben, werden der Anlageentscheidung wieder verstärkt fundamentale Daten zugrunde gelegt. Dies ist die Voraussetzung dafür, daß jetzt eine kontinuierliche positive Marktentwicklung einsetzen kann. Die institutionellen Regelungen sind ebenfalls weiter entwickelt. Aber trotz Privatisierungsfortschritten ist der Markt nach wie vor eng und intransparent. Dadurch bestehen nach wie vor große Risiken bezüglich der Kursentwicklung und hoher Transaktionskosten aufgrund weiter bestehender Ineffizienzen. Einzelne Werte können auch in dieser Phase nach wie vor große Kursprünge vollziehen. Insgesamt jedoch ist die Marktentwicklung von geringeren Kursschwankungen geprägt als noch in den vorangegangenen Phasen. Wie lange diese Phase andauert, hängt von dem Tempo und der Nachhaltigkeit ab, mit der die erforderlichen Kapitalmarktinstitutionen erneuert werden. Von diesem konsolidierten Niveau mit realistischen KGVs treten die Emerging Markets in die Marktvertiefungsphase (Interviewprotokoll, Kirsch, Jürgen und Mandl, Günter).

Phase 4: *Marktvertiefungsphase*

Nach einer Zeit der Konsolidierung schließen sich die zwei Phasen der Industrialisierung an, die im Modell von GT Management von starken Kursgewinnen begleitet sind (vgl. o.V., Fonds, S. 78f.).

In dieser Phase sind alle institutionellen Voraussetzungen grundsätzlich erfüllt, die für einen reibunglos funktionierenden Kapitalmarkt erforderlich sind. Allerdings sind noch Unvollkommenheiten vorhanden aufgrund der Unerfahrenheit handelnder Personen und infolge bestimmter Reformschritte bzw. -ausführungsvarianten. So hat z. B. die Kuponprivatisierung in Tschechien zwar schnell zu einer großen Marktkapitalisierung und einer großen Zahl notierter Werte geführt. Allerdings ist die Eigentümerstruktur häufig noch oligopolistisch, d. h. z. B. für Tschechien, daß der größte Teil der notierten Titel und der Marktkapitalisierung im Besitz einiger nationaler Investmentfonds ist. Die Marktliquidität weist dadurch noch gewisse Einschränkungen auf.

In jedem Fall ist hier die Gesamtmarktentwicklung schon sehr viel stärker von gesamtwirtschaftlichen Entwicklungen mitbeeinflußt. Die Kursentwicklung basiert mehr oder weniger auf fundamentalen Daten der Unternehmen und der Länder, nicht zuletzt auch deshalb, weil diese Informationen jetzt besser verfügbar sind.

Phase 5: *Wettbewerbsphase*

In dieser Phase hat sich der Markt am weitesten dem „Second-best-Optimum" angenähert. Man kann jetzt nicht mehr von einem Emerging Market sprechen. Die Institutionen sind jetzt auf einem Niveau, vergleichbar mit entwickelten Volkswirtschaften. Dadurch haben die Kapitalmärkte jetzt internationale Wettbewerbsfähigkeit erreicht. Vermehrte Privatisierung und zunehmende Präsenz nationaler und internationaler Marktteilnehmer erhöht die Marktliquidität und verstärkt den Druck auf noch größere Effizienzverbesserungen.

In Abbildung 37 sind die Phasen und der für sie charakteristische Verlauf der Indizes dargestellt.

Abb. 37: Phasen der Kapitalmarktentwicklung

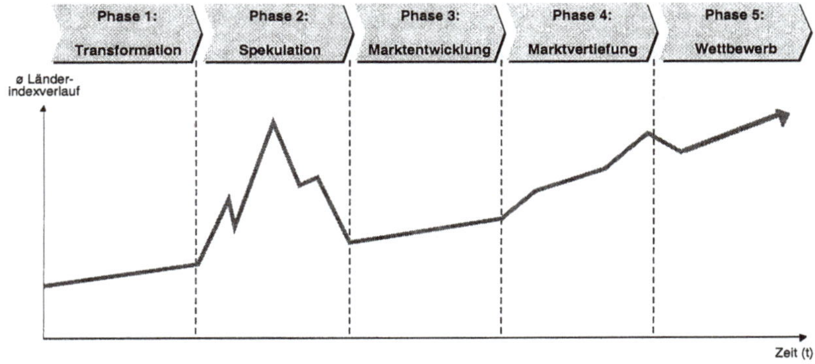

Quelle: GT Management, Creditanstalt Fund Advisory

Während die Erkenntnisse aus den Interviews mit Fondsmanagern diese These anhand der Entwicklungen in einigen Ländern grundsätzlich belegen, konnten die Fondsmanager trotzdem keine generelle Gültigkeit dieses Phasenmodells bestätigen (vgl. Interviewprotokolle Mandel, Günter). Dies liegt primär darin begründet, daß sich erst wenige der osteuropäischen Länder im Übergang zur Phase drei befinden und damit die Entwicklung zu einem anhaltenden Wirtschaftswachstum und zu modernen Industrienationen gerade erst am Beginn steht. Deswegen beruht diese Theorie weitgehend auf empirischen Befunden der Phasen eins bis drei sowie auf Analogien zu anderen Emerging Markets, insbesondere der asiatischen Tigerstaaten.

4.2.3. Institutionen der Kapitalmärkte

Als Kriterien werden Institutionen bezeichnet. Dazu wird ein Bewertungsschema entwickelt, durch das eine Bestimmung der Kapitalmarkteffizienz anhand der Institutionenentwicklung möglich werden soll. Einzelne Bewertungen der Kriterien können sowohl auf quantitativen als auch qualitativen Einschätzungen beruhen. Z. B. läßt sich der Grad der Effektivität und des Umfangs gesetzlicher Regelungen kaum und nur unter großem Aufwand und ohne zusätzlichen Nutzen quantitativ beurteilen. Allein die Anzahl gesetzlicher Regelungen sagt noch nichts über deren wirksame Umsetzung oder über deren Qualität aus. Ebensowenig kann man aus der Zahl der Verwaltungsbeamten und Richter schließen, ob die Umsetzung der Gesetze gut oder schlecht funktioniert.

Zu unterscheiden ist zwischen Kriterien für die gesamtwirtschaftliche Entwicklung und Kriterien der Kapitalmarktentwicklung. Für die Abgrenzung der Entwicklungsphasen der Kapitalmärkte sind vor allem Kriterien für die Kapitalmarktentwicklung relevant. Eine reine Orientierung z. B. an gesamtwirtschaftlichen Kriterien, wie z. B. Bruttoinlandsprodukt, kann zu Fehlallokationen bei der Portfoliostrukturierung führen, wie das Beispiel Tschechien zeigt (vgl. Kap. 3.2.2 und Abb. 34). Eine klare Abgrenzung ist nicht möglich und auch nicht erforderlich. So gibt es Kriterien für beide Entwicklungen. Außerdem ist ein funktionierender Kapitalmarkt wichtig für die gesamtwirtschaftliche Entwicklung und umgekehrt. Für die Anlagestrategie von Investmentfonds ist es wichtig, den Faktoren die geeignete Gewichtung und Bewertung zu geben. Davon hängt die Phaseneinteilung und die entsprechende Anlagestrategie ab. Eine Fehleinschätzung hätte möglicherweise eine falsche Strategie zur Folge.

Kriterien, die in das Modell einfließen, sind daher Institutionen, die die Transparenz der Kapitalmärkte verbessern und die Liquidität steigern:

- Börsen
- Privatisierung und Investorenstrukturen
- Gesetzliche Regelungen bezüglich der Kapitalmärkte und Investitionen (Ausmaß und Effektivität)
- Institutionelle Regelungen für eine liberale Wirtschaftsordnung

- *Börsen*

Börsen sind die zentralen Institutionen des Kapitalmarktes. Die durch den Einsatz von Finanzintermediären gewöhnlich anonyme Konzentration von Angebot und Nachfrage sorgt für ein Höchstmaß an objektiver Preisfestsetzung. Dagegen unterliegt die Preisfeststellung bei einem direkten Handel zwischen einzelnen Marktteilnehmern gewöhnlich subjektiven Einflüssen (vgl. Loistl, 1994, S. 68). Börsen haben eine zentrale Bedeutung für die Mobilisierung von Investitionskapital und für die Forcierung der finanziellen Disziplin der Unternehmen (vgl. Levine and Zevros, 1995). Börsen setzen sich aus einer Reihe von Institutionen zusammen, die in der Bewertung berücksichtigt werden. Dazu zählen das Handelssystem, Clearing, Custody, Broker und Börsenregulierungen.

- *Privatisierung und Investorenstrukturen*

Die Privatisierung ist besonders in den Transformationsländern Zentral- und Osteuropas von entscheidender Bedeutung für die Kapitalmarktentwicklung. Nur wenn schnell und umfassend die Staatswirtschaft privatisiert wird, sind genügend börsennotierte Unternehmen vorhanden und eine ausreichende Marktkapitalisierung gegeben. Wichtig ist dabei auch, welche Privatisierungsmethode angewendet wird. Dies beeinflußt ganz erheblich die Liquidität sowohl direkt über die Anzahl der notierten Unternehmen als auch indirekt über die Investorenstruktur. Die Investorenstruktur hat ihrerseits wieder Einfluß auf Liquidität und Unternehmensaufsicht. Viele Kleinanleger erhöhen die Liquidität, aber auch das Marktrisiko. Sie tragen aber nur bedingt zu einer besseren Unternehmensaufsicht bei.

- *Gesetzliche Regelungen bezüglich der Kapitalmärkte und Investitionen (Ausmaß und Effektivität)*

Gesetze sorgen für einheitliche und verläßliche Regeln für Investitionen und schaffen damit die notwendigen Rahmenbedingungen. Sie sorgen für die Gleichstellung der Marktteilnehmer und schaffen damit Kleinanlegerschutz, sichern die Eigentumsrechte der Investoren, erhöhen Informationstransparenz durch Publizitäts- und Rechnungslegungsvorschriften und sorgen für bessere Liquidität durch schnelle und unkomplizierte Abwicklungsmöglichkeiten von Transaktionen und unbeschränkten Marktzugang für möglichst viele Teilnehmer.

Bewertet werden zum einen der Umfang oder auch Vollständigkeit der Gesetze und zum anderen ihre Effektivität. Damit ist der Grad der Klarheit und Wahrnehmungsmöglichkeit durch die notwendige Unterstützung und Umsetzung durch funktionierende Verwaltungseinheiten und Rechtssprechungssystem gemeint.

- *Institutionelle Regelungen für eine liberale Wirtschaftsordnung*

Die bisher genannten institutionellen Regelungen haben Einfluß auf die Effizienz des Kapitalmarktes. Sie sind daher von entscheidender Bedeutung als Grundlage für die Länderallokation im Zuge der Anlagestrategien von Investmentfonds. Gesamtwirtschaftliche Rahmenbedingungen haben dagegen allenfalls indirekte Wirkung auf die Kapitalmarkteffizienz. Sie sind für Anlagestrategien vor allem wichtig, um eine Abschätzung über die Wachstumsmöglichkeiten der gesamten Volkswirtschaft abgeben zu können und damit die Wertaufholungsmöglichkeiten der Unternehmen beurteilen zu können. Sofern eine Regierung eine eindeutige ordnungspolitische Weichenstellung hin zu marktwirtschaftlichen Strukturen vornimmt, ist davon auszugehen, daß sie auch das erforderliche Bewußtsein für eine effizienzfördernde institutionelle Ausgestaltung der Kapitalmärkte hat. In jedem Fall ist eine liberale Wirtschaftsordnung förderlich für die Restrukturierungsbemühungen der Unternehmen. Außerdem erhöhen sie das Vertrauen ausländischer Investoren in die Wirtschaft der betroffenen Länder. Auslandsinvestitionen sind eine wichtige Quelle für das erforderliche Investitionskapital und den Know-how-Transfer.

4.2.4. Bewertungsschema

Um eine Einteilung der Länder in die definierten Phasen vornehmen zu können, müssen die Entwicklungsstadien der Institutionen bewertet werden. Das folgende Bewertungsschema sieht dafür eine Skala von 1 bis 5 vor. Je höher der Wert umso höher ist der Entwicklungsgrad der zu bewertenden Institution bzw. umso mehr hat sie sich den Anforderungen des Second-best-Optimum angenähert. Für jede Institution sind unterschiedliche Bewertungskriterien notwendig. Deren Ausprägungsanforderungen je Entwicklungsstufe des Bewertungsschemas werden im folgenden definiert. Ein vergleichbares Vorgehen wählt die European Bank for Reconstruction and Development (EBRD) zur Beurteilung des gesamtwirtschaftlichen Entwicklungsstandes des Transformationsprozesses in den Ländern Zentral- und Osteuropas (vgl. EBRD,

1995, S. 9ff. und EBRD, 1996, S.9ff.). Die folgenden Ausführungen sind daran angelehnt.

Institution	***Kategorie***	***Anforderungsprofil der Kategorie an institutionelle Entwicklung***
Börse	1	Gründung von Wertpapierbörsen; erste geringe Handelsaktivitäten.
	2	Nennenswerte Handelsaktivitäten.
	3	Substantielle Emission von Rentenpapieren und Aktien privater Unternehmen.
	4	Substantielle Marktliquidität und Kapitalisierung.
	5	Standards und Performancewerte weisen das Niveau entwickelter Industrienationen auf.

Institution	*Kategorie*	*Anforderungsprofil der Kategorie an institutionelle Entwicklung*
Privatisierung	1	Geringer Entwicklungsfortschritt.
	2	Differenzierte Methodik zur Privatisierung großer Unternehmen ist ausgearbeitet, einige Privatsierungen großer Unternehmen sind bereits durchgeführt; kleine Unternehmen sind bereits in nennenswertem Umfang privatisiert.
	3	Mehr als 25% der großen Unternehmen sind bereits privatisiert oder sind gerade im Begriff privatisiert zu werden; einige zentrale Problemfelder der Unternehmensaufsicht sind noch zu klären; Ein umfassendes Programm zur Privatisierung kleiner Unternehmen ist fast vollständig implementiert, allerdings bestehen Defizite hinsichtlich einer effizienten Kontrolle und Durchführung des Privatisierungsprozesses (z. B. handelbare Eigentumsrechte).
	4	Über 50% der großen Unternehmen sind mit Hilfe einer Methode privatisiert worden, die zu einem nennenswerten Anteil an Eigentümer von außerhalb der Unternehmen geführt hat; Privatisierung kleiner Unternehmen ist vollständig abgeschlossen.
	5	Mindestens 75% der großen Unternehmen sind privatisiert, und es besteht ein funktionierendes Unternehmensaufsichtssystem.

Institution	*Kategorie*	*Anforderungsprofil der Kategorie an institutionelle Entwicklung*
Gesetzlicher Rahmen für Kapitalmärkte und Investitionen	1	Geringer Entwicklungsfortschritt.
	2	Rudimentäre Rahmenbedingungen von Gesetzen und Regelungen für die Emission und den Handel von Wertpapieren.
	3	Einführung von Wertpapierregistern, Publizitätsvorschriften, und erste Bestimmungen für Kleinanlegerschutz etc.
	4	Annäherung an IOSCO-Standards.
	5	Vollständige Konvergenz mit IOSCO-Standards.

Institution	*Kategorie*	*Anforderungsprofil der Kategorie an institutionelle Entwicklung*
Umfang und Effektivität der gesetzl. Regelungen	1	Häufig sehr unklar und nach wie vor starke Hindernisse für die Mobilisierung von Investitionen; Sicherung von Eigentümerinteressen oder die Repatriierung von Gewinnen; begrenzte Verfügbarkeit von juristischem Beistand; rechtliche und verwaltungstechnische Unterstützung bei der Umsetzung gesetzl. Regeln kaum vorhanden.
	2	Unklare gesetzl. Regelungen; Erhalt von juristischem Beistand nach wie vor schwierig; gerichtliche und verwaltungstechnische Unterstützung rudimentär.
	3	Klare gesetzliche Regelungen, Verfügbarkeit von juristischem Beistand; gerichtliche und verwaltungstechnische Unterstützung nach wie vor inadäquat zu Aufgaben.
	4	Klare gesetzl. Regelungen, kaum Diskriminierung ausländischer Investoren; akzeptables Niveau gerichtlicher und verwaltungstechnischer Unterstützung.

	5	Nahezu vollständige Konvergenz mit internationalen Standards.

Institution	***Kategorie***	***Anforderungsprofil der Kategorie an institutionelle Entwicklung***
Gesamtwirtschaftliche Entwicklung		In dieses Kriterium fließen eine Vielzahl von Institutionen und institutionellen Regelungen mit ein. Ziel der vorliegenden Untersuchung ist nicht die Analyse und Bewertung der Wirtschaftspolitik der untersuchten Länder. Eine umfassende Beurteilung wurde von der EBRD (vgl. EBRD, 1996) gemacht und laufend aktualisiert. Sie wird der Beurteilung hier zugrunde gelegt.

4.3. Institutionelle Voraussetzungen von Capital Markets

4.3.1. Börsen

Alle untersuchten Länder weisen bereits Börsen auf. Allerdings sind die Börsenplätze aufgrund der erst im Laufe der späten achtziger und frühen neunziger Jahre eingeleiteten Reformen noch relativ jung. Die ersten Wertpapierbörsen in den untersuchten Ländern entstanden 1990 in Moskau (Rußland) und Budapest (Ungarn) sowie 1991 in Warschau (Polen). 1992 folgten vier regionale Börsen in Bulgarien. 1993 öffneten die zentralen Börsen in Prag (Tschechien) und Vilnius (Litauen). Riga (Lettland) im Juli 1995 und Tallinn (Estland) im Mai 1996 waren die letzten der untersuchten Länder, in denen Börsen gegründet bzw. wiedergegründet wurden (vgl. Geschäftsberichte 1995 und 1996 der Börsen Moskau, Budapest, Warschau, Prag, Sofia, Vilnius, Tallinn, Riga).

Mit Ausnahme von Rußland findet der Wertpapierhandel weitgehend zentralisiert an den Börsenplätzen der jeweiligen Hauptstädte statt. An allen Börsen sind Handelsaktivitäten in unterschiedlichem Ausmaß zu verzeichnen, und es wird bereits an der Einführung eines computerisierten Handelssystems gearbeitet, sofern es noch nicht besteht. Erst in einigen Ländern wird auch außerhalb der Börsen mit Wertpapieren gehandelt bzw. ist dieser Handel grundsätzlich möglich. Sämtliche in die Betrachtung einbezogenen Ostbörsen wurden unter Mithilfe ausländischer Börsenplätze eingerichtet. Mit Ausnahme von Rußland wurden sämtliche Abrechnungssysteme unter der Beratung des französischen Kassenvereins SICOVAM eingerichtet. Das jüngste dieser Systeme wurde im August 1996 an der bulgarischen Börse in Sofia eingerichtet, bisher (Stand März 1997) aber noch nicht verwendet, da das Handelssystem gegenwärtig umgestellt wird (Gespräch mit Assessor Schultz der FBF Frankfurt; Geschäftsberichte 1995 und 1996 der Börsen Moskau, Budapest, Warschau, Prag, Sofia, Vilnius, Tallinn, Riga).

Einige der mittel- und osteuropäischen Börsenplätze limitieren Kursschwankungen dadurch, daß die festgestellten Preise nur in einer vorbestimmten Bandbreite vom Vortageskurs abweichen dürfen. Mit dieser Maßnahme soll verhindert werden, daß auf den engen Märkten ein nicht haltbarer Preisrutsch einsetzt. Anwendung findet dieses System in Polen und Bulgarien mit einer

Schwankungsbreite von jeweils 10 Prozent, in Tschechien mit nur fünf Prozent. Eine ähnliche Vorkehrung unter Vorgabe absoluter Werte wurde nach dem Börsenkrach 1987 auch von der amerikanischen Securities and Exchange Commission (SEC) eingeführt, von den Marktteilnehmern aufgrund des Eingriffs in den Markt jedoch scharf kritisiert (vgl. o. V., Break, 1996, S. 89).

- *Polen*

In Polen werden 69 Werte (Stand Dezember 1996) in zwei Märkten gehandelt, davon in einem Hauptmarkt (56 Werte) mit besonders strengen Zulassungsvoraussetzungen und zusätzlich in einem Parallelmarkt (13 Werte). Inzwischen gibt es im Freiverkehr ein drittes Marktsegment, dieser ist aber für die täglichen Handelsvolumina noch ohne Bedeutung. Um ein höheres Handelsvolumen über die Warschauer Börse zu ermöglichen, soll demnächst auch ein OTC-Markt [41] für den direkten Handel zwischen Börsenmitgliedern eingeführt werden. Die Warschauer Börse ist bisher neben Tschechien (Prag) die einzige der untersuchten Ostbörsen, an der Aktienwerte variabel gehandelt werden können. Seit Juli 1996 erfolgt täglich im Anschluß an die allgemeine Börsensitzung ein variabler Handel in 15 der kapital- und umsatzstärksten Unternehmen des Hauptmarkts, von denen sechs Banken sind. Als Basispreis gilt der nach dem Meistausführungsprinzip bestimmte Einheitskurs (vgl. Dresdner Bank/FAZ, 1996/97, S. 51 und Auskunft des Börsensekretariats in Warschau). Ein außerbörslicher Handel wird in Polen bisher durch ein gesetzliches Verbot verhindert, so daß die Börse Warschau über ein Monopol im Geschäft mit Wertpapieren verfügt (vgl. o. V., Time, 1996, S. 89)

Im Gegensatz zu den anderen Börsen Zentral- und Osteuropas zeichnet sich der Warschauer Handelsplatz durch eine strenge Regulierung aus. Die Börse selbst ist eine privatisierte Aktiengesellschaft mit insgesamt 30 Anteilseignern, bestehend aus Banken und Maklerhäusern. Der Erwerb polnischer Wertpapiere ist nur über diese möglich. Etwa 20 polnische Broker erfüllen zudem bisher als einzige die strengen Zulassungsvoraussetzungen, die dazu berechtigen, Empfehlungen über Aktien abzugeben (vgl. Dresdner Bank/FAZ,

[41] Geschäfte des OTC-Handels (Over-the-counter) sind solche, bei denen zwei Marktteilnehmer Wertpapiere untereinander handeln, ohne den Mechanismus der Börse in Anspruch zu nehmen. Dies führt dazu, daß Wertpapiere beim Eigentumswechsel oftmals über- oder unterbewertet sind.

1996/97, S. 51). Dies hat zur Folge, daß aufgrund einer Oligopolstellung relativ hohe Transaktionskosten anfallen und der Zugang zum Markt nur unter erschwerten Bedingungen möglich ist (Anhang 6, Nr. 6). Dies hat negative Folgen für das Handelsvolumen und die Liquidität des Wertpapiermarktes.

Grundstein für den Aktienhandel in Polen waren sieben im Jahre 1990 von der Nationalbank begebene Wandelanleihen für neugegründete Aktiengesellschaften, die 1991 in Unternehmensanteile getauscht und später über die Börse gehandelt werden konnten. In den ersten zwei Jahren ihres Bestehens wurde die Börse kaum von Ausländern genutzt (vgl. Bagniewski/Männicke, 1993, S. 37). Bis heute wird der Markt zu etwa 75 Prozent von inländischen Anlegern dominiert, während ausländische Investoren auch an der Gesamtmarktkapitalisierung zu nicht mehr als etwa 25 Prozent beteiligt sind. Dadurch kam es verstärkt in den Anfangsjahren der Börse zu hohen Kursschwankungen, die auf die stark emotionalen Reaktionen der Kleinanleger zurückzuführen sind (vgl. Rozlucki, 1996). Mit zunehmender Marktkapitalisierung steigt andererseits durch die Vielzahl der Marktteilnehmer die Marktliquidität. Außerdem dürfen polnische Unternehmen erst seit kurzem bis zu 25 Prozent ihres Aktienvolumens an Auslandsbörsen plazieren. Dies verhinderte bisher einen möglichen Liquiditätsabfluß, wie er z. B. an der ungarischen Börse aufgetreten ist. Polen weist heute die höchste Marktliquidität der Region auf (vgl. Abb. 38, S. 133).

Der behutsame Aufbau des polnischen Wertpapierhandels hat zu stabilen Grundstrukturen der Börse geführt, die beginnen, sich auszuzahlen. Dies zeigt sich an dem zunehmenden Interesse ausländischer, institutioneller Investoren in Polen und dem hohen Liquiditätsgrad (vgl. Abb. 38). Bisher sind jedoch aufgrund der hohen Zulassungsanforderungen und der verzögerten Privatisierungspolitik erst wenige Unternehmen notiert, der Markt ist vergleichsweise klein (vgl. Dresdner Bank/FAZ (Hrsg.), 1996/97, S. 51).

- *Tschechien*

In Tschechien hat die im April 1993 wiedereröffnete Prager Börse nur eine Nebenbedeutung für den Aktienhandel. Zum einen existiert noch immer das aus Anfangszeiten der Privatisierung stammende RM-System, das in vielen lokalen Postämtern zur Eintragung und zum Handel der Kupons eingerichtet wurde, zum anderen finden Geschäfte direkt über das Securities Center (SC) in Prag statt. Im SC werden oft über 90 Prozent aller Transaktionen eines Handelstages auf dem tschechischen Aktienmarkt direkt zwischen den Marktteilnehmern abgeschlossen (vgl. Prague Stock Exchange, Annual Report, 1996, S. 12). In die Börsenstatistiken fließen dabei nur die getätigten Umsätze ein. Angaben über erzielte Preise für einzelne Wertpapiere unterliegen keiner Meldepflicht, und Informationen über Handelsabschlüsse im SC sind dadurch nicht zugänglich (vgl DG Bank, 1995, S. 3 und o V., Time, 1996, S. 88: "The biggest market is also the murkiest"). Dies hat Konsequenzen für Preisbildung und Wertobjektivierung. Im Vergleich dazu werden zwar auch in Deutschland im außerbörslichen Handel zwischen Banken durch das IBIS-System ca. 40 Prozent aller Aktientransaktionen abgewickelt. Transaktionsdetails fließen jedoch in offizielle Statistiken ein. Der in den offiziellen Börsensitzungen ermittelte Preis der Wertpapiere ein unzureichend zuverlässiger Indikator ist. Von einer Wertobjektivierung durch den Markt kann daher nur bedingt gesprochen werden (vgl. Deutsche Bank Research, 1996b, S. 7).

Aufgrund der zügig durchgeführten Massenprivatisierung weist Tschechien heute mit 1.628 notierten Werten die größte Zahl aller börsennotierter Unternehmen in Zentral- und Osteuropa auf. Allerdings hat die Kuponprivatisierung dazu geführt, daß der größte Teil im Besitz der nationalen Investmentfonds ist. Außerdem wurde die Erfüllung irgendwelcher Zulassungsvorschriften zum Börsenhandel wenn überhaupt, sehr oberflächlich vorgenommen. Der Handel konzentriert sich daher auf ca. 40 relativ marktbreite Titel, während das Gros der restlichen Titel aufgrund mangelhafter Verfügbarkeit detaillierter Unternehmensinformationen unbeachtet bleibt (vgl. Dresdner Bank/FAZ, 1996/1997, S. 53). Die Handelstätigkeit ist damit vergleichsweise gering, und zusammen mit der geringen Zahl Marktteilnehmer ist der Markt nahezu illiquide.

Um einen Imagewandel für die tschechische Börse herbeizuführen, wurden seit 1995 mehrere Reformen durchgeführt, die aber erst langsam wirken. So wurde der tschechische Aktienmarkt Ende 1995 in drei Handelssegmente mit unterschiedlich strengen Zulassungsbedingungen aufgeteilt, dem Hauptmarkt, dem Nebenmarkt und dem Freimarkt. Im Hauptmarkt sind derzeit insgesamt 41 Werte notiert. Sie müssen mindestens ein durchschnittliches tägliches Handelsvolumen von 300.000 Kronen aufweisen, vierteljährlich Bericht über die Geschäftsentwicklung erstatten, und mindestens 20 Prozent des Grundkapitals müssen an der Börse notiert sein. Im Nebenmarkt sind derzeit 48 Werte notiert. Sie müssen halbjährlich Bericht erstatten, und 15 Prozent ihres Grundkapitals müssen an der Börse handelbar sein. Alle übrigen Titel werden im Freimarkt gehandelt (vgl. Schroth/Wenzler, 1996, S. 53). Ein variabler Handel findet in Tschechien über das im März 1996 eingerichtete KOBOS-System statt, das für wenige liquide Titel Geschäfte mit Aktienpaketen ("Lots") ermöglicht, wobei die in KOBOS festgestellten Preise nicht mehr als fünf Prozent vom zuvor bestimmten Einheitskurs abweichen dürfen. Zusätzlich findet im Anschluß an den gewöhnlichen Handel eine weitere Börsensitzung statt, während der Orderüberhänge zum Kassakurs ausgeglichen werden können.[42]

- *Rußland*

Rußland hat eine lange Börsentradition, die zurückreicht bis zur Gründung der Börse in St. Petersburg im Jahr 1703. Der zur Jahrhundertwende einsetzende Gründungsboom vor allem von Warenbörsen, der bis zur Oktoberrevolution 94 Börsenplätze hervorbrachte, von denen die letzten 1930 geschlossen wurden, wiederholte sich nach der Liberalisierung durch die Perestroika. Bis Ende 1991 hatten sich 370 Börsen etabliert, von denen viele allerdings eher dem Schwarzmarkthandel zugerechnet werden mußten. Die Zahl tatsächlicher Waren- und Wertpapierbörsen nahm seit dieser Gründungsphase von 100 auf 66 im Jahre 1996 ab, wobei ein Handel in Wertpapieren von etwa 1.000 Unternehmen in unterschiedlichem Umfang an 12 bis 17 dieser Börsen stattfindet. Nur einigen Börsen wird eine Chance eingeräumt, auf Dauer zu bestehen.[43] Die Moskauer Börse wickelt 50 Prozent des landesweiten Parketthandels ab.

---

42 Im "Continuous Trading at a fixed price" wird den Marktteilnehmern ermöglicht, nachträgliche Order bei der Börse einzureichen, die zum Kassakurs gegen ausstehende Aufträge verrechnet werden können.

43 Dazu zählen die Russische Warenbörse, die Börse St. Petersburg, die Zentralrussische Börse, die Börse im Südural, die Moskauer Tyumen Börse, die Börse Vladivostok, die internationale Moskauer Börse, die Börse Ekaterinburg, die Börse Saratov, die Sibirische Börse und vor allem die Zentralbörse Moskau.

Der größte Umsatz mit Wertpapieren wird in Rußland allerdings nicht über die Börse, sondern über die Vereinigung der Wertpapierhändler (PAUFOR) erzielt. 1996 lag der Umsatz der in PAUFOR organisierten Broker bei 90 Prozent des gesamten russischen Handels. Dies ist darauf zurückzuführen, daß Investoren und vor allem Manager der betroffenen Firmen es vorziehen, Anteile ohne größere Publizität zu erwerben. Außerdem besteht an diesem OTC-Markt eine bessere Infrastruktur als an den nationalen Börsen (vgl. CS First Boston, 1996, S. 44).

Der in vielen Fällen sehr geringe Streubesitz hat dazu geführt, daß Aktien oft nur auf regionalen Märkten gehandelt werden. Für Anteile an größeren Unternehmen, die nicht nur an lokalen Aktienmärkten gehandelt werden und ein breiteres Interesse der Investoren finden, hat sich offensichtlich das Russian Trading System (RTS) der PAUFOR durchgesetzt. Vielfach werden die durch das RTS publizierten Geschäftsabschlüsse als Verhandlungsbasis von Direktgeschäften genutzt, die ihrerseits aber nicht publik werden (vgl. Brown, 1996, o. S). Die Liquidität des russischen Wertpapiermarktes läßt sich aufgrund der Intransparenz und der vielen Börsenplätze nicht feststellen, da eine Übersicht über das getätigte Handelsvolumen fehlt. Aber aufgrund der geringen Marktteilnehmerzahl und gerade der Intransparenz dürfte die Liquidität trotz der hohen Zahl börsennotierter Unternehmen und der höchsten absoluten Börsenkapitalisierung der untersuchten Länder gering vermutet werden. Nur ein verschwindend geringer Teil der ca. 32.000 formal in Aktiengesellschaften umgewandelten Mittel- und Großunternehmen ist börsennotiert (vgl. Schroth/Wenzeler, 1996, S. 56).

- *Bulgarien*

In Bulgarien wurden Anfang 1996 die bis dahin vier bestehenden Börsenplätze zur Bulgarischen Börse in Sofia zusammengefaßt, um einen effizienteren Kapitalmarkt aufzubauen. Die Bedeutung der Bulgarischen Börse ist bisher aber noch gering, im wesentlichen aufgrund der geringen Privatisierungsfortschritte. Umsätze fanden im ganzen Jahr 1996 nur sehr sporadisch statt, zumal die Börse im November 1996 im Zuge von Restrukturierungsmaßnahmen geschlossen wurde und der Handel seither eingestellt ist (vgl. EBRD, 1996, S. 144).

- *Baltikum*

Den Börsen der baltischen Staaten kommt bisher nur eine sehr geringe Bedeutung zu. Gehandelt wird in Vilnius (Litauen) nur in den liquideren Werten. An der National Stock Exchange of Lithuania werden von den 400 notierten Werten 70 Unternehmen aktiv gehandelt, immerhin an fünf Tagen der Woche (vgl. EBRD, 1996, S. 162). Anders als in Tschechien, wo durch den Direkthandel zwischen den Marktteilnehmern eine Bedrohung für die faire Preisbildung unterstellt werden kann, wird in Litauen gegenwärtig der Handel größerer Aktienpakete über den OTC-Markt begrüßt. Aufgrund der Marktenge befürchtet die Börse, daß es gerade bei einer Ausführung über das gebräuchliche Einheitskurssystem zu massiven Kursschwankungen kommen könnte (Börsensekretariat Vilnius).

Die erst im Juli 1995 bzw. Mai 1996 gegründeten Börsen in Lettland und Estland verfügen gerade einmal über eine kumulierte Marktkapitalisierung von knapp über USD 300 Mio. und über eine äußerst geringe Liquidität. Daher findet der Handel in Riga auch nur an drei Tagen und in Tallinn an zwei Tagen der Woche statt, um den Umsatz soweit möglich zu konzentrieren. In Riga sind derzeit acht Werte notiert. Der tägliche Börsenumsatz ist gering. In Tallinn erreicht der tägliche Börsenumsatz durchschnittlich immerhin bereits ca. USD 1,1 Mio. (vgl. EBRD, 1996, S. 160 u. S. 150).

Infolge unterschiedlicher Reformtempo und Privatisierungsfortschritte und -methoden weisen die untersuchten Länder unterschiedliche Grade an Marktkapitalisierung und -liquidität auf. Abbildung 38 verdeutlicht, in welchem Maße die bisherigen Privatisierungsprogrammen zu einer Börsenkapitalbildung geführt haben. Im Falle Rußlands sind weder Marktkapitalisierung noch BIP exakt zu erfassen, wobei die Kennziffern jedoch vermutlich deutlich höher liegen als aus der Abbildung ersichtlich.

Abb. 38: Charakteristische Merkmale der Aktienmärkte in 1996

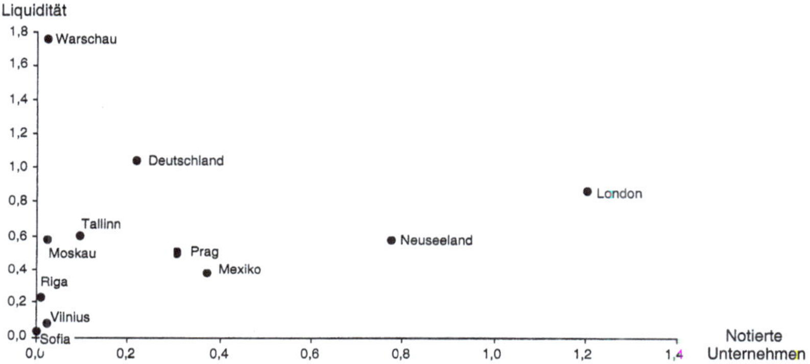

Quelle: FIBV 1995 Annual Report, 1996 World Economic Forum, local exchanges

Zusammenfassend lassen sich die Länder folgendermaßen in das Bewertungsschema zur Beurteilung der Börsenentwicklung einordnen.

Tab. 9: Bewertung Börsenentwicklung

Anforderungsprofil	Kategorie	Länder						
		CSR	P	RUS	BUL	LAT	LIT	EST
Gründung von Börsen, geringe Handelsakt.	1				●	●		●
Nennenswerte Handelsaktivitäten	2			●			●	
Substantielle Emission von Aktien	3							
Substantielle Marktliquidität und kapitalisierung	4	●	●					
Niveau entwickelter Industrienationen	5							

4.3.2. Gesetzlicher Rahmen

Die spezifischen gesetzlichen Rahmenbedingungen für Kapitalmärkte beziehen sich auf die Zulassungsbedingungen von Aktien zur Börsennotierung, Umfang und Häufigkeit der zu veröffentlichenden Unternehmensinformationen (Publizitätspflicht), Wertpapierregister und Bestimmungen für den Kleinanlegerschutz. Diese Regelung dienen einer möglichst weitgehenden Gleichstellung aller Anleger, einer Verbesserung der Informationstransparenz und einer Sicherung von Eigentumsrechten.

Alle untersuchten Länder weisen heute Regelungen zu allen o.g. Punkten auf. Allerdings in unterschiedlicher Ausprägung und Umfang.

- *Zulassungsbedingungen zum Börsenhandel*

Gesetzlich geregelte oder von den nationalen Börsenaufsichtsbehörden erlassene Zulassungsbedingungen für den Börsenhandel sowie eine Segmentierung des Kapitalmarktes nach dem Grad solcher Bedingungen haben Auswirkungen sowohl auf die Liquidität als auch auf die Informationstransparenz des Marktes.

Von allen betrachteten Börsenplätzen geforderte Bedingungen für eine Zulassung zum Handel betreffen:

- die Höhe des Grundkapitals des Unternehmens
- den Buchwert des Unternehmens
- den Wert der zu emittierenden Anteile
- den Anteil der öffentlich angebotenen Aktien an der Gesamtemission.

Die Wertpapieraufsichtsbehörde in Warschau sichert die Interessen der Investoren in einem zusätzlichen Maße ab, das selbst für westliche Investoren ungewohnt ist: ein Unternehmen, das einen Börsengang vornehmen möchte, muß für die letzten drei Jahre seiner Geschäftstätigkeiten einen Vorsteuergewinn ausweisen können.

Bestimmungen über die Höhe des Stammkapitals und den Anteil der zum Börsenhandel zuzulassenden Aktien eines Unternehmens, das eine Notierung an der Börse anstrebt, lassen Rückschlüsse auf zu erwartende Handelsvolumina zu. Gleichzeitig sorgen Regelungen über die Veröffentlichung der gegenwärtigen Aktionärsstruktur für eine stärkere Transparenz bezüglich der Einflußnahme, die von den bisherigen Anteilseignern zu erwarten ist. Zu diesem Zweck muß, wie in Polen, vor der Zulassung ein von einer den Börsengang begleitenden Institution bestätigter Emissionsprospekt vorgelegt oder zumindest ein von einem externen Wirtschaftsprüfer beglaubigter Geschäftsbericht eingereicht werden. Viele der Unternehmen in Polen und Tschechien, die darauf bedacht sind, ausländische Investoren für sich zu gewinnen, bedienen sich zu diesem Zweck einer der großen international anerkannten Wirtschaftsprüfungsgesellschaften.

Eine Prospekthaftung des Emissionshauses, wie sie in Deutschland vorgeschrieben ist, existiert dagegen in den betrachteten Ländern bisher nicht. Obwohl eine solche Vorkehrung die Notierung eines Unternehmens verzögern oder gar verhindern könnte, würde die Gefahr der "adverse selection" dadurch stark abgeschwächt. Der Konflikt in der Finanzierungsbeziehung wird in diesem Falle nämlich nicht zwischen Kapitalgeber und Kapitalnehmer geführt, sondern dem Finanzintermediär als unabhängiger und gleichzeitig aus Eigeninteresse kompetenterer Instanz übertragen.

Durch die jeweiligen Wertpapieraufsichtsbehörden findet eine Festlegung der Zulassungsbedingungen zu den einzelnen Marktsegmenten statt. Dadurch soll eine größere Marktbreite erzielt werden, da Unternehmen möglicherweise durch die strengen Kriterien des primary market von einem Börsengang abgehalten werden können. Die Klassifizierung der verschiedene Marktsegmente ähnelt den deutschen Unterteilungen "Amtliche Notierung", "Geregelter Markt" und "Freiverkehr".

Während in Polen fast alle gehandelten Werte Aufnahme in den "Main Market" oder wenigstens den "Parallel Market" gefunden haben, werden in Tschechien nach einer Revision der Marktsegmente die meisten der privatisierten Unternehmen nur noch im "Free Market" notiert. Die in den beiden Hauptmärkten gelisteten Unternehmen (sechs Prozent aller zum Handel zugelassenen Unternehmen) machen dabei aber an der Kapitalisierung einen Anteil von fast 80 Prozent aus. In Rußland sind die an einzelnen Börsen eingeführten Segmente irrelevant, da der Handel, wie bereits dargestellt, wesentlich über das RTS abgewickelt wird, für das keine Zulassungsbedingungen existieren. In Bulgarien wurde erst kürzlich eine Unterteilung eingeführt, die jedoch aufgrund des ruhenden Börsenhandels erst nach den nächsten Privatisierungen zum Einsatz kommen wird. An den Börsen Estlands und Lettlands existieren jeweils ein Segment für den Handel mit Aktien größerer Unternehmen und für die Aktien von kleinen und mittelständischen Unternehmen sowie ein freier Markt. In Litauen existieren zwar zwei Marktsegmente, die "Official Trading List" und die "Current Trading List", doch durch die recht hohen Anforderungen wird bisher noch keines der 460 notierten Unternehmen im ersten Segment gehandelt. Die Zulassungsbehörden haben daher nach dem Kriterium der Profitabilität eine Unterteilung der Current Trading List in zwei verschiedene Gruppen vorgenommen, wobei relativ häufig Unternehmen aus der ersten Gruppe herausgenommen werden, da sie mehr als drei Monate nicht gehandelt wurden (Quelle: Auskunft der Börsensekretariate).

- *Publizitätsvorschriften der Unternehmen*

Regelmäßige Veröffentlichungen von Unternehmensdaten im Rahmen der gesetzlichen Publizitätsvorschriften sichern bei entsprechender Kontrolle ein Grundmaß an Informationstransparenz. Je genauer und öffentlicher Informationen über ein Unternehmen sind, desto besser lassen sich Chancen und Risiken einer Investition abwägen und Vergleiche von Kennzahlen mit anderen vergleichbaren in- und ausländischen Unternehmen anstellen. Allerdings genügen bisher nur in wenigen Fällen die Unternehmensinformationen, die aufgrund der jeweiligen nationalen Rechnungslegungsvorschriften erhoben werden, den Anforderungen der International Accounting Standards (IAS). Dies erschwert die Beurteilung der Unternehmen durch Investoren.

Eine Ausnahme bildet hier Polen. Da die polnische Regierung von Anfang an bestrebt war, einen starken nationalen Kapitalmarkt zu etablieren, hat Polen als bisher einziges Land der Region 1992 ein Publizitätsgesetz erlassen, das den EG-Normen zur Rechnungslegung angepaßt ist, so daß der Kapitalmarkt dadurch für Investoren an Attraktivität gewonnen hat (vgl. Ludwig, 1996).

Durch die besondere Struktur des tschechischen Marktes, in dem die Investmentfonds oft Mehrheitsanteile an den Unternehmen halten und die übrigen Aktien auf sehr viele kleine Aktionäre verteilt sind, besteht in vielen Unternehmen kein ausreichendes Gefühl der Verpflichtung, Unternehmensinformationen nach außen zu tragen (vgl. Pongracz, 1996). An der Prager Börse ist zu beobachten, daß sich u. a. aufgrund der geringen Publizitätssorgfalt der Handel zu großen Teilen auf wenige marktbreite Titel des Haupt- und Nebenmarktes konzentriert (Anhang 6, Nr. 6).

Insbesondere in Rußland ist festzustellen, daß die ohnehin laxen gesetzlich auferlegten Publizitätspflichten in der Praxis kaum Beachtung finden. Zudem gibt es nur wenige Firmen, die gegenwärtige Aktionäre sowie potentielle Investoren mit aktuellen und fundierten Informationen versorgen wollen oder können. Die wenigen öffentlich zugänglichen Informationen sind oft von zweifelhaftem Gehalt. Nur sehr wenige Firmen publizieren ihre Abschlüsse nach den International Accounting Standards (vgl. Butler/Gashi, 1996, S. 25 und Anhang 6, Nr. 6).

Einige tschechische und russische Unternehmen haben Notierungen an entwickelten Börsenplätzen im Ausland (London, New York) angestrebt. Durch Erfüllung der dort strengeren Pflichten zur Publizität versuchen sie, internationale Anerkennung zu finden (vgl. Anderson/Canning, 1997, S. 5). Die Bedeutung, die Investoren den Publizitätsvorschriften und der Marktliquidität beimessen, wird am Beispiel des russischen Energieversorgers Gazprom deutlich. Nur wenige Wochen nach der Einführung der Aktie an der amerikanischen Börse lag ihr Wert dort beim Zwölffachen des Wertes in Moskau (Anhang 6, Nr. 7).

Auf allen betrachteten Kapitalmärkten besteht die Pflicht zur ad-hoc-Publizität. Sämtliche Informationen, die Auswirkungen auf den Kurs der Unternehmensaktien haben könnten, müssen der Börse unverzüglich gemeldet werden, damit die Marktteilnehmer entsprechend unterrichtet werden können und sich ein Informationsgleichgewicht einstellt (Quelle: Auskunft der Börsensekretariate).

- *Wertpapierverwahrung*

Das englische Wort "custody" im Zusammenhang mit Finanzmärkten bezieht sich traditionell auf die "physische Begleitung" von Aktienzertifikaten beim Kauf und Verkauf. Die Verwahrung erfüllt dabei zwei Aufgaben. Sie bewahrt die Aktienzertifikate für den Aktionär auf und handelt als Treuhänder zwischen Emittent und Aktionär bei Dividendenzahlungen u. ä. (Canning/Anderson, 1997, S. 1). Eine rechtlich abgesicherten Wertpapierverwahrungsstelle erhöht die Rechtssicherheit für Käufer und Veräußerer von Eigentumsrechten. Eine Registrierung und Verwahrung von Aktien durch einen zentralen Kassenverein erfolgt üblicherweise nur für die Konten von Banken und Wertpapierhändlern. Aus Gründen der Anonymität ist es wiederum Aufgabe des jeweiligen Händlers, die Verwahrung für seine Kunden durchzuführen. Ein für die Verwahrung verantwortlicher Kassenverein arbeitet dabei nach dem „Delivery versus Payment"-System. Die buchmäßige Lieferung der Wertpapiere erfolgt erst nach bestätigter Zahlung. Dieses Vorgehen entspricht westlichen Standards (Anhang 6, Nr. 8).

In Tschechien, Polen, Ungarn, Bulgarien und den baltischen Staaten wurden seit der Börsengründung zentrale Wertpapierverwahrungen nach westlichen Standards eingerichtet. In Rußland werden dagegen die Eigentumsübertragungen von dezentralen Registern durchgeführt. In diese werden die Käufe und Verkäufe der Fonds durch sogenannte „nominee share holders" eingetragen (Anhang 6, Nr. 9). Ein möglicher Grund ist, daß im Zuge der ersten Privatisierungswelle den russischen Unternehmen gesetzlich auferlegt wurde, ihre Aktionäre innerhalb von 30 Tagen nach Abschluß einer jeden Voucher-Auktion registrieren zu lassen. Allerdings fehlte zu der Zeit ein Register. Das führte dazu, daß Firmen vielfach ihr eigenes Aktionärsregister anlegten oder diese Aufgabe einem ihrer Hauptaktionäre übertrugen (vgl. Anderson/Canning, 1997, S. 3). Da rechtlich Anteile an einem Unternehmen und die damit verbrieften Rechte erst dann endgültig auf einen neuen Besitzer übergehen, wenn dies im Firmenregister notiert ist, konnte das Management im ungünstigsten Falle den Eigentumsübergang verhindern, obwohl der Kaufpreis bereits gezahlt worden war (vgl. World Bank, 1996, S. 7). So erging es beispielsweise der britischen Trans World Metals, deren Anteile aus einem größeren Aktienpaket an der Kransojarsk Aluminium von deren Management eigenmächtig aus dem internen Register gestrichen wurden (vgl. o. V., Erste Versuche, 1995).

Trotz einer Gesetzesreform von 1995, nach der unabhängige Registrare zur Wertpapierregistrierung einzusetzen sind, ist bis heute noch keine ausreichend verläßliche Regelung gefunden worden, da viele Firmen Registerfirmen aufgekauft haben und so weiter die Kontrolle über ihre Akionärsstruktur behalten (vgl. Butler/Gashi, 1996, S. 26). Diese Regelung gilt allerdings nur dann, wenn der Registrar für mehr als 500 Aktionäre deren Anteile verwaltet. Schwierig gestaltet sich dabei vor allem für ausländische Investoren, daß eine Registrierung nur persönlich oder durch einen Vertreter vor Ort vorgenommen werden kann, wobei gerade die den Markt beherrschenden Energieversorger ihre Hauptsitze in Westsibirien unterhalten und damit schwer erreichbar sind.

Neben anderen Faktoren führt das durch die Abwesenheit einer zentralen Wertpapierverwahrung bestehende Manko am Kapitalmarkt zunehmend dazu, daß an ausländischem Kapital interessierte russische Firmen verstärkt den Weg vor allem an die NASDAQ und NYSE suchen, um dort über Depositenscheine einen Teil ihres Kapitals notieren zu lassen. Von der 1993 staatlich eingerichteten und seit Oktober 1996 unter neuer Führung stehenden Depositary Clearing Company (DCC) sowie der Federal Commission for the Securities Market wird erhofft, daß sie mittelfristig sowohl ein Clearingverfahren für den dominanten RTS-Markt als auch eine nationale Wertpapierverwahrung etablieren werden.

In Tschechien existiert mit dem SER eine den anderen Ländern vergleichbare zentrale Wertpapierverwahrung. In Verbindung mit dem SER arbeitet außerdem aber noch die sogenannte Wertpapierzentrale als staatliche Registrierungsstelle, bei der alle an der Börse realisierten Transaktionen für jeden Investor umgeschrieben werden müssen, was oftmals zu Verzögerungen der Abwicklungen geführt hat (vgl. FBF, 1995, S. 2). Obwohl die technischen Probleme mittlerweile überwunden sind, ist die Anonymität der Investoren durch dieses System nicht gewahrt, da eine Eintragung nicht wie in den anderen

Ländern ausschließlich für den Finanzintermediär erfolgt (vgl. Prague Stock Exchange, Depository, 1996, S. 5).

In unterschiedlichen Ausprägungen kommt der Einrichtung der Wertpapierverwahrung die Aufgabe der physischen und in vielen Systemen auch der dematerialisierten Aufbewahrung von Wertpapieren zu. Neben der schnelleren Abwicklung von Transaktionen liegt der wesentliche Vorteil des Einsatzes dematerialisierter Wertpapiere darin, daß es unmöglich ist, Wertpapiere zu fälschen und auf diese Weise einen ungerechtfertigten Teilhaberanspruch an einem Unternehmen geltend zu machen. In allen untersuchten Ländern kommt mit einer Ausnahme zumindest ein teildematerialisiertes Verfahren zur Anwendung. In Ungarn dagegen werden noch heute alle Wertpapiere in effektiven Stücken verwaltet, was sämtliche Aspekte der Wertpapierverwahrung in großem Maße verkompliziert.

- *Kleinaktionärsschutz*

Um als Minderheitsaktionär den Entscheidungen der Mehrheitseigner nicht ungeschützt ausgeliefert zu sein, bedarf es gesetzlicher Regelungen, die eine ausreichende Transparenz unternehmerischer Entscheidungen gewährleisten. Kleinaktionäre und die Wahrung ihrer Rechte sind deshalb von besonderer Bedeutung für einen funktionierenden Kapitalmarkt, weil sie zu einer breiten und rechtlich gesicherten Streuung der Unternehmensanteile beitragen. Eine wichtige Maßnahme zum Schutz von Kleinaktionären sind Mitteilungspflichten, die größeren Investoren beim Aufkauf größerer Aktienpakete auferlegt werden. Durch diese sind sie gesetzlich gezwungen, die Börsenaufsichtsbehörde und das Management zu informieren, wenn sie einen bestimmten Anteil an den Aktien des Unternehmens erworben haben.

Bedingt durch die gesetzliche Vorgabe, daß Anteilseigner sich direkt bei dem betroffenen Unternehmen oder einer von diesem bestellten Firma registrieren lassen müssen, fällt die Mitteilungspflicht in Rußland nicht dem Aktionär, sondern dem Management des Unternehmens zu. Dabei liegt die unterste Grenze der Mitteilungspflicht bei einem Anteil von 20 Prozent, während in den übrigen Ländern bereits ab 10 Prozent und darauf in regelmäßigen Schritten eine Mitteilung erfolgen muß.

In Tschechien wurde im November 1995 ein Gesetz erlassen, das umfangreiche Maßnahmen einführt, um die Rechte von Kleinaktionären zu schützen. Dies ist vor allem der Marktmacht der großen Investmentfonds zu verdanken. Danach muß ein Investor öffentlich bekanntgeben, sobald sein Anteil an einem Unternehmen 10 Prozent erreicht. Zudem muß Minderheitsaktionären ein Übernahmeangebot unterbreitet werden, wenn ein Investor mehr als 50 Prozent aller Anteile aufzukaufen sucht.[44] Als einziges Land in Mittel- und Osteuropa ist es den dort gehandelten Firmen möglich, eigene Aktienpakete zu Zwecken der Kursstabilisierung aufzukaufen und damit die Interessen der Aktionäre zu sichern.

Interessanterweise ist gerade in Bulgarien der strengste Kleinaktionärsschutz implementiert. Neben Offenlegungspflichten ab eines Erwerbs von mehr als 10 Prozent des Aktienkapitals muß ein Übernahmeangebot bereits ab einer Beteiligung von 25 Prozent ausgesprochen werden (vgl. EBRD, Law in transition, 1996).

- *Zusammenfassung*

Zusammenfassend läßt sich das Ausmaß der gesetzlichen Rahmenbedingungen der Länder folgendermaßen in das Bewertungsschema einordnen. Dabei wird in enger Anlehnung an den Transition Report der EBRD vorgegangen (vgl. EBRD 1996, S. 136ff.).

[44] Die tschechische Regelung zum Übernahmekodex geht weit über den in Deutschland praktizierten Anlegerschutz hinaus, wo es nur einen freiwilligen Übernahmekodex gibt, der von nur knapp 70 Firmen anerkannt wurde.

Tab. 10: Bewertung von Umfang und Vollständigkeit der gesetzlichen Rahmenbedingungen für den Kapitalmarkt

Anforderungsprofil	Kategorie	Länder						
		CSR	P	RUS	BUL	LAT	LIT	EST
Geringer Entwicklungsfortschritt	1							
Erste Regelungen zu Emmission und Handel	2						●	
Register, Publ.-Vorschriften u. Kleinanlegerschutz	3							
Annäherung an IOSCO-Standards	4	●			●			●
Konvergenz mit IOSCO-Standards	5		●	●		●		

4.3.3. Effektivität des gesetzlichen Rahmens

Bei vielen der mittel- und osteuropäischen Länder ist zu beobachten, daß institutionelle Regelungen und Institutionen zwar von westlichen Vorbildern übernommen wurden, es an der praktischen Ausgestaltung aber durchaus noch mangelt. Regelungen zum Schutz vor allem von Kleinaktionären vor Insider-Trading und für eine hinreichende Transparenz von Unternehmensdaten können zwar leicht in die jeweilige nationale Gesetzgebung eingearbeitet und entsprechende Behörden und Kommissionen gebildet werden, doch über deren Effektivität ist dadurch noch keine Aussage getroffen. Zweifelhafte Geschäftsberichte, Insider-Gerüchte und Übernahmen durch Interessengemeinschaften, die durch offizielle Trennung ihrer Anteile unter den gesetzlich festgelegten Schranken bleiben, sind mittlerweile eingeschränkter zu beobachten, waren in der Vergangenheit aber keine Seltenheit.

Die Aufgabe nationaler Wertpapieraufsichtsbehörden besteht darin, die Einhaltung und Kontrolle aller in diesem Abschnitt angesprochenen Regelungen zu überwachen. Die Minimierung von Transaktionskosten durch institutionelle Einrichtungen kann nur dann effektiv erfolgen, wenn diese auch durchgeführt werden. In diesem Sinne stellt die Wertpapieraufsichtsbehörde praktisch die oberste Instanz der Institutionen eines Kapitalmarktes dar. Mit Beginn des

Börsenhandels haben alle Ostbörsen nationale Wertpapieraufsichtsbehörden eingerichtet. Oft ist allerdings zu beobachten, daß die entsprechenden Kommissionen aufgrund ihrer mangelnden Erfahrung zwar auf formaler, d. h. legislativer Ebene, für ihre Aufgabe gerüstet sind, in der Praxis aber die Effektivität ihres Wirkens nicht gegeben ist.

Weitere wichtige Institutionen sind in diesem Zusammenhang die Verwaltung und die Gerichtsbarkeit in den untersuchten Ländern, in denen man seine Rechte verteidigen bzw. erlangen kann. Auch dabei weisen die untersuchten Länder große Unterschiede auf.

- *Polen*

Klarheit und Zugang bzw. Nutzen von gesetzlichen Regelungen, die Investitionen und Kapitalmärkte betreffen, ist in Polen gewährleistet. In Polen sind viele Gesetze von entsprechend ausgebildeten Personen entworfen worden. Verabschiedete Gesetze und wichtige Gerichtsentscheidungen werden veröffentlicht. Ein gut entwickelter juristischer Beistand ist zumindest in Warschau erhältlich und auch von Inländern finanzierbar.

Die Unterstützung der Durchsetzung und Wahrnehmung von Gesetzen durch Verwaltung und Gerichtsbarkeit weist jedoch noch Schwächen auf. Zwar werden Beamte nach Leistung befördert und gezahlt. Allerdings sind trotzdem der Umfang und die Qualität der Verwaltung immer noch nicht ihren heutigen Aufgaben angepaßt. Vergehen gegen Eigentumsrechte, Geldwäsche und Korruption werden nach wie vor kaum polizeilich verfolgt. Der Gerichtsbarkeit in Polen wird in der Zwischenzeit attestiert, daß sie Fähigkeit und Willen hat, Recht entsprechend der neuen Gesetze zu sprechen. Allerdings fehlen ihr sowohl finanzielle und personelle Mittel, so daß es teilweise über ein Jahr dauern kann, bis ein Fall zur Verhandlung kommt. Es wird berichtet, daß Unternehmen, die auf Zahlung von Rechnungen so lange warten mußten, in der Zwischenzeit Konkurs anmelden mußten (vgl. EBRD, 1995, S. 115).

Die polnische Wertpapieraufsichtsbehörde, die Securities Commission, gilt als eine der weltweit strengsten Aufsichtsbehörden. Die Arbeit der Kommission wird dadurch erleichtert, daß in Polen gesetzlich der Handel mit Wertpapieren ausschließlich über die Börse erlaubt ist (vgl. o. V., Time, 1996). Aufgrund des gut organisierten Handels und der sorgfältigen Wertpapieraufsichtsbehörde wurde die Warschauer Börse 1991 als erster und bisher einziger Börsenplatz Mittel- und Osteuropas Mitglied der internationalen Börsenvereinigung FIBV und des Dachverbandes der internationalen Wertpapieraufsichtsbehörden (IOSCO).

- *Rußland*

In Rußland gelten viele Gesetze nach wie vor als unklar. Zwar sind sie von Fachleuten entworfen, allerdings im politischen Entscheidungsprozeß häufig noch verändert worden. Zwar werden Gesetze in der Zwischenzeit veröffentlicht, allerdings sind sie vielfach von Verwaltung und Gerichtsbarkeit noch nicht aufgenommen worden, da sie häufig noch mit Gesetzten nachgeordneter Verwaltungsebenen kollidieren. In der Zwischenzeit ist zwar ausreichend qualifizierter Beistand in Rußland erhältlich, für die meisten Inländer jedoch nicht bezahlbar.

Immer mehr Beamten und Verwaltungseinheiten (Ministerien, Behörden) wird eine ihren Funktionen entsprechende Qualifikation und Aufgabenwahrnehmung attestiert. Der Großteil der Verwaltungsabläufe bleibt jedoch für Betroffene nach wie vor unklar und kaum nachvollziehbar. Der Gerichtsbarkeit wird grundsätzlich guter Wille bei der Behandlung wirtschaftlicher Streitfälle nachgesagt. Häufig fehlt jedoch noch Verständnis und Einsicht für komplexere Sachverhalte, wodurch Zeitverzögerungen und Qualitätseinbußen entstehen (vgl. EBRD, 1995, S. 115).

Von dem Anfang 1996 in Rußland verabschiedeten Gesetz zur verstärkten Regulierung des Kapitalmarktes erhofft sich kaum einer der Marktteilnehmer eine Verbesserung der gegenwärtigen Situation. Da aber auch die im russischen Markt aktiven Banken und Broker nicht über ausreichende Kapazitäten verfügen, um ihrerseits durch umfassendes Research Transparenz zu schaffen, und bisher offenbar national eine solche Dienstleistung auch nicht gefordert wird, bleibt der Markt wohl zunächst undurchsichtig. Das Gesetz ist sehr allgemein gehalten und bringt unter anderem zum Ausdruck, daß die Securities Commission ihre Aufgabe "sehr aktiv" wahrzunehmen habe. Im Kapitalmarktgeschehen konnten bisher aber noch keine positiven Auswirkungen beobachtet werden.

- *Tschechien*

Für Tschechien gilt bezüglich Klarheit und Zugang zu Gesetzen das gleiche wie in Polen (s. o.). Allerdings gilt der Umfang und die Qualifikation der Verwaltung i. d. R. nach wie vor als nicht ausreichend für die Wahrnehmung ihrer Aufgaben.

Den Gerichten wird grundsätzlich unterstellt, Recht entsprechend der Gesetze zu sprechen. Allerdings reicht die personelle und materielle Ausstattung nach Meinung von Experten und Betroffenen nicht aus, um die anstehenden Fälle schnell und gut zu verhandeln. Derzeit muß bei geschäftlichen Auseinandersetzungen bis zu drei Jahre gewartet werden, bevor ein Fall zur Verhandlung kommt (vgl. EBRD, 1995, S. 115).

Nach eigener Aussage steht im Mittelpunkt der Aktivitäten der tschechischen Wertpapieraufsichtsbehörde bisher weniger das Streben nach einer angemessener Regulierung des Marktes, sondern der erklärte Wille, den einsetzenden Konsolidierungsprozeß hinsichtlich der Eigentümerstruktur der privatisierten Unternehmen nicht zu behindern. Entsprechend geringe finanzielle Mittel werden daher zur Verfügung gestellt, um eine leistungsfähige Börsenaufsicht zu etablieren (vgl. Boland, 1996).

- *Bulgarien*

In Bulgarien sind Gesetze klar formuliert und Gesetzestexte aufgrund Veröffentlichungen für jedermann frei zugänglich. Allerdings ist juristische Unterstützung noch schwer erhältlich und für Inländer selten bezahlbar.

Grundsätzlich wird die Verwaltung als ausreichend für die Erfüllung ihrer Aufgaben angesehen. Allerdings ist immer wieder festzustellen, daß Eigentumsrechte nicht ausreichend geschützt werden. Die Gerichte weisen jedoch offensichtlich nicht die Merkmale und Eigenschaften auf, um Wirtschaftsstreitfälle zufriedenstellend bearbeiten zu können. Bis zur Aufnahme solcher Fälle zur Verhandlung dauert es u. U. über zwei Jahre, und der Ausgang ist nach wie vor schwer kalkulierbar (vgl. EBRD, 1995, S. 109).

- *Lettland, Litauen*

In Lettland und Litauen besteht großer Nachholbedarf bei einer entsprechenden personellen und materiellen Ausstattung von Gerichten und Verwaltungen zur Wahrnehmung ihrer Aufgaben. Außerdem sind noch nicht alle erforderlichen gesetzlichen Regelungen verabschiedet. Z. B. existiert noch keine gesetzliche Regelung über die Aktivitäten von Finanzintermediären (Investmentfonds etc.). Ansonsten entspricht die Effektivität der Gesetze dem Niveau Polens und Tschechiens (vgl. EBRD, 1995, S. 113).

- *Estland*

Estland ist von den drei baltischen Staaten am weitesten entwickelt und ist gleichzusetzen mit Polen, Tschechien und Ungarn (vgl. EBRD, 1995, S. 111).

- *Zusammenfassung*

Zusammenfassend läßt sich die Effektivität der gesetzlichen Rahmenbedingungen der untersuchten Länder folgendermaßen in das Bewertungsschema zur Beurteilung der Börsenentwicklung einordnen. Dabei wird wieder in enger Anlehnung an den Transition Report der EBRD vorgegangen. Es fällt auf, daß, im Gegensatz zum Umfang der gesetzlichen Rahmenbedingungen, bei ihrer Ausführung noch sehr viel größere Unterschiede bestehen als bei der Vollständigkeit der Gesetze.

Tab. 11: Bewertung der Effektivität der gesetzlichen Rahmenbedingungen

Anforderungsprofil	Kategorie	Länder						
		CSR	P	RUS	BUL	LAT	LIT	EST
Große Unklarheiten in Gesetzestexten	1							
Gerichtl. und verwalt. Unterstützung gering	2			●			●	
Klare Gesetze, aber geringe Unterstützung	3		●			●		
Akzeptable gerichtl. und verwalt. Unterstützung	4				●			
Konvergenz mit internationalen Standards	5	●						●

Quelle: EBRD, 1996, S.136ff.

4.3.4. Privatisierung

Privatisierung bezeichnet jegliche Art der Übertragung von Eigentums- und Verfügungsrechten über bisher staatlichen Unternehmen an andere Agenten mit dem maßgeblichen Ergebnis einer effektiveren privaten Steuerung und Kontrolle (vgl. Blommenstein et al., 1993, S. 11). Die für die Privatisierung gewählten Maßnahmen und Methoden haben sehr unterschiedliche Auswirkungen auf die Entwicklung der Kapitalmärkte der einzelnen Länder. Es haben sich unterschiedliche Qualitäten der Märkte im Hinblick auf die Anzahl der notierten Unternehmen und die Liquidität herausgebildet. Dabei ist die Entwicklung von Aktienmärkten untrennbar mit den Privatisierungsfortschritten verbunden. Durch eine wachsende Anzahl privatisierter Firmen ergibt sich eine potentiell höhere Marktbreite. Gleichzeitig sichert die Eigenkapitalfinanzierung der nationalen Unternehmen über den Finanzmarkt im Vergleich zur Fremdfinanzierung eine größere Entscheidungsfreiheit (vgl. Philbrick, 1994, S. 565).

Eine wichtige Unterscheidung der Privatisierung bezieht sich auf die Größe der Unternehmen. Kleine Unternehmen werden i. d. R. anders privatisiert als mittlere und große Unternehmen. Kleine Unternehmen sind Handwerksbetriebe, kleine Läden und Dienstleister mit einer geringen Anzahl von Beschäftigten. Sie wurden als erstes privatisiert im Zuge der sog. Small Scale Privatisation. Neue Eigentümer sind meist die Mitarbeiter und/oder das Management. Für die Entwicklung der Kapitalmärkte ist die Small Scale Privatisation ohne nennenswerte Bedeutung. Die Privatisierung mittlerer und großer Unternehmen, die sog. Large Scale Privatisation, hat dagegen sehr wohl Einfluß auf die Entwicklung der Aktienmärkte. Grundsätzlich kann man Privatisierungsmethoden nach zwei Kriterien kategorisieren: nach der Privatisierungsart und nach der Art des Zahlungsmittels (vgl. Abb. 39).

Abb. 39: Privatisierungsmethoden

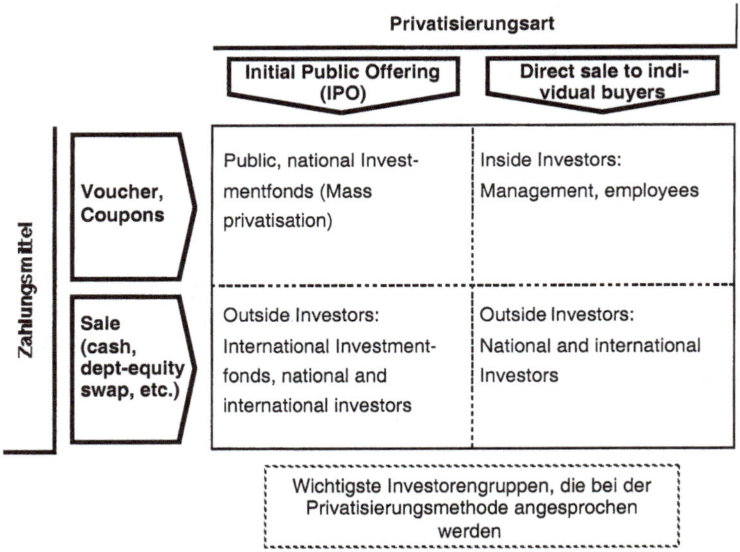

Quelle. Gibbon (hrsg.), Privatisation Yearbook 1996 und EBRD, 1995, eigene Darstellung

Als Privatisierungsprozeß wird die Art des Eigentumsübergangs bezeichnet; das heißt, auf welche Weise und wie vielen potentiellen Investoren die Anteile angeboten werden. Beim direkten Verkauf an individuelle Investoren wird meist nur mit wenigen, häufig nur mit einem Investor über Kaufpreis, Investitionsgarantien und Arbeitsplatzgarantien verhandelt. Meist handelt es sich dabei um andere Firmen, die das Unternehmen als Produktionsstandort nutzen oder darüber den nationalen Markt erschließen wollen. Nicht selten werden Anteile oder ganze Unternehmen auch an das Management oder die Mitarbeiter veräußert. Diese Privatisierungsmethode hatte nur dann Einfluß auf die Kapitalmarktentwicklung, wenn die so privatisierten Unternehmen vor oder nach der Privatisierung an der Börse notiert worden sind oder wenn zumindest Teile der Aktien außerbörslich gehandelt wurden. Der Vorteil dieser Privatisierung ist, daß die Unternehmen einer adäquate Unternehmensaufsicht durch die neuen Eigner unterstellt wurden und daß mit einem schnellen Restrukturierungsfortschritt zu rechnen ist.

Im Zuge des Initial Public Offering wird das Aktienkapital der Unternehmen breit gestreut. Jedermann kann im Verlauf der Zeichnungsfrist sein Gebot für den Aktienerwerb abgeben. Je nach Höhe und gebotenem Preis wird er dann im abschließenden Zuteilungsverfahren berücksichtigt oder nicht. Grundsätzlich hat dies die größte Bedeutung für die Kapitalmarktentwicklung. Zum einen erhöht sich mit jedem Unternehmen, das auf diese Weise privatisiert wird, die Zahl der börsennotierten Unternehmen. Zum anderen kann dadurch eine breite Streuung des Aktienkapitals erreicht werden, was ebenfalls für die Liquidität wichtig ist.

Um einem breitem Publikum die Möglichkeit einer Unternehmensbeteiligung einzuräumen und um eine möglichst schnelle Privatisierung durchführen zu können, wurden in einigen Ländern kostenlos sog. Voucher oder Kupons an die Bevölkerung verteilt. Mit ihnen sollten sie die Möglichkeit erhalten, sich am ehemaligen Volksvermögen zu beteiligen. Sobald ein Unternehmen privatisiert wird, können diese Voucher genutzt werden, um sie gegen Aktien eines oder mehrerer Unternehmen direkt oder im Zuge eines IPO einzutauschen. Wenn das Ziel der schnellen Privatisierung auch in den meisten Fällen erreicht wurde, so hatte dies auch einige nachteilige Wirkungen aufzuweisen. In der Regel war zu dem Zeitpunkt derVoucherausgabe an die Bevölkerung noch keine ausreichende Anzahl von Unternehmen für die Privatisierung vorgesehen. Die Voucher konnten also noch nicht eingetauscht werden. Da die Voucher in einigen Ländern aber auch handelbar waren, entstanden zahlreiche nationale Investmentfonds, die die Voucher weit unter Nennwert aufkauften. Da sie jedoch gegen den Nennwert eingetauscht werden konnten, konnte somit der Einstandskurs deutlich reduziert werden. Häufig kauften die Fondsmanager die Voucher nicht gegen bar, sondern gegen Investmentzertifikate, also Beteiligungen am Fonds mit irrational hohen Gewinnversprechungen. Der Konkurs solcher Fonds, z. B. des 3 M Fonds in Rußland, erhöhte das Mißtrauen der Bevölkerung in die Privatisierungspolitik und schadete eher der Kapitalmarktentwicklung (vgl. Schroth, Wenzeler, 1996/97, S. 57). In einigen Ländern wurde daher versucht, von vornherein nur eine Beteiligung an offiziell eingerichteten Nationalen Investmentfonds über die Voucher zu ermöglichen. Die Unternehmen wurden an mehrere Investmentfonds übertragen. Die Voucher konnten eingetauscht werden gegen Investmentzertifikate. Es sollte von vornherein sichergestellt werden, daß eine ausreichende Diversifikation im Fondsvermögen gegeben ist, an der die Anleger partizipieren können. Außerdem sollte professionelles Fondsmanagement dafür sorgen, daß der Wert der Fonds steigt und daß eine qualifizierte Aufsicht der Unternehmen gewährleistet wird. Dazu wurden häufig ausländische Fondsmanager eingestellt.

Alle untersuchte Länder haben mehrere Privatisierungsmethoden angewandt, z. T. sogar für ein Unternehmen. Je nach Zeitpunkt, wann die Privatisierung begonnen wurde, nach Privatisierungsmethode sowie nach Organisation des Privatisierungsprozesses weisen sie unterschiedliche Erfolge bzgl. der Auswirkungen auf den Kapitalmarkt auf.

- *Tschechien*

Grundsätzlich war das tschechische Privatisierungsprogramm flexibel bei der Wahl der Privatisierungsmethoden ohne besondere Festlegung auf eine bestimmte Methode. Trotzdem war maßgeblich prägend für den Verlauf eine breite und schnelle Privatisierung über ein Kuponsystem.

In der ersten Privatisierungswelle von 1992 bis 1994 wurden über 988 Unternehmen, die anschließend direkt an der Börse notiert wurden, auf diese Weise entstaatlicht. In einer zweiten Welle im Zeitraum von März 1994 bis zum 1. März 1995 wurden weitere 2.000 Firmen auf diese Weise privatisiert. Dabei wurden sie in einer Kombination aus Bargeld und dem Einsatz der Kupons an neue Eigentümer übertragen (vgl. EBRD, 1996, S. 146). Eine besondere Rolle kam dabei den neu gegründeten privaten nationalen Investmentfonds zu, die heute maßgeblichen Einfluß auf eine Vielzahl privater Unternehmen durch

Mehrheitsbeteilung haben. Alternativ konnten die Kupons auch einem von über 400 privaten Investmentfonds übertragen werden, was in Tschechien zu einer starken Konzentration der Kupons in den Händen der Fonds führte. Nach der zweiten Privatisierungswelle 1995, in deren Verlauf von den 2.000 Unternehmen weitere 861 Staatsbetriebe an die Börse gebracht wurden, hielten die Fondsgesellschaften etwa 65 Prozent der Anteile der privatisierten Unternehmen. Allein die zehn größten Fonds hielten 51 Prozent aller Aktien (vgl. FBF, 1995, S. 2). Insgesamt wurden in beiden Privatisierungswellen 70 Prozent aller Kupons über diese Fonds eingesetzt. Die gesetzliche Vorgabe, daß Fonds höchstens zu 20 Prozent an einem einzigen Unternehmen beteiligt sein dürfen und nicht mehr als 10 Prozent ihres Vermögens auf eine Gesellschaft konzentriert sein darf, wurde dabei oftmals nicht beachtet (vgl. Engelen, 1996). Die nicht über die Kuponmethode privatisierten Unternehmen werden derzeit vom National Property Fund (NPF) verwaltet, der diese in Ausschreibungen oder gegen Gebote an strategische Investoren veräußert (vgl. DG Bank, 1995).

Zwar konnte mit Hilfe der Kupons eine schnelle Privatisierung mit einem großen Anteil Eigentümern von außerhalb der Unternehmen erreicht werden. Allerdings weist Tschechien eine große Illiquidität im Markt auf und auch die Restrukturierungsfortschritte sind nur gering. Dadurch ist die Realisierung des Wertaufholungspotentials der Unternehmen gefährdet. Ein Grund liegt u. a. in der Politik der nationalen Investmentfonds. Sie handeln nur sehr wenig mit ihren Anteilen, Portfolioumschichtungen kommen kaum vor. Vielmehr sind sie offensichtlich darauf aus, möglichst hohe Gewinnausschüttungen zu realisieren, statt Gewinn zu thesaurieren, um die Unternehmen zu restrukturieren (Interviewprotokolle Mandl, Kirsch, etc.).

- *Polen*

Die heute bereits an der Börse Warschau gehandelten Werte stammen größtenteils aus der ersten Privatisierungsphase. Dabei wurden eine Reihe ehemals staatlicher Unternehmen, darunter mehrere polnische Banken, durch das Privatisierungsministerium in Aktiengesellschaften umgewandelt und über Ausschreibungen, Direktverkäufe oder Börseneinführungen in einer zeitraubenden einzelfallweisen Vorgehensweise privaten Investoren zugänglich gemacht (vgl. Schroth/Wenzeler, 1997 u. Wrebiak, 1996, S. 99).

Ende Juni 1996 waren von den 8.853 großen Staatsbetrieben 2.624 entweder liquidiert oder über den Verkauf des Anlagevermögens privatisiert, 248 waren gegen Bargeld privatisiert und 1.049 waren zumindest in private Gesellschaftsformen (AG oder GmbH überführt worden, befanden sich aber noch in Staatsbesitz. Von den letzteren wurde für 512 Firmen mit einem Gesamtbuchwert von etwa DM 4 Mrd. im November 1995 mit großer Verspätung die Massenprivatisierung eingeleitet (vgl. EBRD, 1996, S. 165). Jeweils 33 Prozent der Aktien eines jeden Unternehmens wurden einem von 15 zu diesem Zweck eingerichteten Nationalen Investmentfonds (NIF) übertragen, die heute noch in staatlichem Besitz sind. 27 Prozent wurden an die übrigen NIFs übertragen, 25 Prozent einem staatlichen Sicherungsfonds zugeteilt und nur 15 Prozent an die Belegschaften der jeweiligen Betriebe übertragen. Die Zuteilung der Anteilsmehrheit an einen sogenannten „Führungsfonds" erfolgte in der Absicht, nicht nur die Privatisierung, sondern auch die Umstrukturierung der Betriebe voranzutreiben (vgl. o. V., Grünes Licht, 1995). Vier der 15 Fonds werden von westlichen Gesellschaften [45] geführt, um einen Know-how Transfer zu erreichen und interessierten ausländischen Investoren die Kontaktaufnahme zu erleichtern. Von Mai bis November 1996 wurden allen 28 Mio. Bürgern für eine Bearbeitungsgebühr von umgerechnet ca. DM 14 Anteile an den NIFs in Form von Privatisierungskupons angeboten, die zur Börseneinführung der Fonds gegen deren Aktien eingetauscht werden können (vgl. Wrebiak, 1996, S. 101ff.).

95 Prozent der berechtigten Bürger haben bis zum Ende der Distribution ihr Recht wahrgenommen und können ihre Anteile derzeit für ein Siebenfaches des Kaufpreises an der Warschauer Börse veräußern. Der Handel mit Privatisierungskupons stellt gegenwärtig etwa 30 Prozent des Gesamtumsatzes der Börse dar (Quelle: Auskunft des Börsensekretariats der Börse Warschau). Den NIFs steht später frei, die bisher von ihnen beaufsichtigten Unternehmen weiterhin in ihrem Portfolio zu halten oder diese in eigenständige Aktiengesellschaften auszugliedern (vgl. Rozlucki, 1996). Für 1997 ist außerdem der durch das Privatisierungsministerium veranlaßte Börsengang 120 weiterer

---

[45] Kleinwort Benson, Raiffeisen Investment, Creditanstalt Investment und GiroCredit

Unternehmen sowie ein Direktverkauf von 300 kleinen und mittelständischen Unternehmen vorgesehen (vgl. Bankgesellschaft Berlin, 1997, S. 2 u. Wrebiak, 1996, S. 103).

Zwar hat die Verzögerung der Privatisierung zur Folge, daß erst wenige Unternehmen an der polnische Börse notiert sind. Dies kann sich aber jetzt sehr schnell ändern. Dazu kommt, daß die institutionellen Rahmenbedingungen des polnischen Kapitalmarktes sehr gut entwickelt sind, so daß die anstehenden Privatisierungswellen schnell zu einer positiven Entwicklung des Aktienmarktes führen dürften.

- *Rußland*

Initiiert durch das Dekret der Russischen Regierung vom 1. Juli 1992 wurden bis Juli 1994 15.052 mittlere und große Staatsbetriebe, die ca. 80 Prozent der gesamten Arbeiterschaft Rußlands repräsentierten, in einem Massenprivatisierungsprogramm im Einsatz von Kupons privatisiert (vgl. EBRD, 1996, S.169). Im Rahmen der für Rußland üblichen Privatisierung wurden 51 Prozent der Anteile größerer ausgewählter Staatsbetriebe direkt dem Management und den Mitarbeitern der Betriebe zum Kauf angeboten. 20 Prozent verblieben zunächst in staatlicher Hand und wurden später über sogenannte Cash-Auktionen oder Ausschreibungen zumeist an strategische Investoren veräußert. Die verbleibenden 29 Prozent konnten durch die Bevölkerung im Rahmen von Voucher-Auktionen erworben werden. Ähnlich dem tschechischen Modell erhielt jeder der 150 Mio. berechtigten Bürger Privatisierungskupons, die es ihm ermöglichten, an den öffentlichen Auktionen teilzunehmen und Anteile zu privatisierender Unternehmen zu ersteigern (vgl. CS First Boston, 1996, S. 24-26). Die Privatisierungsschecks fanden nach ihrer Ausgabe Verwendung zur Ersteigerung von Aktien, als Zahlungsmittel für Belegschaftsaktien oder als Gebühr für ein Zertifikat eines Voucher-Investmentfonds. Oft wurden die Kupons allerdings auch aus Unwissen um ihren Wert an Dritte weiterverkauft. Von den 150 Mio. potentiellen Aktionären sind bis heute nur noch 40 Mio. geblieben (vgl. Kaufmann, 1996). Vielfach trat der Wert einer Aktie als Investition in den Hintergrund, da es vielen Anlegern, vor allem dem Management privatisierter Firmen, mehr darum ging, eine kontrollierende Position in einem Unternehmen aufzubauen (vgl. o. V., Aktiengesellschaften,

1995). Andererseits kam es durch das Unwissen um die wahren Unternehmenswerte oft zu irrealen Preisbildungen. Die Aufteilung der Aktien auf die Privatisierungsschecks erfolgte ohne Limit, so daß das Grundkapital stets durch die Gesamtzahl der dafür gebotenen Kupons geteilt wurde. Durch den Bekanntheitsgrad der Schokoladenfabrik "Roter Oktober" und der daraus resultierenden „Überzeichnung" wurden beispielsweise Anteile im Nennwert von 17 Pf. gegen Kupons mit einem Marktwert von 17 DM eingetauscht (vgl. Eigendorf, 1994, S. 8).

1995 wurde die Cash-Privatisierung eingeleitet. In dieser Phase wurden und werden zunächst einbehaltene Staatsanteile und bisher in den Anfangsphasen von der Privatisierung ausgenommene Unternehmen vor allem über Ausschreibungen an Investoren verkauft. Diese Privatisierung ging bisher sehr viel schleppender voran als vorangegangene. Allerdings hat sich die Zielsetzung der russischen Regierung auch von schneller Durchführung bei gleichzeitiger Maximierung der Privatisierungserlöse zu mehr Transparenz im Privatisierungsprozeß und grundlegender Restrukturierung der Betriebe gewandelt. Dies wird positiven Einfluß auch auf den Aktienmarkt haben (vgl. EBRD, 1996, S. 169 und Knaster, 1996, S. 107ff).

- *Bulgarien*

Bulgarien gilt als Nachzügler der Region in Hinblick auf die Privatisierung. 1993 wurde ein Programm zur Privatisierung von 3.485 mittleren und großen Staatsunternehmen eingeleitet, die einen Anlagevermögen von USD 7,8 Mrd. repräsentieren. 1996 waren erst 6 Prozent des gesamten Vermögens privatisiert. Die meisten Verkäufe wurden an das Management und die Mitarbeiter durchgeführt. Dies ist zurückzuführen auf die bisher großen Widerstände in den Branchenministerien - den bisherigen Eigentümern - ggü. der Privatisierung (vgl. EBRD, 1996, S. 142).

1995 und 1996 sollten nun die Privatisierungsbemühungen verstärkt werden (vgl. Pecina/Requat, 1996, S.71ff.). Ein erster Schritt zur Massenprivatisierung hat erst im Januar 1996 mit dem Verkauf von Kuponbüchern an die Bürger begonnen. Im Vergleich zu anderen Ländern nahmen nur wenige Bulgaren (43 Prozent der Berechtigten) die Gelegenheit wahr, für etwa DM 1 ein Buch mit 25.000 Kupons zu kaufen (vgl. Puschedl, 1996). Dies könnte auch mit der Besonderheit des bulgarischen Systems zusammenhängen, bei dem die Privatisierungskupons nicht frei übertragbar und somit auch nicht handelbar sind. Eine Ausnahme bilden nur die Übertragung an enge Verwandte und an die privaten Investmentfonds (PIF). Nach bulgarischem Recht können diese Fonds bis zu 34 Prozent der Unternehmensanteile halten und somit als strategische Investoren eines Unternehmens auftreten. Ausländer können somit an der Kuponprivatisierung nicht teilnehmen und erst zu einem späteren Zeitpunkt Aktien über den Sekundärmarkt erwerben. Mit den Kupons konnten die Bulgaren seit September 1996 an Auktionen teilnehmen, in deren Rahmen 1.063 staatliche Unternehmen privatisiert wurden. Die Börse in Sofia richtet sich gegenwärtig auf den Handel dieser Anteile auf dem Sekundärmarkt ein (Quelle: Börsensekretariat Sofia).

Aufgrund der sehr späten Entwicklung ist der Kapitalmarkt in Bulgarien heute sehr illiquide mit einer geringen Börsenkapitalisierung. Die Tatsache, daß aber bereits 40 bis 50 Prozent des Bruttoinlandsprodukts durch private Unternehmen erwirtschaftet werden, hängt mit der Massenprivatisierung von Kleinbetrieben und vielen Neugründungen zusammen. Ca. 22.000 kleine Handwerksbetriebe, Einzelhandelsgeschäfte und Dienstleister wurden seit 1993 z. T. an Alteigentümer rückübertragen, teils privatisiert (vgl. Pecina/Requat, 1996, S. 71). Auf den Aktienmarkt ist dies jedoch ohne Einfluß.

- *Estland*

In Estland wurden mittlere und große Unternehmen vornehmlich an strategische Investoren im Zuge von internationalen Ausschreibungen veräußert. Als Vorbild dient der Estonian Privatisation Agency das deutsche Treuhandmodell. Zwar konnte dadurch eine zügige Privatisierung mit einer vergleichsweise hohen Beteiligung ausländischer Investoren erreicht werden (vgl. Baldwin, 1996, S.58ff.). Von 1993 bis 1995 konnten insgesamt 433 Unternehmen, und damit die Mehrheit, auf diese Weise privatisiert werden (vgl. EBRD, 1996, S. 149).

Börsengänge hingegen fanden nur in sehr geringem Umfang statt, so daß es zu einer Konzentration des Festbesitzes kam. Der Kapitalmarkt ist nach wie vor unterentwickelt. 1994 wurden im Zuge des Massenprivatisierungsprogramms gegen Kupons Minderheitsanteile von den Unternehmen verkauft. Der Effekt ist bisher noch gering (vgl. EBRD, 1996, S. 149), (vgl. o. V., Estland, 1996 und DB Research, Estonia, 1996, S. 5).

- *Lettland*

In Lettland wurde der Privatisierungsprozeß sowohl über Direktverkäufe als auch über die Kuponprivatisierung nur zögerlich angegangen. Die Börse in Riga spielte daher bislang eine weitgehend unbedeutende Rolle. Von einigen Unternehmen wurden Anteile über die Kuponmethode, also durch den Verkauf an Mitarbeiter und durch öffentliche Auktionen privatisiert. Die in Lettland notierten Werte entstammen drei bisher durchgeführten Privatisierungswellen. In der ersten "Welle" wurden jedoch gerade einmal drei Unternehmen mit einem Buchwert von insgesamt knapp über USD 9 Mio. privatisiert. Von deren Anteilen wurden wiederum nur zwischen 25 und 30 Prozent gegen Kupons angeboten . Dies zeigt deutlich, welchen Umfang die Maßnahmen hier einnehmen (vgl. Riga Stock Exchange, 1995, S. 17-18).

Von den ca. 1.000 mittleren und großen Staatsunternehmen wurden zwischen 1991 und 1993 ca. 300 Unternehmen an das Management und einige strategische Investoren (Inländer) privatisiert. Die Methode ist nicht nachvollziehbar. Zwischen 1994 und 1996 sind weitere 101, vornehmliche kleinere und mittlere Unternehmen privatisiert worden. Dafür konnten zu 50 Prozent Kupons eingesetzt werden. Von den für 1996 für die Privatisierung autorisierten 240 Unternehmen ist nur ein Teil ausgeführt worden, so daß nach wie vor ein großer Privatisierungsstau besteht (vgl. EBRD, 1996, S. 159 u. Baldwin, 1996, S. 60f.). Die Folge ist, daß erst acht Unternehmen an der Börse notiert sind.

- *Litauen*

In Litauen wurde bereits 1993 eine umfangreiche Privatisierung über Privatisierungkupons verwirklicht, aus der weit mehr börsennotierte Unternehmen als in den beiden anderen baltischen Staaten hervorgegangen sind (vgl. o. V., Estland, 1996). Insgesamt waren 6.644 der insgesamt 8.457 mittleren und großen Staatsbetriebe in der ersten Privatisierungswelle eingeschlossen. Die Anzahl der Unternehmen deutet darauf hin, daß es sich um relativ kleine Einheiten gehandelt hat, auch wenn sie als mittlere und große Unternehmen offiziell bezeichnet werden. Ca. 30 Prozent des gesamten Anlagevermögens konnten in der ersten Runde privatisiert werden. In der Zwischenzeit sind nahezu alle Unternehmen in Privatbesitz gewechselt (vgl. Baldwin, 1996, S. 62f.). Problematisch für den Kapitalmarkt ist, daß nahezu alle Unternehmen an Mitarbeiter und Management gegen Kupons privatisiert wurden. Zwar ist dadurch heute mit ca. 400 gelisteten Unternehmen an der Börse eine große Marktbreite gegeben. Allerdings wird kaum gehandelt. Der Anteil ausländischer, strategischer Investoren ist verschwindend gering. Kapitalmangel ist die Folge, so daß dringende Restrukturierungsmaßnahmen nur langsam vorankommen (vgl. EBRD, 1996, S. 161).

Ausländische Anleger konnten erst an der zweiten Privatisierungswelle seit März 1996 teilnehmen, bei der das Kuponsystem umgangen und statt dessen der Weg von Direktangeboten an Investoren gewählt wurde (vgl. o. V., Börse Vilnius, 1996, S. 30).

- *Zusammenfassung*

Zusammenfassend läßt sich sagen, daß mit Ausnahme von Bulgarien und z. T. noch Lettland die übrigen Länder gute Fortschritte in der Privatisierungspolitik gemacht haben. Die Wirkung auf den Kapitalmarkt ist jedoch aufgrund der gewählten Methode und der Eigentümerstruktur sehr unterschiedlich. In Tschechien und Rußland ist sowohl die Anzahl der gelisteten Unternehmen als auch die Höhe der Kapitalisierung vergleichsweise hoch. Die hier durchgeführte Voucherprivatisierung ging jedoch zu Lasten der Liquidität. Die Direktverkaufsmethoden in Polen und Estland haben zu einer hohen Liquidität geführt, jedoch ist der Markt vergleichsweise eng (vgl. EBRD 1996, S. 99), (vgl. Abb. 38).

Die Abbildung 40 zeigt die Auswirkungen der unterschiedlichen Privatisierungsprogramme auf die Eigentümerstruktur und auf den Anteil der Privatwirtschaft am Bruttoinlandsprodukt der untersuchten Länder (Stand Januar 1997).

Abb. 40: Kurzüberblick über die Privatisierungspolitik und -ergebnisse

	Privatisierungsmethode	Major players in der Privatisierung	Anteil Privatwirtschaft am BIP [%][2]
Tschechien	Massenkupon-privatisierung	Investmentprivatisierungs-fonds	70
Bulgarien	Massenkupon-privatisierung	Mitarbeiter und Manager	45
Polen	Liquidation Massenkupon-privatisierung (seit Herbst 1995)	Mitarbeiter und Manager	60
Rußland	Massenkupon-privatisierung	Mitarbeiter und Manager	60
Estland	Direktverkauf an inländische und ausländische Investoren	In- und ausländische Privatfirmen	70
Litauen	Massenkupon-privatisierung	Mitarbeiter und Manager	65
Lettland	Kombination	In- und ausländische Privatfirmen Mitarbeiter und Manager	60

1) Includes partial privatisations
2) Estimates are taken from Table 2.1 in Chapter 2

Quelle: EBRD, 1996 und IMF, 1996/97, eigene Darstellung

Tab. 12: Bewertung Privatisierungsfortschritte

Anforderungsprofil	Kategorie	Länder						
		CSR	P	RUS	BUL	LAT	LIT	EST
Geringer Entwicklungs-fortschritt	1				●			
Einige "große" Privati-sierungen ausgeführt	2					●		
> 25% große Unternehmen privatisiert, geringe Kapitalmarktwirkung	3		●	●			●	
> 50% große Unternehmen privatisiert, gute Kapitalmarktwirkung	4	●						●
Mindestens 75% großer Unternehmen sind privatisiert	5							

4.3.5. Gesamtwirtschaftliche Rahmenbedingungen

Ordnungspolitische Maßnahmen, die beurteilt werden, sind Preisliberalisierung, Wettbewerbspolitik, Außenhandelsliberalisierung, Währungskonvertibilität, Bankenreform, Zinsliberalisierung und Unternehmensrestrukturierung. Eine Übersicht über den Stand der Einführung und Umsetzung dieser Kriterien und eine Beurteilung gibt die EBRD in ihren jährlichen Transition Reports (EBRD, 1995, S. 9ff. und EBRD, 1996, S. 9ff.).

Tab. 13: Ordnungspolitische Transformationsindikatoren

Land \ Indikator	Preisliberalisierung	Wettbewerbspolitik	Handelsliberalisierung	Währungskonvertibilität	Bankenreform	Zinsliberalisierung	Restrukturierung	Durchschnitt (Gesamtbew.)
Tschechien	3	3	5	5	3	3	3	3,6
Polen	3	3	5	5	3	3	3	3,6
Rußland	3	2	4	4	2	2	2	2,7
Estland	3	3	4	4	3	3	3	3,3
Lettland	3	2	4	4	3	3	3	3,1
Litauen	3	2	4	4	3	3	3	3,1
Bulgarien	2	2	4	4	2	2	2	2,6

Polen und Tschechien weisen bisher die klarste marktwirtschaftliche Ausrichtung der untersuchten Länder auf. Hier wurde sehr früh mit der Schaffung der erforderlichen institutionellen Regelungen in einer Art Schocktherapie begonnen. Beide Länder hatten daher nur eine vergleichsweise kurze Zeit mit den Folgen der Umstellung des Wirtschaftssystems zu tun. Polen hat als erstes und bisher einziges Land der Region Zentral- und Osteuropas das Niveau des Bruttoinlandsproduktes von 1989 übertroffen (vgl. Abb 41).

Abb. 41: Veränderung des Bruttoinlandsproduktes 1989 - 1997 (Basisjahr 1989)

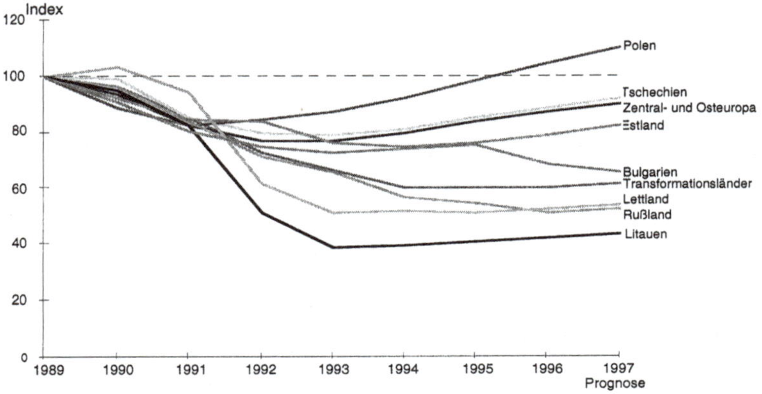

Quelle: EBRD, 1997, eigene Darstellung nach eigenen Berechnungen

Die baltischen Länder haben erst 1991/92 die Unabhängigkeit von Rußland erlangt. Bis dahin hatten sie unter den wirtschaftlichen Anpassungsschwierigkeiten Rußlands zu leiden, ohne selbst Maßnahmen dagegen zu ergreifen. Aufgrund der engen Verknüpfungen, die nach wie vor zur russischen Wirtschaft bestehen, ist hier der Anpassungsschock am stärksten ausgefallen. In Estland wurde er abgemildert durch die geographische und politische Nähe zu Finnland, das sich sehr früh sowohl wirtschaftlich als auch politisch engagierte. Alle drei baltischen Staaten haben nach der Unabhängigkeit sehr schnell die ordnungspolitischen Voraussetzungen für eine Marktwirtschaft vorangetrieben. Dadurch konnten sie bereits nach wenigen Jahren wieder positive wirtschaftliche Wachstumsraten verzeichnen. Schließlich ist auch Rußland wieder eindeutig auf den wirtschaftlichen Liberalisierungskurs zurückgekehrt, so daß auch hier für 1997 zum ersten Mal seit 1989 mit einem positiven Wirtschaftswachstum gerechnet wird.

Schlußlicht der untersuchten Länder ist Bulgarien. Allerdings liegt es in der Bewertung der ordnungspolitischen Rahmenbedingungen nicht so weit hinter den anderen Ländern zurück, wie es die wirtschaftliche Entwicklung vermuten läßt (vgl. Tab. 14. und Abb. 41). Grund für das erneut negative Wirtschaftswachstum seit einem Jahr dürfte die zögerliche Privatisierungspolitik und die

Kapitalmarktreform sein. Zum einen war das staatliche Management vieler Unternehmen wenig an Restrukturierung interessiert, zum anderen fehlten wichtige Impulse aus dem Ausland aufgrund des beschränkten Zugangs für Auslandsinvestoren.

4.3.6. Zuordnung der untersuchten Länder in Entwicklungsphasen

Für die zusammenfassende Bewertung werden die einzelnen Institutionen bzw. institutionellen Regelungen gewichtet. Börsenentwicklung und Privatisierungspolitik sind maßgeblich entscheidend für den Effizienzgrad eines Kapitalmarktes. Sie gehen daher mit dem Gewichtungsfaktor 3 in die Bewertung ein. Die übrigen Institutionen werden einfach gewichtet. Hierbei handelt es sich um ein subjektive Festlegung.

In der zusammenfassenden Beurteilung der Kapitalmarkteffizienz ergibt sich daraus für Polen und Tschechien der gleiche Effizienzwert. Das ist auch gleichzeitig der höchste Wert aller untersuchten Länder. Interessanterweise weist Rußland einen ähnlichen Effizienzwert auf wie Estland und liegt noch deutlich vor den beiden anderen baltischen Staaten Lettland und Litauen. Gegenüber Lettland rührt der höhere Wert aus der konsequenteren Privatisierungspolitik. Gegenüber Litauen ist der höhere Effizienzwert dadurch erreicht worden, daß man bei der Schaffung des rechtlichen Regelwerkes für den Kapitalmarkt sehr viel größere Fortschritte gemacht hat. Problematisch ist jedoch ebenso wie in Litauen die Effektivität des gesetzlichen Regelwerkes. Die Umsetzung ist durch mangelhaft funktionierende Gerichtsbarkeit und Verwaltung offensichtlich selten gewährleistet. Bulgarien weist den niedrigsten Effizienzwert aller untersuchten Länder auf, allerdings ist der Abstand zu Lettland und Litauen nur gering. Vergleicht man dies z. B. mit den Wachstumsraten des BIP (vgl. Kap. 2.1.2), so hätte man durchaus einen größeren Effizienzunterschied vermuten können (vgl. Tab. 14).

Tab.14: Zusammenfassende Bewertung der Kapitalmarkteffizienz

Institutionen	Gewichtungsfaktor	Länder						
		CSR	P	RUS	BUL	LAT	LIT	EST
Börsen	3,0	9,0	12,0	6,0	3,0	3,0	6,0	3,0
Gesetzl. Rahmen	1,0	4,0	5,0	5,0	4,0	5,0	2,0	4,0
Effektivität des gesetzlichen Rahmens	1,0	5,0	3,0	2,0	4,0	3,0	2,0	5,0
Privatisierung	3,0	12,0	9,0	9,0	3,0	6,0	9,0	12,0
Gesamtwirtschaftliche Entwicklung	1,0	3,6	3,6	2,7	2,6	3,1	3,1	3,3
Summe	**8,0**	**33,6**	**32,6**	**24,7**	**16,6**	**20,1**	**22,1**	**27,3**
Durchschnitt		**3,7**	**3,6**	**2,7**	**1,8**	**2,2**	**2,5**	**3,0**

Für die Einteilung in die Entwicklungsphasen ergibt sich folgendes Bild (vgl. Abb. 42). Polen und Tschechien sind bereits in der Marktentwicklung weit fortgeschritten. Hier ist mit einem verstetigten positiven Börsentrend zu rechnen. Die Volatilitäten reduzieren sich, sind aber nach wie vor höher als in entwickelten Märkten. Rußland, Estland und Litauen befinden sich in der Spekulationsphase. Wobei in Estland eine Überhitzung mit stark ansteigenden Kursen und einer scharfen Konsolidierung eher unwahrscheinlich sein dürfte. An diesem Beispiel wird die Bedeutung der relativen Kapitalmarktgröße deutlich. Darauf wird im nächsten Abschnitt eingegangen. Lettland und Bulgarien befinden sich im Übergang von der Transformations- in die Spekulationsphase.

Abb. 42: Phasenenteilung der untersuchten Länder

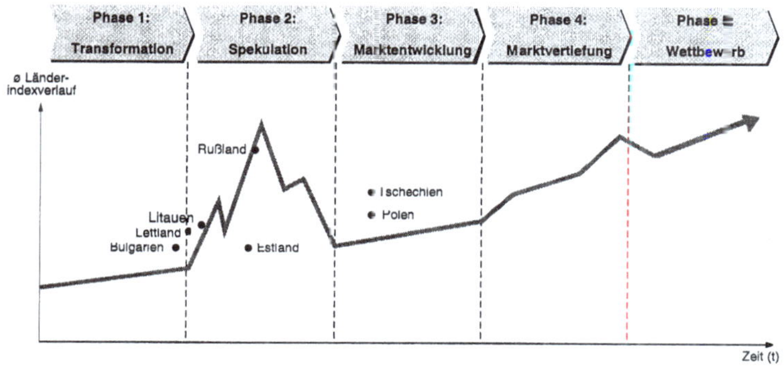

4.4. Strategieempfehlungen für die untersuchten Länder

4.4.1. Empfehlung

Auch wenn von der institutionellen Infrastruktur alle Voraussetzungen für einen funktionsfähigen Kapitalmarkt weit entwickelt sind, reicht dies allein für die Festlegung einer Anlagestrategie für das betrachtete Land noch nicht aus. Zusätzlich muß der quantitative Aspekt der Kapitalmarktgröße mit einbezogen werden, um die Anwendbarkeit unterschiedlicher Anlagestrategien einschätzen und beurteilen zu können. Nur wenn auch grundsätzlich Anlagemöglichkeiten vorhanden sind, ist eine Wertpapieranlage basierend auf dem Effizienzgrad überhaupt möglich. Dazu wurde in der Abbildung 43 die Marktkapitalisierung (Mrd. DM) im Verhältnis zum Bruttoinlandsprodukt (BIP) pro Kopf herangezogen.

Ziel eines Managers eines regionalen Osteuropafonds sollte es sein, seine Ressourcen für Research und Analysetätigkeit in diese Länder der Region zu lenken, in denen die größten Renditepotentiale durch einen aktiven Managementstil bzw. eine aktive Anlagestrategie gehoben werden können. Dadurch besteht eher die Möglichkeit, mit einem konstanten Niveau an beeinflußbaren Transaktionskosten eine maximale Rendite zu erzielen.

Abb. 43: Grundsätzliche Anlagestrategien in Abhängigkeit von Effizienzgrad und relativer Kapitalmarktgröße

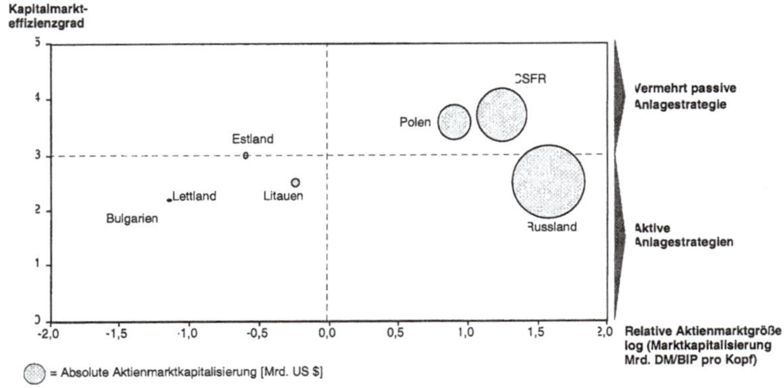

Quelle: Berechnungen nach IFC, 1996, S. 88, eigene Darstellung

Der polnische und tschechische Aktienmarkt weisen einen hohen Effizienzgrad auf. Gleichzeitig sind es relativ große Märkte. Vermutlich lassen sich durch ein aktives Management in diesen Ländern nur noch schwer Informationen generieren, die zu überdurchschnittlichen Renditen einzelner Werte führen können. Zumindest für Tschechien scheinen die Renditevergleiche des Jahres 1996 dies zu bestätigen (vgl. Kap. 3.2.5). Fondsmanager sollten daher ihre Researchaktivitäten immer weniger auf diese Länder lenken. Für den Manager eines regionalen Osteuropafonds empfiehlt sich ein eher passives Vorgehen bei der Auswahl der Titel und deren Gewichtungen im Fonds. Polen bietet möglicherweise noch überdurchschnittliche Renditepotentiale bei den bevorstehenden Privatisierungen. Aber es ist davon auszugehen, daß hier bereits der Emissionskurs sehr viel realistischeres Niveau haben dürfte als bei früheren Privatisierungen aufgrund der inzwischen höheren Markteffizienz und des vorhandenen Unternehmensbewertungs-Know-how. Für überregionale Aktienfonds, also Fonds die gleichzeitig auch in anderen Regionen der Welt angelegt sind, empfehlen sich ganz besonders diese Länder für Beimischungen in ein Portfolio. Bei solchen Fonds handelt es sich z. B. um globale Emerging Market Fonds, die in allen Emerging Markets engagiert sein können. Diese Fondsmanager können ihre Researchkapazitäten nur sehr begrenzt in alle Regionen der Welt ausdehnen. Polen und Tschechien sind daher die idealen Länder Zentral- und Osteuropas. Zwar ist kaum noch mit den extremen Kurssprüngen der ersten Jahre zu rechnen, allerdings dürften die Kursentwicklungen mehr auf fundamentalen Daten als auf Spekulationen basieren .

Estland ist ein Beispiel dafür, welche Bedeutung die Kapitalmarktgröße auf die Anlagestrategie von Investmentfonds hat. Zwar befindet sich Estland bereits im Übergang in die Konsolidierungsphase, allerdings waren zu keiner Zeit auf dem Aktienmarkt solch extreme Kursschwankungen wie in anderen Ländern der Region zu beobachten. Dies hängt mit der relativ geringen Größe des Kapitalmarktes zusammen. Aufgrund der Direktverkäufe der Unternehmensprivatisierung konnte ein Kapitalmarkt mit ausreichender Anlagemöglichkeiten für Investmentfonds kaum entstehen. Erst 1996 wurde hier eine Börse gegründet. Kapitalanlagen in Estland dürften sich daher kaum lohnen, sofern man nicht an Börseneinführungen teilnehmen kann. Analyseaufwand sollte sich daher allenfalls auf solche Unternehmen fokussieren, die in den nächsten Monaten an der Börse notiert werden sollen. Ansonsten empfiehlt sich ebenfalls ein eher passiver Managementstil.

Litauen und insbesondere Rußland scheinen sich für rein aktiven Managementstil zu eignen. Der Effizienzgrad verspricht nach wie vor Ineffizienzen, die sich möglicherweise bei entsprechender Researchtätigkeit in überdurchschnittlichen Renditen niederschlagen können. Rußland bietet zudem für einen regionalen Osteuropafond umfangreiche Anlagemöglichkeiten. Litauen hat zwar relativ zum BIP einen großen Kapitalmarkt, absolut im Vergleich mit anderen Ländern der Region ist er aber nach wie vor eher klein Dazu kommt, daß aufgrund der hier verfolgten Privatisierungspolitik die Aktien zu einem großen Teil im Besitz von Management und Belegschaft sind und der Markt dadurch sehr illiquide ist. Es empfiehlt sich daher ein sehr selektives Vorgehen. Gerade die Anlagen in diesem Land haben im letzten Quartal 1996 ganz erheblich zu der guten Performance des Mercury Fonds beigetragen.

Lettland und Bulgarien weisen aufgrund der Privatisierungspolitik die mit Abstand kleinsten Kapitalmärkte der Region auf. In beiden Ländern ist grundsätzlich ein aktiver Managementstil zu empfehlen, allerdings ein sehr selektives Vorgehen bei der Titelauswahl. In beiden Ländern sind schnelle und umfassende Privatisierungsprogramme geplant. Gerade in Lettland wäre zu überlegen, an Börseneinführungen auch durch den Einsatz von Privatisierungskupons teilzunehmen. Dies dürfte die höchsten Renditepotentiale der gesamten Region versprechen, allerdings auch ein hohes Zuteilungsrisiko.

4.4.2. Bewertung

Der vorgestellte Modellentwurf kann als Orientierungsrahmen für die Entwicklung von Anlagestrategien in Emerging Capital Markets dienen. Er ist nicht an Bedingungen, Annahmen oder Voraussetzungen geknüpft, die von vornherein seine praktische Relevanz in Frage stellen. Bestehenden Ineffizienzen der Emerging Capital Markets werden in die Entscheidungsfindung mit einbezogen. Transaktionskosten werden nicht ausgeklammert, sondern als eine wichtige Einflußgröße auf die Anlagestrategie betrachtet. Durch die Diagnose mittels Mustererkennung für die Entwicklungsstadien der Kapitalmärkte wird Investmentfondsmanagern ein Entscheidungsrahmen an die Hand gegeben, der es ihnen erleichtert, die komplexen Umweltbedingungen systematisch in langfristige Anlagestrategien umzusetzen. Die institutionenorientierte Sichtweise entwickelt den Gedanken der Kapitalmarkteffizienzhyphothese weiter. Diese besagt, daß die Anlagestrategie eines Portfolioinvestors maßgeblich abhängt vom Effizienzgrad des Kapitalmarktes. In dem Modell werden Institutionen und institutionelle Regelungen definiert und bewertbar gemacht, die eine Zuordnung von Effizienzgraden zu Kapitalmärkten erleichtert und damit operationalisierbar macht. Eine entscheidende Erkenntnis für die Portfoliomanagement-Praxis ist die Hervorhebung kapitalmarktbeeinflussender Institutionen und institutioneller Regelungen. Die gewählte Systematik ist in dieser Form auch auf andere Emerging Capital Markets übertragbar.

Sowohl die Auswahl der Institutionen und institutionellen Regelungen, als auch ihre Bewertungen können bzw. müssen sogar von jedem Fondsmanager individuell vorgenommen werden. Die hier getroffene Auswahl und Bewertung erfüllt nicht den Anspruch, normativ zu sein. Das Modell kann allenfalls als Orientierungsrahmen dienen. Eine systematische Erstellung eines Rendite-Risiko-Profils der Portfolios und damit eine vollkommene Vergleichbarkeit ist nicht möglich. Eine Risikobegrenzung und eine Renditemaximierung kann erreicht werden durch eine sorgfältige Auswahl von Einzeltiteln dort, wo ein aktiver Managementstil empfehlenswert erscheint.

Den Anspruch einer formalen und eindeutigen Entscheidungsgrundlage erheben die Modelle der neoklassischen Finanzierungstheorie. Sie sind in der Portfoliomanagementpraxis von dominierender Bedeutung. Inwieweit sie auch als Entscheidungsgrundlage für Investitionsentscheidungen in Emerging Capital Markets dienen können bzw. das oben dargestellte Modell ergänzen können, wird im folgenden Kapital bewertet.

4.5. Bewertung der neoklassischen Finanztheorie in Emerging Capital Markets

Die Entwicklung einer theoretischen Beziehung zwischen Risiko und erwarteten Rückflüssen aus Kapitalanlage- bzw. Investitionsentscheidungen baut auf der Portfoliotheorie von Markowitz und der Kapitalmarkttheorie von Sharpe, Lintner und Mossin auf.

Eine wichtige Klasse von Investitionsentscheidungen unter Unsicherheit ist die Geldanlage in Aktien und Wertpapieren, die an der Börse gehandelt werden. Kapitalanleger engagieren sich fast ausnahmslos nicht nur in einzelnen Werten, sondern in Wertpapiermischungen, sogenannten Portfolios. Investmentfonds können als institutionalisierte Portfolios betrachtet werden, die systematisch Wertpapierportfolios bilden. Durch das Mischen von Wertpapieren entstehen Vorteile, weil sich die Risiken der einzelnen Wertpapiere gegenseitig beeinflussen. Wie stark diese Vorteile ausgeprägt sind, wovon sie abhängen und wie sie am besten genutzt werden können, ist der Inhalt der Portfoliotheorie (vgl. Markowitz, 1952, S. 77ff.). Die Portfoliotheorie wiederum ist die Grundlage für das Portfolio-Selektions-Modell zur systematischen Zusammenstellung von Wertpapierportfolios.

Die Kapitalmarkttheorie wiederum untersucht die Auswirkungen der Anlageentscheidungen von Investoren auf die Marktpreise von Wertpapieren (Sharpe, William F. 1970). Die Kapitalmarkttheorie baut auf der Portfoliotheorie auf (vgl. Sharpe, 1964, S. 425ff, Lintner, 1965, S. 13ff., Mossin, 1968, S. 215 ff.). Sie stellt die Frage, welche Renditen sich am Kapitalmarkt ergeben, wenn sich die Marktteilnehmer so verhalten, wie es die Portfoliotheorie nahelegt (vgl. Schmidt/Terberger, 1996, S. 342). Die Modelle der Kapitalmarkttheorie unterstellen, daß die Preisfindung von Anlagetiteln maßgeblich von der Rendite und dem Risiko bestimmt werden (vgl. Perridon/Steiner, 1993, S. 19ff.). Zentrales Modell ist das Capital Asset Pricing Model (CAPM). Es versucht auf unterschiedliche Weise zu erklären, welche Rendite bei welchem Risiko erwartet werden darf (vgl. Steiner/Bruns, 1996, S. 21).

Auf eine detaillierte Beschreibung der Theorien und Modelle und auf die Darstellung ihrer grundsätzlichen Wirkungsweisen wird hier verzichtet. Vielmehr wird auf die einschlägige Fachliteratur verwiesen. Im folgenden wird eine Bewertung der Anwendbarkeit dieser nach wie vor in der Fondspraxis weit verbreiteten Theorien in dem besonderen Umfeld von Emerging Capital Markets am Beispiel ausgewählter Länder Zentral- und Osteuropas vorgenommen. Soviel sei hier vorweggenommen: Es wird sich zeigen, welche Probleme bei der praktischen Anwendung dieser Theorien bestehen. Dadurch wird die Notwendigkeit unterstrichen, warum ein so sehr praxisorientierter Entscheidungsrahmen in Emerging Capital Markets erforderlich ist, wie er oben vorgestellt wurde.

4.5.1. Das Portfolio-Selektions-Modell

Durch Markowitz gelang die explizite und statistisch erfaßbare Berücksichtigung des Risikos von Wertpapieranlagen, die heute nicht nur in der Wertpapierverwaltung, sondern auch in der strategischen Planung von Unternehmen zum Einsatz kommt, wobei die Risiken einer Investition gegen deren Chancen abgewogen werden (vgl. Copeland et al., 1994, S. 247-249). Gleichzeitig wurde die bis dahin vorherrschende eindimensionale Betrachtungsweise der reinen Renditemaximierung durch die bis heute aktuelle zweidimensionale Betrachtung ersetzt, mit der Investitionen nach beiden Dimensionen bewertet werden können.

Obwohl der Markowitz`sche Ansatz bis heute aktive Verwendung im professionellen Portfoliomanagement findet, enthält er einige Defizite. Zur Ermittlung der Varianz setzt das Portfolio-Selection-Model entweder Datensicherheit voraus oder muß historische Daten in die Betrachtung einbeziehen. Für den Anleger aber sind einzig zukünftig effiziente Portfolios von Bedeutung (vgl. Bruns/Meyer-Bullerdiek, 1996, S. 49). Zudem ist die Anzahl der zur Berechnung der effizienten Portfolios benötigten Werte (für n Anlagetitel müssen n erwartete Renditen, n Varianzen sowie n(n-1)/2 Kovarianzen ermittelt werden) umfangreich und damit gleichzeitig anfällig für Fehlereinflüsse. Einige Daten können ohnehin nur geschätzt werden. Bei einer rein technischen Analyse werden in der Regel nur historische Daten berücksichtigt, so daß erwartete Renditen einzig auf Prognosen aus Vergangenheitswerten beruhen. Darüber hinaus hält die Prämisse, daß Wertpapiere beliebig teilbar sind, einer Überprüfung mit der Realität nicht stand[46], so daß die Portfolios der Effizienzlinie nicht notwendigerweise auch den Rahmenbedingungen der Anleger entsprechen.

Vor allem unter Berücksichtigung der Transaktionskosten wird ein theoretisch effizientes Portfolio in der Praxis nicht so zu realisieren sein, daß der durch eine Umschichtung gewonnene Mehrnutzen die damit verbundenen Kosten deckt bzw. übersteigt. Auch rechtliche Rahmenbedingungen können verhindern, daß das für einen Anleger unter Berücksichtigung seiner Präferenzen real optimale Portfolio auch auf der Effizienzlinie liegt.[47] Selbst bei rationalen Anlegern ist zu erwarten, daß diese unterschiedliche Erwartungen bezüglich künftiger Renditen, Varianzen und Kovarianzen haben. Für verschiedene Investoren kann daher die Effizienzlinie durchaus unterschiedlich verlaufen. Anlegerspezifisch ist ebenso die Annahme, daß auf dem Markt keine Steuern existieren. In der Realität kann sich - abhängig von individuellen Steuersätzen - eine völlig unterschiedliche Bewertung einzelner Aktien ergeben, was vor allem dann entscheidend ist, wenn die Wahl zwischen der Anlage in einen Wachstumswert, bei dem sich die Rendite wesentlich aus realisierten Kursgewinnen ergibt, oder einen Dividendentitel getroffen werden muß (vgl. Warfsmann, 1993, S. 87).

Ein weiterer Schwachpunkt des Modells liegt darin, daß, im Gegensatz zu dem intensiven Aufwand, die Effizienzlinie analytisch zu berechnen, die Nutzenvorstellung des Anlegers in Form seiner Risikopräferenzfunktion nur sehr

---

46 Aktien können generell nur in solchen Stückelungen erworben werden, die dem Marktwert eines Anteils entsprechen. Zudem fordern Finanzintermediäre üblicherweise ein Mindestvolumen für eine Transaktion.

47 Ein Fonds könnte den DAX als optimales Portfolio sehen. Es wäre aber daran gehindert, diesen nachzubilden, da es nach dem Gesetz für Kapitalanlagegesellschaften (KAGG) nur zulässig ist, bis zu 10 Prozent des Fondsvermögens in einen einzelnen Wert zu investieren. Die Aktie der Allianz allein hatte aber im DAX Mitte 1996 ein Gewicht von 12,6 Prozent (§8a (I) Satz 1 KAGG).

subjektiv ausgedrückt und entsprechend innerhalb des Modells umgesetzt werden kann (Einen Überblick zur rationalen Bewertung des Anlegerverhaltens auf Basis der Motivationstheorie von Maslow gibt Schmidt-von Rhein, 1996, S. 87-97).

Die Anwendung der Varianz als Risikomaß ist in der Literatur umstritten, da hierdurch auch positive - und damit wünschenswerte - Abweichungen als risikosteigernd in die Berechnung eingehen. Da das Modell jedoch auf der Annahme aufbaut, daß Abweichungen um den erwarteten Ertrag normalverteilt sind, ist die Varianz jedoch nach Einschätzung Markowitz durchaus ein adäquates Risikomaß (vgl. Markowitz, 1959, S. 188-194). In der Realität ist zu beobachten, daß sich die Volatilität häufig allein durch Schwankungen nach oben erklärt. Der besondere Anreiz der Kapitalmärkte in den Emerging Markets für ausländische Investoren liegt jedoch genau darin begründet, daß starke Kursveränderungen, nämlich Kurssteigerungen, erwartet werden. Dadurch ließe sich aber aus der Volatilität eines Wertpapiers, isoliert betrachtet, noch keine Aussage zu dessen Rendite-Risiko-Struktur treffen (vgl. Perridon/Steiner, 1993, S. 246 und Keppler, 1990, S. 611).

4.5.2. Das Capital Asset Pricing Modell (CAPM)

Ein Investor, der bereit ist, ein höheres Risiko bei der Geldanlage einzugehen, möchte dieses auch in einer höheren Rendite als bei risikoloser Anlage belohnt sehen. Die Festlegung der Höhe der sogenannten Risikoprämie für individuelle Anlagen ist Bestandteil das CAPM (vgl. Schmidt/Terberger, 1996, S. 342). Durch das CAPM läßt sich ein Kapitalkostensatz für Entscheidungen über einzelne Investitionsobjekte bestimmen. Dadurch kann deren Risiko ausdrücklich und korrekt berücksichtigt werden.

Das Gesamtrisiko kann differenziert werden in das nicht diversifizierbare, systematische Risiko (Marktrisiko), das sich in einer Kursbewegung abbildet, die proportional mit einem repräsentativen Aktienindex verläuft, und das diversifizierbare, unsystematische Risiko (Unternehmensrisiko), das sich in Kursreaktionen des betreffenden Wertpapiers auf unternehmensspezifische Ereignisse (z. B. Mismanagement) widerspiegelt. Durch Diversifikation läßt sich nur ein Teil des Gesamtrisikos eines Wertpapiers eliminieren (vgl. Abb. 44). Relevant für einen Portfolio-Investor ist der nicht eliminierbare systematische Anteil. Gerade der muß im Kapitalmarktgleichgewicht vergütet werden (vgl. Sharpe, 1964, S. 426, o. Brealey/Myers, 1991, S. 139).

Abb. 44: Risikowirkung von Portfoliodiversifizierungen

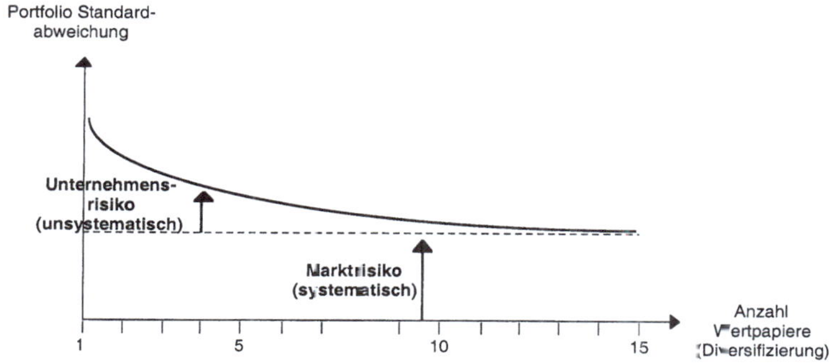

Quelle: Brealy/Myers, 1991, S. 139

Im Portfolio-Selection-Model ist die Bestimmung eines anlegeroptimalen Portfolios durch die subjektive Bestimmung der individuellen Nutzenfunktion mit Ungenauigkeiten behaftet. Im CAPM, das von Sharpe, Lintner und Mossin entwickelt wurde, werden diese Schwierigkeiten der subjektiven Festlegung der individuellen Nutzenfunktion beseitigt (vgl. Sharpe, 1964, S. 433).

Im Unterschied zum Portfolio-Selektions-Modell ist im CAPM die Rendite eines Wertpapiers nicht starr vorherbestimmt, sondern durch dessen Abhängigkeit vom Markt als externem Faktor flexibel. Die Volatilität einzelner Wertpapiere wird damit nicht mehr eindimensional betrachtet, sondern durch den direkten Bezug zu einem Marktindex relativiert. Dem Anleger bietet das CAPM ein analytisches Werkzeug, mit dessen Hilfe er für jedes beliebige Wertpapier grundsätzlich das Verhältnis zwischen Rendite und Risiko bestimmen und dafür einen fairen Preis ermitteln kann. Das CAPM berücksichtigt als Einfaktormodell ausschließlich die Marktentwicklung als einzigen externen Einflußfaktor. Interdependenzen zwischen den einzelnen Wertpapieren werden ausgeschlossen (vgl. Bruns/Meyer-Bullerdiek, 1996, S. 52-53). Dies stellt eine wichtige Vereinfachung der Handhabbarkeit dar.

Im Mittelpunkt der Kritik steht jedoch, daß die Aussagen des CAPM nur dann Gültigkeit haben, wenn die Marktentwicklung als alleiniger Einflußfaktor auf Kursbewegungen akzeptiert wird. Das Marktmodell streitet also ab, daß Auswirkungen wie Brancheneffekte existieren, die bei Wertpapieren einer Branche parallele Kursbewegungen auslösen, aber weder durch den Marktfaktor erfaßt sind noch Auswirkungen auf den Gesamtmarkt haben. In der Praxis werden Indizes als relevante Marktportfolios betrachtet. Ein Index kann einen Markt nur näherungsweise abbilden und dessen Volatilität damit nicht genau erfassen. Auf den realen Märkten beobachtbare Anomalien, die sich nicht mit den Erklärungsansätzen des CAPM decken, sind auf Defizite in der Informationseffizienz zurückzuführen und werden im nächsten Abschnitt noch einmal aufgegriffen.

Auch dem CAPM muß ebenso wie dem Portfolio-Selektions-Modell angelastet werden, daß es letztlich auf Vergangenheitsdaten basiert, da immer nur ein historisches ß Berücksichtigung in der Bewertung finden kann. Schon die Bestimmung der Effizienzlinie beruht auf Vergangenheitswerten. Dadurch können sich „individuell optimale Tangentialportfolios" ergeben (vgl. Bruns/Meyer-Bullerdiek, 1996, S. 53). Die Möglichkeit der objektiven Bewertung, die das CAPM zu bieten vorgibt, wird dadurch in Frage gestellt, da aus den genannten Gründen einzelne Tangentialportfolios vom Marktportfolio abweichen.

4.5.3. Gesamtwürdigung der neoklassischen Finanztheorie

Die kapitalmarktorientierte Investitions- und Finanzierungstheorie sucht nach Lösungen, die in Abstimmungen immer Einstimmigkeit bezüglich der Vorteilhaftigkeit von Investitionsentscheidungen und den damit verbundenen Zahlungsströmen in Abhängigkeit von unterschiedlichen Präferenzen herbeiführen. Sie ruht in der Möglichkeit des Handels von Zahlungsströmen auf dem Kapitalmarkt (vgl. Schmidt/Terberger 1996, S 53f.). Allerdings funktioniert die Herstellung der Einstimmigkeit durch Marktwertmaximierung nur in einem vollkommenen und vollständigen Kapitalmarkt. Nur hier kann ein Kapitalbesitzer jederzeit seinen Anteil am Zahlungsstrom verkaufen, der seinen Präferenzen bezüglich zeitlicher Struktur und/oder Unsicherheit nicht entspricht. Und er kann jederzeit Zahlungsströme erwerben, die seinen Präferenzen mehr entsprechen. Jedem Marktteilnehmer ist bekannt, welchen Zahlungsstrom er als Gegenleistung für einen bestimmten Preis zu erwarten oder zu liefern hat. Die Annahme des vollkommenen Kapitalmarkts in der neoklassischen Theorie beinhaltet, daß die Tauschkonditionen für den einzelnen Marktteilnehmer ein Datum sind, an das er sich nur durch die angebotene oder nachgefragte Menge anpassen kann. Das Handeln des Einzelnen hat damit keinen Einfluß auf die Preise und auf die Substanz dessen, was getauscht wird (vgl. Schmidt/Terberger, 1996, S. 386).

In einem unvollkommenen Kapitalmarkt wären Kauf- und Verkaufspreis eines Zahlungsstroms unterschiedlich, weil für Transaktionen am Kapitalmarkt eine Gebühr anfällt, um denjenigen zu bezahlen, der das Geschäft vermittelt. Vermittler wären sog. Finanzintermediäre, z. B. eine Bank oder aber ein Börsenmakler. Sie werden erforderlich, wenn zwischen den Marktteilnehmern die Informationen über den Markt und einzelne Titel unterschiedlich verteilt sind. Sie helfen, Informationsineffizienzen auszugleichen. Transaktionskosten können dazu führen, daß der individuelle Vorteil der aus der Sicht eines Investors höherwertigen Investition überkompensiert wird.

Einstimmigkeit wird ebenfalls dann nicht mehr uneingeschränkt herrschen, wenn der Kapitalmarkt unvollständig wäre. Es könnte z. B. unmöglich sein, Bruchteile des marktwert-maximalen Zahlungsstroms zu verkaufen, oder es gäbe am Kapitalmarkt keinen Zahlungsstrom mit den bevorzugten Eigenschaften zu kaufen. Solche Unvollständigkeiten finden sich auf dem Kapitalmarkt in der Realität etwa in der Form, daß gewisse Mindestbeträge erforderlich sind, um bestimmte Geschäfte tätigen zu können.

Um die Anforderungen eines vollkommenen und vollständigen Marktes erfüllen zu können, muß eine ausreichende Marktkapitalisierung, eine ausreichende Anzahl börsenzugelassener Unternehmen und Marktteilnehmer (Käufer und Verkäufer) vorhanden sein. Außerdem muß eine ausreichende Informationstransparenz herrschen und alle Marktteilnehmer müssen über die gleichen Informationen verfügen. Nur dann ist eine ausreichende Liquidität vorhanden, damit jeder Marktteilnehmer zu jeder Zeit festlegen kann, welche Anlagekonfiguration seinen Präferenzen am besten entspricht, und zu jeder Zeit Zahlungsströme handeln kann, um sich sein Portfolio entsprechend seiner Präferenzen zusammenstellen zu können. Ein Markt ist für einen professionellen Investor kaum attraktiv, wenn nicht ein Minimum an Diversifikation vorgenommen werden kann (vgl. Philbrick, 1994, S. 9). Aus portfoliotheoretischer Sicht dient eine hinreichende Liquidität einer Annäherung an den vollkommenen Kapitalmarkt, an dem Wertpapiere jederzeit gekauft oder verkauft werden können, ohne daß dadurch, ceteris paribus, der für alle Marktteilnehmer gültige Kurs substantiell verändert wird. Selbst bei geringen Preisabweichungen sollte es also möglich sein, zu fairen Preisen Käufer am Markt zu finden (vgl. Reilly, 1994, S. 22).

In dieser Hinsicht weisen die untersuchten Länder sehr unterschiedliche Voraussetzungen auf, in jedem Fall erfüllt keines die Anforderungen eines vollkommenen und vollständigen Marktes.

In Polen sind durch die strengen Zulassungsbedingungen nur 69 Gesellschaften notiert, während in Tschechien offiziell in 1.628 Werten gehandelt werden kann. Für Rußland können zur Annäherung nur die im Russian Trading System (RTS) gegenwärtig 87 quotierten Werte (vgl. Paufor, 1997: Notierungen zum 31.12.1996) herangezogen werden, da dort aufgrund der ausgeprägten regionalen Handelszersplitterung und der schlechten Infrastruktur keine kumulierten Daten erhältlich sind. Während in Bulgarien und Estland mit jeweils 15 und in Lettland mit 24 notierten Werten bisher nur wenige Unternehmen an die Börse gegangen sind, weist der Kurszettel der Börse in Litauen zumindest 426, gemessen an ihrer Kapitalisierung relativ kleine Unternehmen auf.

Wichtig ist, welche Marktbreite dem anlagesuchenden Kapital gegenübersteht, d. h. wie groß die Marktkapitalisierung ist. Die jungen Börsen Zentral- und Osteuropas können häufig die Nachfrage nicht decken. Sie sind im Vergleich zu den etablierten Märkten noch verschwindend klein und entsprechend gering aufnahmefähig für den Zufluß ausländischer Kapitalmittel aus Portfolioinvestitionen. Kumuliert liegt die Marktkapitalisierung sämtlicher osteuropäischer Märkte bei weniger als 15 Prozent des deutschen Kapitalmarktes mit einer Größe von knapp USD 620 Mrd. Rußland weist eine durch das RTS erfaßte Marktbreite von USD 36,8 Mrd. auf, Tschechien USD 17,6 Mrd. Mit einer Gesamtkapitalisierung von USD 8,9 Mrd. stellen Polen, Bulgarien und die baltischen Staaten zusammen gerade vier Fünftel der ersten Tranche des Emissionsvolumens der kürzlich in Frankfurt notierten Deutsche Telekom mit USD 10,59 Mrd. dar (vgl. Abb. 19). Als Folge sind häufig heftige Kurssteigerungen zu beobachten gewesen, die daraus resultierten, daß die Marktteilnehmer nicht mehr als reine Mengen-, sondern als Preisanpasser auftraten.

Abb. 45: Marktkapitalisierung ausgewählter Länder Zentral- und Osteuropas 1996 (Mio. USD)

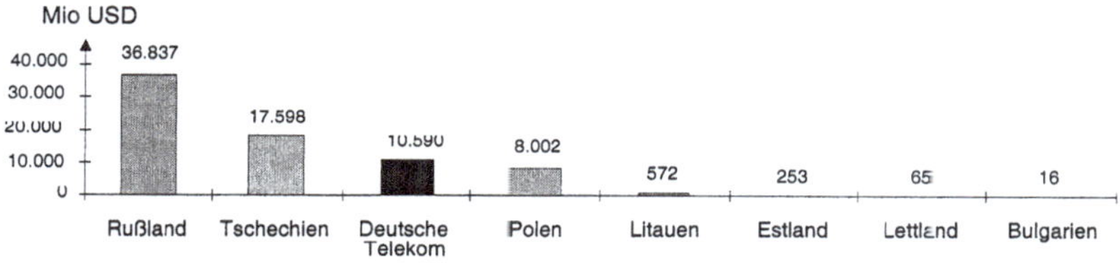

Die internationale Liquidität beeinflußt die osteuropäischen Börsen erheblich. Gemäß der Aussage eines Fondsmanagers sind von der Gesamtkapitalisierung des ungarischen Aktienmarkts in Höhe von USD 4,9 Mrd. knapp USD 4 Mrd. in den Händen ausländischer Investoren. Der Markt wird insbesondere von amerikanischen und englischen Fonds beherrscht.[48] Aufgrund der Dominanz internationaler Investoren an den osteuropäischen Börsen sind internationale Liquiditätsflüsse von entscheidender Bedeutung. Eine Prognose schien jedoch allen Fondsmanagern nahezu ausgeschlossen, obwohl alle die Zinspolitik der amerikanischen Zentralbank als ausschlaggebendes Kriterium für die internationale Liquidität erachten (Anhang 6, Nr. 1). Darüber hinaus bestimmen die strategischen Asset Allokationen der Emerging Market-Fonds zu Beginn eines Jahres über - zumindest temporäre - internationale Liquiditätsflüsse. Die enormen Kursgewinne von bis zu 50 Prozent an der Moskauer Börse in den ersten Wochen dieses Jahres führten viele Manager auf die strategische Neuausrichtung der großen amerikanischen Global Emerging Markets-Fonds zurück, die russische Werte in ihre Portfolios aufgenommen haben.

In den frühen Phasen nach Öffnung der Kapitalmärkte waren immer wieder sehr starke Kurssteigerungen an den noch jungen Börsen festzustellen. In

48 Dabei handelt es sich z.T. auch um nicht reine regionale Osteuropafonds, sondern auch um z.B. globale Emerging Market Fonds, die nur einen Teil ihres Fondvermögen in der Region Zentral- und Osteuropa angelegt haben.

Zusammenhang mit der gewöhnlich folgenden Konsolidierungsphase kann zudem die Erkenntnis des "Positive Feedback" angeführt werden, die starke Kursausschläge nach unten auf Panikverkäufe aus massenpsychologischen Motiven zurückzuführen sucht. In den Emerging Markets findet eine besondere Form des Positive Feedbacks bei Aufnahme in einen internationalen Index statt, die in den jungen Märkten zu substantiellen Kursveränderungen führen kann. Die Aufnahme Rußlands in den IFC Investable Index würde beispielsweise zu indexbedingten Kapitalzuflüssen in Höhe von 140 bis 160 Mio. USD führen (vgl. o. V., Russia irrestible, 1996, S.13). Da diese Summe annähernd einem Monatsumsatz des relativ liquiden Russian Trading System (RTS) entspricht, muß von einer starken Kursbeeinflussung ausgegangen werden. Andererseits kann der Ausschluß auch einzelner Unternehmen aus einem Index zu rational nicht erklärbaren Kursverlusten führen (vgl. o. V., Battle, 1996).

Relevant sind jedoch nicht allein die Kapitalisierung und die Anzahl notierter Unternehmen, sondern die Liquidität. Nur bei hinreichender Umsatztätigkeit und einer umfangreicheren Anzahl von Handelsabschlüssen ist es dem Markt möglich, eine faire Preisbildung vornehmen zu können. Ein Kriterium zur Beurteilung der Liquidität ist der Umfang des Streubesitzes sowie das tägliche Handelsvolumen. Streubesitz ist der prozentuale Anteil der Marktkapitalisierung, der sich nicht in der Hand strategischer Investoren befindet (der sogenannte Festbesitz) und auf dem Markt gehandelt wird oder zumindest gehandelt werden kann.

Eine quantitative Erfassung dieser Liquidität ist nicht eindeutig für die untersuchten Länder durchzuführen, da sich nicht genau bestimmen läßt, welches Handelsvolumen der Markt tagesabhängig aufnehmen kann. Als Indiz zur Bewertung der Umsatzliquidität [49] kann der Wertpapierumschlag herangezogen werden. Er bildet das Verhältnis von Marktumsatz zu Marktkapitalisierung ab. Allerdings kann damit nur eine über den Gesamtmarkt aggregierte Aussage getroffen werden, die keinen Rückschluß auf die Liquidität einzelner

49 Die Umsatzliquidität muß streng von der Liquidität der Theorie unterschieden werden, da eine ausreichende Umsatztätigkeit zwar Basis einer fairen Preisbildung ist, diese aber nicht notwendigerweise erzwingt.

Werte zuläßt (zur Umsatzliquidität deutscher DAX und MDAX-Werte vgl. Deutsche Börse AG, 1996, S.18 u. 24).[50]

Auf der Ebene einzelner an der Börse gehandelter Unternehmen ergibt sich ein differenzierteres Bild, das sich aber generell mit den Erkenntnissen deckt, die für den Gesamtmarkt aus dem aggregierten Wertpapierumschlag abgeleitet werden. In den meisten der in Polen notierten Werte findet ein regelmäßiger und umfangreicher Handel statt, der sich in den Wertpapierumschlägen der einzelnen Notierungen widerspiegelt.[51] In Tschechien dagegen ist nur für etwa 300 bis 400 der 1.604 gelisteten Unternehmen ein relativ liquider täglicher Handel festzustellen.[52] Im Vergleich zu Polen verfügt Tschechien darüber hinaus bei einer mehr als dreifach so hohen Kapitalisierung über ein Handelsvolumen, das gerade einmal 30 Prozent über dem Polens liegt. Ein Großteil der gelisteten Aktien wird nur sporadisch gehandelt, so daß eine kontinuierliche und objektive Marktbewertung einzelner Wertpapiere nicht stattfinden kann. Im russischen RTS kann von einem regelmäßigen Handel überhaupt nicht gesprochen werden. Nur für etwa jeweils die Hälfte der quotierten 87 Unternehmen wird täglich ein Preis für deren Anteile ermittelt, wobei einerseits kaum ein Wert permanent gehandelt wird und andererseits oft nur Einzelgeschäfte abgeschlossen werden. Die Spanne zwischen Bid- und Ask-Preisen der Investoren liegt in vielen Fällen zu weit auseinander, als daß ein Kurs festgestellt werden könnte. Eine weitere Konzentration der Aktiengeschäfte auf das RTS, dessen Anteil am Gesamtmarkt auf etwa ein Drittel geschätzt wird, ist bisher nicht abzusehen (vgl. Schroth/Wenzeler 1996, S. 56). In Estland beschränkt sich der Handel mit 99,9 Prozent wesentlich auf acht Werte, von denen sechs teilprivatisierte Banken sind (vgl. Börse Tallinn, Stock Prices, 1996, S. 1). Die Börse Litauen berichtet, daß etwa 200 Werte kaum am

---

50 Z. B. weist der deutsche Aktienmarkt eine Kennzahl von 2,11 auf, der deutlich vollkommenere und vollständigere Markt der USA dagegen „nur" eine Ziffer von 0,86. Das verdeutlicht, daß anhand des Wertpapierumschlags die Effizienz des Marktes noch nicht zu belegen ist. Trotz der weltweit zweithöchsten Umschlagsziffer sind in Deutschland vor allem im Freiverkehr Taxkurse keine Seltenheit. Da diese Kennziffer jedoch in den betrachteten Ländern, im Gegensatz zu weiter entwickelten Märkten, keinerlei Stetigkeit aufweist, läßt sich darüber keine allgemeine Aussage ableiten. Die Tatsache, daß mit Ausnahme von Polen mit einem relativ konstanten Wert von etwa 0,7 in den letzten beiden Jahren alle Länder eine Kennziffer von teilweise weit unter 0,4, im Falle von Bulgarien sogar von 0,07, aufweisen, legt nahe, daß ein für eine korrekte Wertobjektivierung durch den Markt erforderlicher Umsatz noch nicht gegeben ist.

51 Ausnahmen bilden nur einige wenige Unternehmen, bei denen sich ein Großteil des Aktienkapitals noch in staatlicher Hand befindet.

52 Einschätzung der Berliner Bankgesellschaft und der Deutsche Bank in Prag.

Markt liquidierbar sind, da einige von ihnen seit ihrer Notierung erst ein Mal gehandelt wurden. In Lettland konzentriert sich die Liquidität auf die drei im offiziellen Segment gehandelten Werte. Aufgrund mangelnder Liquidität hat in Bulgarien Mitte 1996 selbst eine drastische Zinserhöhung zu keinerlei Beeinflussung des Aktienmarktes geführt, da Verkäufe nur unter massiven Verlusten realisierbar gewesen wären (vgl. IFC, Monthly Review, 1996, S.137). Seit November 1996 findet in Sofia überhaupt kein Handel mehr statt, da gegenwärtig das Börsensystem zur Vorbereitung auf dem aus der nächsten Privatisierungswelle hervorgehenden Aktien ruht. Bei einem Markt, dessen monatliches Handelsvolumen oft unter USD 10.000 liegt und auf dem nur selten Handelsabschlüsse realisiert werden, ist ein solches Verhalten der Marktteilnehmer als durchaus rational zu bewerten.

Die Handelskonzentration auf einige wenige liquide Werte führt zu einer z. T. stark korrelierenden Renditeentwicklung zwischen diesen marktstarken Titeln. Während einer Hausse läßt sich feststellen, daß institutionelle Anleger oft intensiv in diese Werte investieren und dadurch eine deutliche Beeinflussung des Marktkurses bewirken. Durch die davon ausgehende Signalwirkung werden andere Investoren in ihrer Entscheidung beeinflußt, so daß es zu einer nachhaltigen Bildung von Preisblasen auf dem Markt kommt.[53] Umgekehrt gilt, daß nach dem Einsetzen eines Kursrutsches gewöhnlich ebenso intensive Verkaufstransaktionen durchgeführt werden.[54] In Polen, Ungarn und Tschechien ließ sich beobachten, daß während der jeweiligen Hausse an den Börsen in den Jahren 1993 und 1994 eine hohe Korrelation zwischen dem jeweiligen Handelsvolumen und den Kurschwankungen der Indizes zu beobachten war (Quelle: Jahresberichte der Wertpapierbörsen) Dies bringt zum Ausdruck, daß nur bei starken Kursänderungen Aktien zum Kauf angeboten oder später zu wesentlich geringeren Preisen nachgefragt wurden. Aufgrund unzureichender Liquidität konnte also weder die anfänglich hohe Nachfrage nach Wertpapieren noch die später einsetzende Verkaufswelle wertneutral durch den Markt aufgenommen werden. Kritisch für die Emerging Markets ist, daß gerade in solchen Situationen, in denen Liquidität in Form zufließenden

---

[53] Nach Einschätzung der East Stock Information GmbH in Hamburg läßt sich von Angst- bzw. Euphoriekursen sprechen, die mit der wirtschaftlichen Realität nicht zu rechtfertigen sind.

[54] Nach Lechner/Keppler, 1996, S. 25: „Die durch zyklisches Marktverhalten entstehenden extremen Kursbewegungen haben oft wenig mit der zugrundeliegenden wirtschaftlichen Entwicklung des Landes und der Unternehmen gemeinsam, sondern sie sind vielmehr die Auswirkungen spekulativer Exzesse kurzfristig orientierter Anleger in einem engen Markt".

Kapitals zu einer Stabilisierung führen könnte, diese gewöhnlich ausbleibt, da einzelne Investoren der Masse des Marktes folgen (vgl. Bruns/Meyer-Bullerdiek, 1996, S. 33). An vielen der jungen Ostbörsen besteht die Möglichkeit nicht, auch in brisanten Situationen ungehinderte Verkäufe durchführen zu können (vgl. o. V., Börsen-Babys, 1994, S. 150).

Die neoklassischen Modelle sind außerdem abhängig von der Qualität der verwendeten Input-Daten und sehr sensibel gegenüber deren Veränderung, da sich dadurch substantiell unterschiedliche optimale Portfolios ergeben (vgl. Loistl, 1994, S. 235). Alle neoklassischen Gleichgewichtsmodelle (Portfolio Selection Modell, CAPM) können nur bei Kapitalmärkten mit einer relativ stabilen und über lange Zeiträume verlaufenden Entwicklung normative oder zumindest deskriptive Anwendung finden. Andernfalls wären keine hinreichende Datenbasis zur Prognose zukünftiger Entwicklungen vorhanden. Weder eine weit zurückreichende historische Marktentwicklung noch eine kontinuierliche Marktentwicklung in der zurückliegenden Betrachtung finden wir in den hier untersuchten Ländern Zentral- und Osteuropas vor. Nach Slowenien und Ungarn war Rußland im Oktober 1990 der dritte Staat der Region, der einen Aktienhandel zuließ. Ungeachtet der Datenqualität könnte daher maximal eine Zeitreihe von sechs Jahren betrachtet werden. Für die meisten notierten Unternehmen ist der Betrachtungszeitraum noch geringer. Viele der mittlerweile notierten Unternehmen werden erst seit kurzer Zeit an der Börse gehandelt (vgl. IFC, 1996, S. 23-24), so daß eine aussagekräftige Bestimmung von Renditeerwartungswert, Volatilität und Kovarianz heute zwar vorgenommen werden kann, ihre Bedeutung für die Ausrichtung von Anlagestrategien jedoch stark in Frage gestellt werden muß.

Aufgrund der starken Kursbewegungen in den Emerging Markets ist es nicht möglich, eine geeignete Datenbasis zu verwenden, um Rückschlüsse auf zukünftige Werte ziehen zu können. Eine strenge systematische Diversifikation nach der normativen Portfoliotheorie kann zwar durchgeführt werden, ist aufgrund der unsicheren Datenlage allerdings wenig aussagekräftig. Institutionelle Anleger wie Fondsmanager verfolgen daher durch Einzeltitelselektion doch eher naive Diversifikationsstrategien, indem sie ihr Engagement auf verschiedene Länder, Branchen und Unternehmen streuen. Priorität haben in der Praxis fundamentale Analysen, die Marktzusammenhänge vernachlässigen und sich auf die Daten einzelner Unternehmen konzentrieren (vgl. Fleming, 1997).

Die Modellwelt eines vollkommenen und vollständigen Kapitalmarktes ist zu einfach, um immer wahr zu sein. Die Frage ist angebracht, ob die Brille, durch die die kapitalmarktorientierte Richtung Investitions- und Finanzierungsprobleme betrachtet, tatsächlich für die Behandlung aller Investitions- und Finanzierungsprobleme geeignet ist. Die Antwort kann nur negativ ausfallen. Daß die Annahmen der Neoklassik über die Rahmenbedingungen der Kapitalmärkte, die sogenannten "constraint sets", zu eng gesetzt sind, räumt auch Markowitz selbst ein. Für jeden Investor herrschen letztlich andere Voraussetzungen (Markowitz, 1986, S. 43-44).

5. Zusammenfassung in Thesenform

- Ziel der Arbeit ist es, ein Entscheidungsmodell zur Ableitung von Anlagestrategien für Aktienpublikumsfonds in Emerging Markets zu skizzieren. Als Untersuchungsfeld dienen dazu die ausgewählten Länder Zentral- und Osteuropas.

- Der Begriff „Emerging Markets" umschließt neben den Entwicklungsländern Asiens, Afrikas, des Mittleren Ostens und der westlichen Hemisphäre Europas auch die Transformationsländer in Zentral- und Osteuropa, im Transkaukasus und in Zentralasien.

- Die Transformation von zentralen Planwirtschaften in Marktwirtschaften bietet für Kapitalanleger weitaus höhere Gewinnchancen als die üblichen Konjunkturzyklen auf den Kapitalmärkten entwickelter Länder. Allerdings weisen die Emerging Markets erhebliche politische, institutionelle und wirtschaftliche Risiken auf.

- Die Länder Zentral- und Osteuropas weisen grundsätzlich gute wirtschaftliche Wachstumschancen nach der Einleitung der Transformation auf. Allerdings muß aufgrund unterschiedlicher politischer und ökonomischer Rahmenbedingungen und Maßnahmen die wirtschaftliche und gesellschaftliche Entwicklung der Gesamtregion differenziert betrachtet werden.

- Ein wichtiger Bestandteil der wirtschaftlichen Entwicklung ist die Zurverfügungstellung von ausreichenden Kapital, um die notwendigen Ersatz- oder Neuerungsinvestitionen vornehmen zu können. Die bisherige Zurückhaltung ausländischer Finanzinvestoren ist nach wie vor auf die hohen wirtschaftlichen und politischen Risiken zurückzuführen.

- Aktieninvestmentfonds weisen scheinbar gute Voraussetzungen für die Situation in Emerging Markets auf. Durch ihre breite Diversifikationsmöglichkeit können sie Risiken ausgleichen. Aufgrund professionellen Portfoliomanagements sollten sie zudem in der Lage sein, die überdurchschnittlichen Ertragspotentiale in diesen Ländern zu realisieren. Allerdings zeigt ein Vergleich der Performance von Emerging Markets-Fonds, daß dies nur zum Teil zutrifft. Die Ergebnisunterschiede von Emerging Market-Fonds sind breit gestreut.

- Damit für die weitere wirtschaftliche Erholung ausreichend Kapital aufgebracht werden kann, müssen die entsprechenden Rahmenbedingungen geschaffen und die erforderlichen Institutionen und institutionalen Regelungen eingeführt und weiterentwickelt werden.

- Der Begriff Investmentfonds ist ein Oberbegriff für alle organisierten Finanzanlagen, für die das Prinzip der Risikomischung im Vordergrund steht. Je nach Anlageschwerpunkt des Fonds kann das Kapital in Investmentfonds, Aktienoptionsscheinen, Rentenpapieren, Immobilienwerten, Edelmetallen und ähnlichen Werten angelegt sein. Die in der Untersuchung behandelten Investmentfonds sind zu den Publikumsaktienfonds zu zählen.

- Unter Anlagestrategie eines Portfolios wird das prognosebasierte und am Kapitalmarkt umzusetzende Resultat der Asset Allocation verstanden. Die Perfomancekomponenten Rendite, Risiko, Liquidität und Zeit beschreiben die Zielvariablen für das Portfoliomanagement.

- Der Erfolg einer Anlagestrategie und die daraus erzielte Performance werden häufig an Benchmarks gemessen. In der Investmentpraxis werden als solche Vergleichsmaßstäbe Indizes gebildet, die repräsentativ für die durchschnittliche Entwicklung eines Marktes stehen. Die bisher zur Verfügung stehenden Indizes für die Emerging Capital Markets in Zentral- und Osteuropa erfüllen noch nicht alle grundsätzlichen Anforderungen an Benchmarks. Aus diesem Grund werden sie allenfalls als Orientierungsgröße von Fondsmanagern herangezogen. Ein sehr viel wichtigerer Performancevergleich ist in dieser Region der sog. Peer-Group-Vergleich.

- Anlagestrategien lassen sich grundsätzlich in aktive und passive Strategien unterscheiden. Ziel der aktiven Anlagestrategie ist es, eine bessere Performance als ein vorgegebenes Benchmark zu erzielen. Im Zuge passiver Anlagestrategien wird versucht, möglichst exakt die Zusammensetzung eines Index-Portfolios vorzunehmen. Der Fondsmanager kauft in diesem Fall jedes Wertpapier des Indexes in genau der Proportion, die innerhalb des Indexes repräsentiert ist. Er ist bemüht, die gleiche Performance wie der Index zu erzielen.

- Art und Weise der Portfoliozusammenstellung und Revision kann entweder bottom-up oder top-down vorgenommen werden. Beim reinem Top-down-Ansatz beschränkt sich die Tätigkeit des Portfoliomanagers bei der Portfoliozusammensetzung auf die Bereiche der Asset-Klassen-Gewichte oder Länderanteile. Die Auswahl der Einzelwerte erfolgt passiv. Ausgangspunkt einer reinen Bottom-up-Vorgehensweise ist die Auswahl der Einzeltitel. Der Bottom-up-Ansatz gelangt über die Einzeltitelanalysen zu einer Portfoliokonstruktionen.

- Gemessen am internationalen Investmentfondsvermögen sind Emerging Markets bisher kaum von Bedeutung. 1995 waren nur ca. 1,5 % des weltweit investierten Vermögens in Emerging Markets investiert. Bis Anfang 1994 betrug das von Osteuropafonds verwaltete Vermögen nur ca. USD 300 Mio..

- Seit dieser Zeit hat das Fondsvermögen um 300 % und die Anzahl der Osteuropafonds von 7 auf 34 (1996) zugenommen. Dies deutet auf steigende Attraktivität der Region Zentral- und Osteuropa für internationale Portfolioinvestoren hin.

- Die Osteuropafonds weisen z. T. sehr große Performanceunterschiede auf. Die Wertentwicklungen liegen um bis zu 90 Prozentpunkte für das Jahr 1996 auseinander.

- Je aktiver Osteuropafonds gemanagt wurden, um so höher war die Wahrscheinlichkeit, überdurchschnittliche Performance zu erzielen. Hinsichtlich des Aktivitätsgrades gibt es deutliche Unterschiede zwischen den Osteuropafonds. Insbesondere Fonds, die einen hohen Portfolioanteil von Ländern haben, die als wirtschaftlich noch stark zurückgeblieben gelten, dafür aber einen geringen Anteil von wirtschaftlich weiterentwickelten Ländern in ihrem Portfolio haben (Polen, Tschechien, Ungarn) weisen die höchsten Wertzuwächse auf.

- Eine langfristig ausgerichtete Anlagestrategie von Osteuropa-Aktienfonds sollte sich demnach an den Entwicklungsstadien der Kapitalmärkte orientieren. Je weiter ein Kapitalmarkt entwickelt ist, um so mehr sollte dessen Portfolioanteil passiv verwaltet werden.

- Als theoretischer Bezugsrahmen für die Ableitung eines Modells zur strategischen Ausrichtung von Investmentfonds in Zentral- und Osteuropa dient daher auch die neoinstitutionalistische Finanztheorie und die Kapitalmarkteffizienztheorie. Je unvollkommener ein Kapitalmarkt ist, umso ineffizienter ist er. Kapitalmarktineffizienzen greift die Kapitalmarkthypothese auf. Mit Hilfe der Kapitalmarkteffizienzhypothese und der neoinstitutionalistischen Finanzierungstheorie werden Entwicklungsstadien von Kapitalmärkten anhand des Effizienzgrades entwickelt. Ziel ist es, langfristig angelegte Anlagestrategien in Abhängigkeit der Effizienzgrade von Kapitalmärkten zu definieren.

- Der Neoinstitutionalismus geht davon aus, daß in den Kooperationsbeziehungen zwischen Kapitalgeber und Kapitalnehmer in der Regel Interessenkonflikte bestehen, die zu Einigungs- und Kooperationsproblemen führen. Die Ursachen von Funktionsschwäche des Kapitalmarktmechanismus liegt in den asymmetrischen Informationsverteilungen zwischen den Marktteilnehmern.

- Der Neoinstitutionalismus analysiert Institutionen oder institutionelle Gestaltungen und Regelungen als mögliche Vorkehrung gegen negative Auswirkungen aus asymmetrischer Informationsverteilung für Finanzierungsbeziehungen. Unterschiedliche institutionelle Voraussetzungen lassen sich prinzipiell anhand der Transaktionskosten vergleichen. Allerdings ist die Wissenschaft sich weitgehend einig, daß die Transaktionskosten sich nicht eindeutig messen lassen. Die Einschätzung muß da individuell durch die betroffenen Fondsmanager vorgenommen werden.

- Je ineffizienter ein Markt ist, umso höher ist die Wahrscheinlichkeit, außerordentliche Renditen zu erwarten. In diesem Fall lohnt sich aktives Management, da sich die damit zusammenhängenden Transaktionskosten überkompensieren lassen. Mit zunehmender Entwicklung der Institutionen sinken zwar einerseits die Transaktionskosten, allerdings nehmen auch Marktineffizienzen ab. Dadurch wird es immer schwieriger, durch aktives Management Überrenditen zu erzielen. Je mehr sich der Kapitalmarkt dem sog. Second-Best annähert, umso erfolgversprechender dürften passive Anlagestrategien sein.

- Die Entscheidung für eine aktive oder passive Anlagestrategie ist somit hauptsächlich abhängig vom Effizienzgrad des Kapitalmarktes und den Transaktionskosten. Wenn der Grad der Ineffizienz es nicht mehr ermöglicht, Renditen zu erzielen, die die Transaktionskosten um die erwartete Risikoprämie überkompensieren, lohnt sich eine aktive Anlagestrategie in diesem Markt nicht mehr.

- Für die Kapitalmarktentwicklung werden fünf Phasen unterschieden: Transformation, Spekulation, Marktentwicklung, Marktvertiefung und Wettbewerb.

- Die Phaseneinteilung orientiert sich am Effizienzgrad der Kapitalmärkte gemessen an der institutionellen Fortentwicklung und an dem durchschnittlichen Länderindexverlauf. Kriterien für die Zuordnung der Kapitalmärkte sind Institutionen und institutionelle Regelungen, die die Transparenz der Kapitalmärkte verbessern und die Liquidität steigern: Börsen, Privatisierung, Investorenstruktur, gesetzliche Regelungen bzgl. der Kapitalmärkte und Investitionen, institutionelle Regelung für eine liberale Wirtschaftsordnung.

- Von den untersuchten Ländern befinden sich Polen und Tschechien in der Marktentwicklungsphase; Rußland, Estland und Litauen befinden sind in der Spekulationsphase. Allerdings ist in Estland eine für diese Phase typische Überhitzung mit stark ansteigenden Kursen und einer scharfen Konsolidierung eher unwahrscheinlich; Lettland und Bulgarien befinden sich im Übergang von der Transformations- in die Spekulationsphase.

- In Rußland sollte eine aktive Anlagestrategie verfolgt werden; in Polen und Tschechien empfehlen sich vermehrt passive Anlagestrategien; Litauen, Lettland und auch bereits Bulgarien scheinen zumindest lohnenswert für selektive Auswahl von Einzeltiteln.

- Der vorgestellte Modellentwurf kann als Orientierungsfaden für die Entwicklung von Anlagestrategien in Emerging Capital Markets dienen. Er ist nicht an Bedingungen, Annahmen und Voraussetzungen geknüpft, die von vornherein seine praktische Relevanz in Frage stellen.

- Eine systematische, formale Erstellung eines Rendite-Risiko-Profils für ein Portfolio ist damit nicht möglich. Risikobegrenzung für gleichzeitige Renditemaximierung kann erreicht werden durch eine sorgfältige Auswahl von Einzeltiteln.

- Den Anspruch einer formalen und eindeutigen Entscheidungsgrundlage erheben die Modelle der neoklassischen Finanzierungstheorie, die Portfoliotheorie von Markowitz und die Kapitalmarkttheorie von Sharp, Lintner und Mossin. Diese Theorien unterstellen einen vollkommenen und vollständigen Kapitalmarkt, darin liegen gleichzeitig die Probleme für die praktische Anwendung dieser Theorien vor dem Hintergrund von Emerging Capital Markets.

Literaturverzeichnis

Afanassiev, A. : [1991], Entstehung des Wertpapiermarktes in der Sowjetunion, in: Kreditwesen Nr. 17, 1991, S. 15-18

Agar, Jonathan: [1996], Successful Sale of Shares with Fixed Prices, Evipaev, Tallin, 8.10.1996

Akerlof, G.A.[1970], The Market for Lemons: Qualitative Uncertainty and the Market Mechanism, in: Quarterly Journal of Economics, Vol. 84, 1970, S. 488-500

Amihud, Y. /Mendelson, H: [1991], Liquidity and Asset Prices, in: Finazmarkt und Portfolio Management, 5. Jg., 1991, S. 235-240

Anderson, P., Canning, R. :[1997], Russian Equity Market Infrastructure - Unravelling the mystery wrapped in the enigma, Rennaissance Research, Moskau 1997

Arrow, Kenneth J./ Debreu, Gerard: [1954], Existence of an Equilibrium for a Competitive Economy, in Econometrica, Vol. 22, 1954, S. 265-290

Arrow, Kenneth: [1963], The Role of Securities in the Optimal Allocation of Risk-Bearing, in Review of Economic Studies, Vol. 31, 193/64, S.91-96

Baden, Kai: [1995], Goldfinger, in: manager magazin, 3/1995, S. 122-130.

Bagniewski, O., Männicke, A.: [1993], Go East - Die Ostbörsen kommen, Würzburg 1993

Baldwin, Andrew: [1996], Baltic States, in: Privatisation Yearbook 1996, hrsg. Privatisation International Ltd., London 1996, S. 58-64

Balk, Thomas/Eller, Roland/Gutmann, Helmut: [1991], Investmentfonds-Praxisleitfaden für Kapitalanleger, Bonn, 1991

Baltzer, Christian: [1988], Novellierung der gesetzlichen Vorschriften für Wertpapierfonds, in: Kreditwesen 8/1988, S. 18-22

Bank Handlowy, [1995], Polish Capital Market, Bank Handlowy, Warschau 1995

Bankgesellschaft Berlin :[1997], Kapitalmarktreport Osteuropa vom 10.01.1997

Barzel, Yoram: [1985], Transaction Costs: Are They Just Costs?, in: Journal of Institutional and Theoretical Economics, Vol. 141, 1985, S. 4-16

Baur, G.: [1997], Gewinne ohne Ende, in: Börse online, 10. Jg. 1997, Nr. 8 vom 13.02.1997

Baur, Gisela: [1996], Die Ostbörsen starten durch, in: Börse-Online 24/96

Baur, Jürgen: [1970], Investmentgesetze - Kommentar zum Gesetz über Kapitalanlagegesellschaften (KAGG) und zum Gesetz über den Vertrieb ausländischer Investmentanteile (AuslInvestmG), Gruyter, Berlin 1970

Baur, Jürgen: [1990], Investmentgeschäfte, in: Handbuch des Kapitalanlagerechts, Hrsg. Heinz-Dieter Assmann und Rolf A. Schütze, Beck, München 1990

Beckmann, Klaus/Scholtz, Rolf D.: [1970], Ergänzendes Handbuch für das gesamte Investmentwesen, Berlin 1970

Begg, D. et al.: [1990], The East, the Deutschmark and EMU, in: Centre for Economic Policy Research, Monitoring European Integration, in: Annual Report, the Impact of Eastern Europe, London 1990

Beyer, A.: [1994], Der ungarische Aktienmarkt, LDV-Verlag, München 1994

Blohm, Ina: [1996], Wie lange reicht der Dampf?, in: Cash 6/96, S. 122-126

Blommestein et al.: [1993], Privatising large enterprises" in: "Methods of privatising large enterprises", OECD, Paris, 1993

Böcker, Norbert: [1976], Aus den Anfängen des deutschen Investment-Wesens, in: Kreditwesen 1/1976, Beilage 1

Boland, V.: [1995], "Czech brokers move on reporting" in: Financial Times vom 17.01.1995

Boland, V.: [1996a], "Consolidation process under way" in: Financial Times vom 26.04.1996

Boland, V.: [1996b], "A Reluctant Regulator" in: Financial Times vom 26.04.1996

Bonte-Friedheim, Robert: [1996/97], Lure of the New, in: Central European Economic Review, Vol IV, Number 10, Dezember 1996 - Januar 1997, S. 22-26

Borgmeier, Bernd: [1992], Ratgeber Investmentfonds - Die Attraktivität von Investmentpapieren im Vergleich zu anderen Anlageformen, 2. Aufl., München 1992

Börse Tallinn: [1996], „In April Stock Prices go up again" in: Estonian Securities Market, Nummer 4/1996

Brada, J. C.: [1995], Privatization is Transition - or is it? in: The Journal of Economic Perspectives, Frühjahr 1995

Brauer, Greggory A.: [1992], Closed-End Mutual Funds, in: The New Palgrave Dictionary of Money and Finance, Hrsg. Peter Newman, Murray Milgate, John Eatwell, London and Basingstoke, 1992, S.375-376.

Brealey, Richard/Myers, Stewart: [1991], Principles of Corporate Finance, 4 th. Edition., New York, 1991

Brealey, Richard/Myers, Stewart: [1996], Principles of Corporate Finance, 5 th. Edition., New York, 1996

Brinson, G.P./Hood, L.R./Beebower, G.L.: [1984], Determinants of Portfolio Performance, in: Financial Analysts Journal, o..O., Juli/August 1984, S. 39 - 44

Brock, Jürgen: [1995], Internationale Anlagestrategie, Rationale Entscheidungen durch technische Analyse, Wiesbaden 1995

Brown, E.: [1996], „Equity Trading", Burson-Marsteller, Moskau 1996

Brück, Hans: [1980], Spezialfonds - Stütze des Investmentgeschäfts, in: Bankkaufmann, 28. Jg., 8/1980 S. 2/77 - 2/78

Brüggemann, Ernst: [1982], Art. „Investmentsparen„, in: HWS-Handwörterbuch der Sparkassen, Hrsg. Deutscher Sparkassenverlag, Bd. 2, Stuttgart, 1982, S. 404-413

Bruns, C./Meyer-Bullerdiek, F.: [1996], Professionelles Portfolio-Management. Wiesbaden 1996

Buch, C.: [1996], Banken im Transformationsprozeß - Eine Bestandsaufnahme, in: Die Weltwirtschaft, Heft 1/1996, Institut für Weltwirtschaft, Kiel 1996, S. 70-102

Bundesverband deutscher Investment-Gesellschaften e.V (BVI): [1989], Investment 89 - Daten, Fakten, Entwicklungen, (o. Vlg.) o.O. und J.

Bundesverband deutscher Investment-Gesellschaften e.V (BVI): [1990], Investment 90 - Daten, Fakten, Entwicklungen, (o. Vlg.) o.O. und J.

Bundesverband deutscher Investment-Gesellschaften e.V (BVI): [1991], Investment 91 - Daten, Fakten, Entwicklungen, (o. Vlg.) o.O. und J.

Bundesverband deutscher Investment-Gesellschaften e.V (BVI): [1992], Investment 92 - Daten, Fakten, Entwicklungen, (o. Vlg.) o.O. und J.

Bundesverband deutscher Investment-Gesellschaften e.V (BVI): [1993], Investment 93 - Daten, Fakten, Entwicklungen, (o. Vlg.) o.O. und J.

Bundesverband deutscher Investment-Gesellschaften e.V (BVI): [1994], Investment 94 - Daten, Fakten, Entwicklungen, (o. Vlg.) o.O. und J.

Bundesverband deutscher Investment-Gesellschaften e.V (BVI): [1995], Investment 95 - Daten, Fakten, Entwicklungen, (o. Vlg.) o.O. und J.

Bundesverband deutscher Investment-Gesellschaften e.V (BVI): [1996], Investment 96 - Daten, Fakten, Entwicklungen, (o. Vlg.) o.O. und J.

Burgmaier, Stefanie: [1997], Investmentfonds - Höchstens Mittelmaß, in: Wirtschaftswoche Nr. 5 vom 23.01.1997

Burgmaier, Stefanie: [1995], Blutige Nasen, in: Wirtschaftswoche Nr. 46, 9.11.1995, S. 170-178

Büschgen, H. E.: [1997], Reiches Land mit karger Aktienkultur, in: Frankfurter Allgemeine Zeitung vom 08.02.1997, S. 17

Büschgen, Hans E.: [1992], Das kleine Banklexikon, Düsseldorf 1992

Butler, W., Gashi, M.: [1996], „The Capital Markets of the Russian Federation" in: Clifford Chance, 1996, S. 24-28

Canning, Rachel/Anderson, Patricia:[1997], Russian Equity Market Infrastructure - Blunt Answers to Most-Frequently-Asked Questions, in:Russia - Equity Research, Renaissance Capital Group Januar 1997

Carle, Werner: [1995], Keine Angst vor Emerging Markets!, in: Geld 11/95, S. 38

Clausewitz, Carl von: [1853], Vom Kriege: hinterlassenes Werk, Berlin 1853, 3. Auflage, März 1991

Clifford Chance: [1996], Czech Republic: Latest changes to the commercial code", CC, London 1996

Coase, Ronald: [1960], The Problem of Social Cost, in: Journal of Law and Economics, Vol. 3, 1960, S. 1-44

Collins, S.M./Rodrik, D.: [Eastern Europe], Eastern Europe and the Soviet Union in the World Economy, Washington, o.J.

Cooke, Stephanie: [1995], Survival of the fattest?, in: Euromoney, July 1995, S. 50-53

Copeland et al.: [1994], Valuation - Measuring and Managing the value of companies, John Wiley, New York 1994

Cox, Herbert: [1971], Strukturen der Investmentgesellschaften, in: Leo Schuster, Hrsg., Investment-Handbuch, Stuttgart 1971

CS First Boston: [1996], An overview of the Russian Capital Markets, hrsg. CS First Boston, London 1996

Dahlmann, Carl: [1979], The Problem of Externality, in: Journal of Law and Economics, 22.Jg., 1979, S.141-162

DeBondt, W.F.M./Thaler, R.: [1987], Further Evidence on Investor Overreaction and Stock Market Seasonality, in: Journal of Finance, 42. Jg., 1987, S. 557-581

Debreu, Gerard: [1959], The Theory of Value, New York, 1959

Demuth, Michael: [1993], Investmentgeheimnisse: Fonds, S.23 ff, Möwe Verlag GmbH, 1. Aufl. Idstein, 1993)

Deutsche Bank Research: [1996b], „Estonia - Among the most successful transformation countries", Frankfurt 1996

Deutsche Bank Research: [1996b], Der tschechische Anleihemarkt - Sonderbericht 7/96", Deutsche Bank, Frankfurt 1996

Deutsche Börse AG: [1996], Fact Book 1996 - Zahlen zur Deutschen Börse, hrsg. Deutsche Börse AG, Frankfurt 1996

DG Bank: [1995], Börse Prag: Warten auf den Aufschwung, DG Bank, Frankfurt 1995

Dobbins, R., Witt, S.: [1983] Portfolio Theory and Investment Management, Billing & Son, Worchester 1983

Dowen, R.: [1989], What are Analysts` Forecasts Worth? One-Period Growth Expectations and Subsequent Stock Returns, in: Financial Analysts Journal, 45. Jg., 1989, S.71-74

Dresdner Bank: [1996], „Aktienmärkte Osteuropas", Dresdner Bank, Frankfurt März 1996

Dresdner Bank/FAZ (Hrsg.): [1996/97], Osteuropa Perspektiven, Frankfurt, 1996/97

Eavis, Peter: [1996], Battle of the Benchmarks, in: Emerging Market Investor, No. 11, Dezember 1996, S. 11-16

EBRD: [Law in transition, 1996], „Law in transition", EBRD, London Frühjahr 1996

EBRD: [1995], Transition Report 1995, Investment and Enterprise Development, hrsg. European Bank for Reconstruction an Development (EBD), London 1995

EBRD: [1996], Transition Report 1996, Investment and Enterprise Development, hrsg. European Bank for Reconstruction an Development (EBD), London 1996

EBRD: [1997], Transition Report Update April 1997, hrsg. European Bank for Reconstruction an Development (EBD), London 1997

Eigendorf, J.: [1994], „Schon jeder fünfte Russe ist Aktionär" in Das Wertpapier, Heft 1/94, S. 8-10

Eilenberger, Guido: [1986], Bankbetriebswirtschaftslehre, 2. Aufl., München 1986

Eilenberger, Guido: [1989], Betriebliche Finanzwirtschaft, 3. Aufl., München 1989

Elsner, Ben: [1980], Das Recht der Wertpapier-Investmentunternehmen in den Ländern der Europäischen Gemeinschaften, Bankrechtliche Veröffentlichungen des Instituts für Bankwirtschaft und Bankrecht an der Universität zu Köln, Hrsg. K. Pleyer u.a., Bd. 25, Köln 1980

Elton, E.J./Gruber, M.J.: [1995], Modern PortfolioTheory and Investment Analysis, 5 th Edition, New York u.a. 1995

Engelen, K. C.: [1996], Aus der Bankenkrise muß die Politik die richtige Lehre ziehen, in: Handelsblatt vom 9.10.1996

Eulert, M.: [1995], Bulgarien startet in Kürze Massenprivatisierung, in: Handelsblatt vom 23.10.1995

Euromoney Research: [1997], The 1997 Guide to Poland, Euromoney, London 1997

Europäische Kommission: [Phare, 1996], „The Phare Programme Annual Report 1995", Brüssel 1996

Europäische Kommission: [Tacis, 1996], „The Tacis Programme Annual Report 1995", Brüssel 1996

F&V Finanzverlag GmbH: [1996], Jahrbuch 1996 ausgewählter Investmentfonds, Berlin 1996.

Fabozzi, Frank/Modigliani, Franco: [1996], Capital Markets, Institutions and Instruments, second edition, Upper Saddle River, New Jersey, 1996

Fama, E.: [1970], Efficient Capital Markets: A Review of Theory and Empirical Work, in: Journal of Finance, 25. Jg., 1970, S. 383-418

Fama, E.: [1976], Foundations of Finance, Portfolio Decisions and Security Prices, New York 1976

FBF: [1995], Tschechische Republik - Aktuelle Situation und Projekte der Fördergesellschaft für Börsen-und Finanzmärkte in Mittel- und Osteuropa mbH, Frankfurt 1995

FCS: [1997], The Federal Commission for the Securities Market, http://www.fe.msk.ru/infomarket/fedcom, Moskau 1997

Fink, Gerhard/Haiss, Peter: [1996], Finanzmarktreform in Osteuropa, Teil 1, in: ÖBA 6/96, S. 429-440

Fink, Gerhard/Haiss, Peter: [1996], Finanzmarktreform in Osteuropa, Teil 2, in: ÖBA 7/96, S. 535-543

Fleming: [1997], An Update on FFF-Fleming Eastern European Fund, hrsg.: Fleming Fund Management Frankfurt 1997

Foote, Angus: [1996], Pulling back the curtain, in: Portfolio International, 2/1996, S. 11

Frank, M. :[1996], Erfolgsgeschichte mit kleinen Schönheitsfehlern, in: Süddeutsche Zeitung vom 23.11.1996, Sonderbeilage Tschechien

Frank, Vincent C.: [1961], Zur Problematik der Investmenttrusts, Diss., Basel, 1961

Frankfurter Allgemeine Zeitung (Hrsg.): [1994], Kapitalmärkte in Mittel- und Osteuropa, FAZ Informationsdienste, Frankfurt 1994

French, K.R./Roll, R.: [1986], Stock Return Variances" in: Journal of Financial Economics, 17. Jg., 1986, S. 5-26

Fugger, H.: [1996], Lexikon der Kapitalanlage, Gruner + Jahr, Hamburg 1996

Gabler Wirtschaftslexikon: [1988], Betriebswirtschaftlicher Verlag Gabler, 12. Auflage, 1988

Gburek, Manfred: [1991], Investmentfonds - Wege zum Reichtum, München 1991

Goffin, Michael: [1996], Czech Republik, in: Privatisation Yearbook 1996, hrsg. Privatisation International Ltd., London 1996, S. 81-84

Gril, Wolfgang/Perczynski, Hans: [1990], Wirtschaftslehre des Kreditwesen, 25. Auflage, Bad Homburg von der Höhe 1990

Grinhold, R.C./Kahn, R.N.: [1995], Active Portfolio Management, Chikago, 1995

Gros, Daniel/Steinherr, Alfred: [1996], Winds of Change - Economic Transition in Central and Eastern Europe, London 1996

Gutenberg, Erich: [1980], Grundlagen der Betriebswirtschaftslehre - Dritter Band - Die Finanzen, 8.Aufl., (Springer) Berlin, Heidelberg, New York 1980

Hahn, Oswald: [1984], Struktur der Bankwirtschaft, Bd. II/1 Spezialbanken und internationale Banken, Berlin 1984

Hallerbach, W. :[1994], MAPS - Multi Attribute Portfolio Selection. Ridderprint, Rotterdam 1994

Hax, H.: [1979], Investitionstheorie. 4. Aufl. Würzburg-Wien 1979

Hax, Karl: [1966], Langfristige Finanz- und Investitionsentscheidungen, in: Handbuch der Wirtschaftswissenschaften, Bd. 1, Betriebswirtschaftslehre, hrsg. von K. Hax/Th. Wessels, 2. Aufl., Köln/opladen 1966, S. 399-489

Heinemann, F.: [1996], Kein Gewinn ohne Risiko; Interview in: Süddeutsche Zeitung vom 27.06.1996

Heinemann, Friedrich: [Osteuropa-Fonds], Osteuropa-Fonds für risikofreudige Anleger, in: Blick durch die Wirtschaft, 19.1.1996, S. 17

Heinritzi, J. :[1997], Amerika und Osteuropa waren die Stars, in: Börse online, 10 Jg., 1997, Nr. 2, S. 24-26

Hensel, C./Ezra, D./Ilkiw, J.: [1991], The Importance of the Asset Allocation Decision, in: Financial Analyst Journal, 47. Jg., 1991, S.65-72

Hielscher, Udo: [1996], Investmentanalyse, 2. Auflage, München, 1996

Hoppenstedt: [1996], „Börsen-Jahrbuch 1996: Emerging Markets in Süd- und Osteuropa", Hoppenstedt-Verlag, München 1996

Hörnstein, E.: [1990], „Arbitrage- und Gleichgewichtsmodelle in der Kapitalmarkttheorie", Peter Lang Verlag, Frankfurt 1990

Imbacher, H.: [1996], „Bocksprünge zur Weihnachtszeit" in: Börse online, 10. Jg., 1997, Nr. 1, S. 75-76

International Finance Corporation (IFC) Hrsg.: [1996b], Monthly Review of Emerging Stock Markets 11/96, Worldbank, New York, 1996

International Finance Corporation (IFC): [1996a], Emerging Stock Markets Factbook 1996, Worldbank, New York, 1996

International Monetary Fund, (IMF) Hrsg.: [1996], World Economic Outlook, October 1996, a survey by the staff of the IMF, Washington D.C

Jacob, Michael: [1996], Investmentfonds, Möglichkeiten ihrer Ausgestaltung unter besonderer Berücksichtigung einer neuen Anlegerschutzkonzeption, Diss. Saarbrücken 1995, Berlin 1996

Jaffee, D.M./Russel, T.:[1976], Imperfect Information and Credit Rationing, in: Quarterly Journal of Economics, Vol. 90, 1976, S.651-666

Jennewein, Marga: [1995], Externe Finanzierung für Osteuropa - Absicht und Erfolg westlicher Finanztransfers, in: Außenhandel, Finanzströme und Direktinvestitionen in Osteuropa, ifo/ifw-Symposium vom 27. bis 29. Juni 1995 Budapest

Jensen, M.C./Meckling, W.H.: [1976], Theory of the Firm: Managerial Behaviour, Agency Costs and Ownership Structure, in: Journal of Financial Economics, Vol. 3, 1976, S.305-360

Jensen, M.C.: [1978], Some Anomalous Evidence regarding Market Efficiency, in: Journal of Financial Economics, 6. Jg., 1978, S. 95-101

Kahn, R.N./Rudd, A. :[1995], Does Historical Performance predict Future Performance" in: Financial Analysts Journal, 51. Jg., Dezember 1995, S. 43-52

Kaufmann, S. :[1996], Russische Börsen setzen Anlegern viele Hürden, in: Die Welt vom 17.08.1996

Keller, E.v.: [1992], Erfahrungen bei der Privatisierung in Osteuropa, Vortrag der Roland Berger & Partner Unternehmensberatung bei der Deutsche Bank, 1992

Keppler, M. :[1990], Risiko ist nicht gleich Volatilität, in: Die Bank, Heft 11, 1990, S. 610-614

Kirchhoff, Ulrich: [1992], Sparkassen und Landesbanken im Dienste der lokalen Wirtschafts- und Innovationsförderung, in: Sparkasse 3/1992, S. 128-136

Knaster, A.: [1996], Russia, in: Privatisation Yearbook 1996, hrsg. Privatisation International Ltd., London 1996, S.107-111

Köster, Heiner: [1974], Der Schutz der Kapitalanleger im deutschen und nordamerikanischen Wertpapier-Investmentrecht, Diss., München 1974

Kraus, Dieter: [1968], Die Anlageberatung der Kreditbanken - Eine Untersuchung dieser Bankleistung unter besonderer Berücksichtigung der Stellung der Anlageberatung im Brennpunkt divergierender Interessenlagen, Diss. München 1967, (Druck: Blasaditsch), Augsburg 1968

Kuhn, Th.S.: [1973], Die Struktur wissenschaftlicher Revolution, Frankfurt, 1973

Kuhn, Yves: [1997], The Pictet Approach to Central and Eastern European Markets, in: Management Präsentation, London Januar 1997

Laux, Manfred / Päsler, Rüdiger: [1992], Wertpapier-Investmentfonds, Fritz Knapp Verlag, Frankfurt am Main 1992

Laux, Manfred: [1988], Art. Investmentgeschäft. in: Gabler Bank Lexikon, 10. Aufl. Wiesbaden 1988, Sp. 1173-1186

Lechner, Martin/Keppler, Michael: [1996], Investieren in Emerging Markets, Landsberg am Lech 1996

Lintner, John: [1965], The Valuation of Risk Assts and the Selection of Risky Investments in Stock Portfolios and Capital Budgets, in: Review of Economics and Statistics, Vol. 47, 1965, S. 13-37

Loistl, Otto: [1994], Kapitalmarkttheorie, 3. Aufl., München 1994

Ludwig, M. :[1996], Warschauer Börse hofft auf stärkeres Engagement aus dem Ausland, in: Frankfurter Allgemeine Zeitung vom 23.04.1996

Maggin, J.L./Vertin, J.R.: [1983], Monitoring the Portfolio and Responding to Change, in: Maginn, J./Tuttle, D.L (Hrsg.), Managing Investment Portfolios, Boston 1983, S. 575-609

Malkiel, B.G. :[1995], Returns from Investing in Equity Mutual Funds 1971 to 1991, in: Journal of Finance, 50. Jg., 1995, S. 549-572

Männicke, A. : [Ostbörsen, 1996], Die Ostbörsen als Investmentchancen, in: Ost-West-Contact 1/1996, S. 84-85

Männicke, A.: [Russische Märkte, 1996], „Russische Märkte im Bann der Wahlen" in: Börsenzeitung vom 24.01.1996

Männicke, Andreas: [Osteuropafonds, 1996], Risikoreiche Osteuropafonds, in: Börsen-Zeitung, 15.4.1996

Manz, K., Dahmen, A.: [1993], Kompaktstudium Wirtschaftswissenschaften Band 6: Finanzierungstheorie", München 1993

Markowitz, H.M.: [1952], Portfolio Selection, in: Journal of Finance, 7. Jg., März 1952, S. 77-91

Markowitz, H.M.: [1959], Portfolio Selection - Efficient Diversification of Investments, New York 1959

Markowitz, H.M.: [1986], Mean-Variance Analysis in Portfolio Choice and Capital Markets, Oxford 1987

Markowitz, H.M.: [1991], Portfolio Selection, Second Edition, New York 1991

Mellerowicz, Konrad: [1948], Allgemeine Betriebswirtschaftslehre, Bd. 1, 2 und 3, Berlin 1948

Mellow, C. : [1994], Russian Banks grow up fast, in: Central European Economic Review, August 1994, S. 34-41

Micropal Ltd (Hrsg.): [1996], Emerging Market Fund Monitor, Micropal Limited, November 1996

Mobius, Mark: [1995], Emerging Markets, Ein Wegweiser für alle Anleger und Investoren, Schäffer-Poeschel Verlag Stuttgart 1995.

Mol, Hans-Gerd: [1991], Investmentfonds-ABC - Vermögensaufbau für jedermann, (DTV) München 1991.

Möller, H.P.: [1985], Die Informationseffizienz des deutschen Aktienmarktes, in: Zeitschrift für betriebswirtschaftliche Forschung, 37.Jg., Nr.6, 1985, S.500-518

Mossin, Jan: [1968], Optimal Multiperiod Portfolio policies, in: Journal of Business, Vol. 41, 1968, S. 215-229

Nath, Vikas: [1996], Emerging Markets Strategy - Country calls dominate relative performance, in: UBS Global Research, 21.02.1996 London

Neubert, M.: [1993], „Aktienhandel ist eher ein Insidergeschäft" in: Süddeutsche Zeitung vom 06.11.1993

Neuhold et al (Hrsg.): [1995], Political and Economic Transformation in East Central Europe, Westview Press, Oxford 1995

Noll, Bernd: [1989], Investmentfonds, in: Peter Oberender, Hrsg., Marktökonomie -, Marktstruktur und Wettbewerb in ausgewählten Branchen der Bundesrepublik Deutschland, München 1989

North, D. C. :[1991], Institutions, in: Journal of Economic Perspectives, 5 Jg., Nummer 1, Winter 1991, S. 97-112

o. V.: [Tschechiens Bankensektor, 1996], „Tschechiens Bankensektor stabilisiert sich" in: vwd Osteuropa vom 05.02.1996

o. V.: [Wirtschaftskriminalität, 1997], „Immer mehr Wirtschaftskriminalität in Rußland" in: Frankfurter Allgemeine Zeitung vom 11.02.1997, S. 11

o.V.: [Achterbahnfahrt], Aussichtsreiche Achterbahnfahrt, in: Portfolio International, April/Mai 1996, o.S..

o.V.: [ADRs booming, 1997], ADRs booming - and more in the pipeline, in: Moscow Banking and Finance Nr. 1 vom 07.01.1997

o.V.: [Aktiengesellschaften, 1995], In Rußland werden nur 300 Aktiengesellschaften richtig gehandelt, in: Frankfurter Allgemeine Zeitung vom 27.10.1995

o.V.: [Back on track, 1996], Back on track ? in: Business Central Europe, Ausgabe Oktober 1996, S. 49-62

o.V.: [Battle, 1996], Battle of the Benchmarks, in: Emerging Markets Investor, Nummer 11, Dezember 1996

o.V.: [Börse Vilnius, 1995], Ein Aktienmarkt fast ohne privates Kapital - Die Börse Wilnius, in: Handelsblatt Nr. 17 vom 24.01.1996, S. 30-31 o.V.: [Börsen-Babys, 1994], Börsen-Babys im Osten lernen laufen, in: Geld+Steuern, Nummer 6, 1994

o.V.: [Brady-Bonds, 1997], Immer mehr Länder nutzen Brady-Bonds zur Umschuldung in: Frankfurter Allgemeine Zeitung vom 10.01.1997

o.V.: [Break, 1996], A Break for the breakers, in: The Economist vom 13.04.1996

o.V.: [Concern, 1996], Concern over corporate disclosure, in: Financial Times vom 26.04.1996

o.V.: [Der russische Aktienmarkt, 1996], Der russische Aktienmarkt wird zunehmend interessanter" in: Frankfurter Allgemeine Zeitung vom 06.08.1996

o.V.: [Erste Versuche, 1995], Erste Versuche der Zivilisierung, in: Süddeutsche Zeitung vom 17.02.1995

o.V.: [Estland, 1996], Estland hat sich an die Spitze gesetzt, in Handelsblatt vom 15.10.1996

o.V.: [Gablers], Investmentfonds, in Gablers Wirtschaftslexikon, 13. Aufl., Wiesbaden 1993, S. 1725 f.

o.V.: [Grünes Licht, 1995], Grünes Licht für Massenprivatisierung, in: Ostwirtschaftsreport Nr. 5 vom 03.09.1995

o.V.: [Kleinsparer, 1996], Die Kleinsparer stehen Schlange, in Handelsblatt vom 02.01.1996

o.V.: [Kursgewinne, 1997], Kräftige Kursgewinne an den Börsen Osteuropas, in: Frankfurter Allgemeine Zeitung vom 10.01.1997

o.V.: [Liquiditätsprobleme, 1996], Liquiditätsprobleme an den Aktienmärkten, in: Handelsblatt Nr. 28 vom 08.02.1996, S. 44

o.V.: [Lizenzbestimmungen, 1996], Estland verschärft Lizenzbestimmungen für Geschäftsbanken, in: vwd Osteuropa vom 15.02.1996 o.V.: [Osteuropas Anleihemärkte, 1997], Osteuropas Anleihemärkte werden für Investoren attraktiv, in: Frankfurter Allgemeine Zeitung vom 07.02.1997

o.V.: [Partizipationsscheine, 1996], Partizipationsscheine für drei Osteuropa-Börsen, in: Frankfurter Allgemeine Zeitung vom 26.11.1996

o.V.: [Russia irrestible, 1996], IFC makes Russia irrestible, in: Moscow Banking & Finance Nr. 11 vom 05.11.1996, S.13-14

o.V.: [Schaffung neuer Börsen, 1994], Die Schaffung neuer Börsen wird mit Nachdruck vorangetrieben, in: Handelsblatt vom 30.06.1994

o.V.: [Time, 1996], Time to take stock, in: The Economist vom 13.04.1996

o.V.: [Transformationsprozeß, 1996], Banken im Transformationsprozeß, in: vwd Osteuropa vom 09.04.1996

o.V.: [Weiter in Rekordlaune, 1996], „Budapester und Warschauer Börse weiter in Rekordlaune" in: vwd Osteuropa vom 11.03.1996

o.V.: [Alter Glanz], Alter Glanz wird aufpoliert, in: DM extra, Heft 39, S. 60.

o.V.: [Auf Schnäppchenjagd], Auf Schnäppchenjagd, in: Handelsblatt 13.07.1995, o.S..

o.V.: [Barings], Barings legt einen neuen Osteuropa-Fonds auf, in: Frankfurter Allgemeine zeitung, 4.9.96, S. 33

o.V.: [Emerging Markets], Bei Emerging Markets zahlt sich Geduld aus, in: ANLAGEpraxis, 4/96, S. 20-22

o.V.: [Fonds, 1995], Fonds für den Osten - Emerging Market-Fonds, in: Finanzen 10/1995, S. 78f.

o.V.: [Fondskonzept], Neuartiges Fondskonzept, in: Handelsblatt, 11.6.1996, o.S..

o.V.: [Fonds], Fonds mit Pfiff, in: Cash, 5/96, S. 80.

o.V.: [Investieren], Investieren in Emerging Markets, in: Handelsblatt, 08.01.1997, S. 40.

o.V.: [Schwellenländer-Fonds], Schwellenländer-Fonds: Neue Favoriten in der Hausse, in: DM Fonds Aktuell, Nr. 20/96, 10.5.1996, S. 3.

o.V.: [Spitzenrenditen], Spitzenrenditen in Osteuropa, in: Finanzen 08/1996, S. 60-61.

o.V.: [Vontobel], Vontobel-Anlagefonds für Mittelosteuropa, in: Verkaufsprospekt, Zürich, 1994.

o.V.:[Börsen in Osteuropa], Für ein Engagement an den Börsen in Osteuropa brauchen die Anleger einen langen Atem, in: Frankfurter Allgemeine Zeitung 29.12.1995, o.S..

OECD: [Czech Republic, 1997], „OECD Economic Surveys - The Czech Republic", OECD, Paris 1997

OECD: [No.120, 1997], Liberalising Foreign Direct Investments by Pension Funds, Positive and Normative Aspects, OECD Development Center Technical Paper No.120, January 1997

OECD: [Poland, 1997], „OECD Economic Surveys - Poland", OECD, Paris 1997

Ohl, Karl: [1989], Die Rechtsbeziehungen innerhalb des Investment-Dreiecks, Untersuchungen über das Spar-, Giro- und Kreditwesen, Abteilung B Rechtswissenschaften, Hrsg. Walter Hading, Uwe H. Schneider, Bd. 57, Berlin 1989.

Ordelheide, Dieter: [1993] Institutionelle Theorie und Unternehmung, in: Handwörterbuch der Betriebswirtschaft, hrsg. v.W.Wittmann u.a., 5. Aufl., Stuttgart 1993, Sp. 1838-1855

P. Ulrich u. W. Hill: [Grundlagen], Wissenschaftstheoretische Grundlagen der BWL; in : Raffée/Abel: Wissenschaftstheorie, S,170 ff

Päsler, Rüdiger: [1991], Handbuch des Investmentsparers, Wiesbaden, 1991

Paufor: [1997], Facts and Figures on the RTS-System, hrsg. Paufor, http://www.rtsnet.ru, Moskau 1997

Pecina H./Requat K.: [1996], Bulgaria, in: Privatisation Yearbook 1996, hrsg. Privatisation International Ltd., London 1996, S. 71 -77

Perridon, L., Steiner, M.: [1993], Finanzwirtschaft der Unternehmung, 7. Auflage, München 1993

Philbrick, W. C.: [1994], The paving of Wall Street in Eastern Europe, in: Law and Policy in International Business, Nr. 2, 25 Jg., 1994, S. 565-608

Picot, A., Dietl, H.,: [1990], Transaktionskostentheorie, in: Wirtschaftswissenschaftliches Studium, 18. Jg., 1990, S. 178-184

Pieper, B., Schröder, K.: [1996], Osteuropas Bankensystem: Problematische Sanierung und Privatisierung der Staatsbanken", Nomos-Verlag, Baden-Baden 1996

Pilz, Hans-Joachim: [1991], „Warum jetzt alles für den Kauf von Aktien spricht„, in: Capital 10/91, S. 88.

Podewills, Max: [1960], Investmentgesellschaften in der Bundesrepublik, Diss. Köln 1960, (o. Vlg.) o.O. und J..

Pongracz, A.: [1996], „Gut im Rennen"; Interview in: Frankfurter Allgemeine Zeitung vom 19.03.1996

Prager, Walter K.: [1971], Marktstrategie der Investmentgesellschaft - Der Wettbewerb zwischen den deutschen und ausländischen Investmentgesellschaften , (Knapp) Frankfurt am Main 1971

Prague Stock Exchange: [Annual Report, 1996], „Annual Report of the Prague Stock Exchange 1995", PSE, Prag 1996

Prague Stock Exchange: [Depository, 1996], „The Stock Exchange Depository", PSE, Prag 1996

Prague Stock Exchange [Results, 1996]: "Quarterly Trading Results", PSE, Prag 1996

Prague Stock Exchange: [Types of trade, 1996], „Types of trade offered by the Prague Stock Exchange", PSE, Prag 1996

Puschedl, W.: [1996], Currency Crisis in Bulgaria" in: Bank Austria East-West Report 3/96

Raiffeisenzentralbank: [Russia, 1996], Investing in Russia", RZB, Wien 1996

Rapp, Heinz-Werner/Sun Min: [1996], Performance-Messung bei Investmentfonds, in: Frankfurter Allgemeine Zeitung, 19.3.1996, S. B 10

Reed, John: [1996/97], Happy Returns, in: The Wall Street Journal Europe,s Central European Economic Review, Nr. 10, Dezember 1996 - Januar 1997 Brüssel

Reilly, F.K.: [1994], Investment Analysis and Portfolio Management, Forth Worth 1994

Riga Stock Exchange (Hrsg.): [1995], The Riga Stock Exchange and the Latvian Capital Market, Riga 1995

Robinson, A.: [1992], „The Value of free shares" in: Financial Times vom 24.03.1992

Berger, Roland: [1996], Privatisierung in Rußland in zwei Phasen, RB & Partner, Moskau 1996

Ross, S.A.: [1976], „The Arbitrage Theory of Capital Asset Pricing" in: Journal of Economic Theory, 13. Jg., 1976, S. 341-360

Rothmer, Andreas: [1996], Market-Picking versus Stock-Picking, in: Frankfurt Allgemein Zeitung, 19.3.1996, S. B 17

Rozlucki, W.: [1996], :Aufschwung an der Börse" in: Handelsblatt vom 10.12.1996

Russel, Richard: [1995], Tide Watching, in: Richard Russel,s Dow Theory Letter, La Jolta 15.02.1995.

Schäcker, Hanns-Erhard: [1961], Entwicklung und System des Investmentsparens, (Knapp) Frankfurt am Main 1961.

Scherer, J.: [1997], Unter der Lupe, in: Börse online, 10 Jg., 1997, Nr. 4, S. 82-88

Schierenbeck, Henner: [1987a], Institutionelle Bankbetriebslehre, Stuttgart 1987

Schierenbeck, Henner: [1987b], Grundzüge der Betriebswirtschaftslehre, 9. Aufl., München, Wien 1987

Schlesinger, H.: [1986], Kapitalmarkt, Kapitalbildung und Kapitalallokation, in: Schneider, Dieter (Hrsg.): [1986], Kapitalmarkt und Finanzierung, Berlin 1986

Schmalenbach, Eugen: [1949], Kapital, Kredit und Zins, 2. Aufl., Köln/Opladen 1949

Schmidt, Hartmut: [1988], Wertpapierbörsen, München 1988

Schmidt, Reinhard H./Terberger, Eva: [1996], Grundzüge der Investitions- und Finanzierungstheorie, 3. Auflage, Wiesbaden 1996.

Schmidt-von-Rhein, Andreas: [1996], Die Moderne Portfoliotheorie im praktischen Wertpapiermanagement, Bad Soden 1996

Schneider, Dieter: [1987], Agency Costs and Transaction Costs: Flops in the Principal Agent Theory of Financial Markets, Bamberg, 1987

Schneider, Dieter: [1992], Investition, Finanzierung und Besteuerung, 7. Aufl., Wiesbaden 1992

Schneider, Dieter: [1995], "Betriebswirtschaftslehre, Band 1: Grundlagen", 2. Aufl., München 1995

Schroth, P., Wenzeler, G.: [1996], "Re-Emerging Eastern Europe - Kapitalmärkte" in: Osteuropa-Perspektiven Jahrbuch 1996/97, Band 2, FAZ, Frankfurt 1996

Schuster, Leo: [1970a], Die Idee des Investment, in: Klaus Beckmann, Rolf D. Scholz. Hrsg., Investment, Ergänzendes Handbuch für das gesamte Investmentwesen, Berlin 1970, Knz. 721

Schuster, Leo: [1970b], Die Struktur der Investmentgesellschaft, in: Klaus Beckman, Rolf D Scholtz, Hrsg., Investment, Ergänzbares Handbuch für das gesamte Investmentwesen, Berlin 1970, Knz. 731

Schwark, Erhard: [1979], Anlegerschutz durch Wirtschaftsrecht- Entwicklungslinien, Prinzipien und Fortbildung des Anlegerschutzes. Schriften des Instituts für Arbeits- und Wirtschaftsrecht der Universität zu Köln, Bd. 40, München 1979

Seischab, Hans: [1931], Investment Trusts - Versuch einer Theorie und Systematik der Kapitalwertsicherungsbetriebe, Diss. Berlin o.J, Stuttgart 1931

Seizinger, L. :[1995], Chartanalysen und Überreaktionen des Marktes" in: Börsenzeitung vom 14.10.1995

Sharpe, W.F.: [1963], A simplified model for Portfolio Analysis, in: Journal of the Institute of Management Sciences, 9. Jg., Januar 1963, S. 277-293

Sharpe, W.F.: [1964], Capital Asset Prices: A theory of Market Equilibrium under conditions of risk" in: Journal of Finance, 19. Jg., September 1964, S. 425-442

Sharpe, William: [1992], Asset Allocation: Management style and performance measurement, in :Journal of Portfolio Manangement, 18. Jg., 1992, S. 7-19

Sittampalam, A.: [1993], Evolving Techniques in Investment Management, Dublin 1993

Spence, Rob: [Eastern Stars], Following Eastern Stars, in: Emerging Markets Investor, No. 3, April 1996, S. 9-15

Spörg, Volker: [1995], Hohe Renditen bei hohem Risiko, Bank Austria Investment Fokus 6/95, S. 1-7

Stadler, Ralph: [1990], Europäisches Investmentrecht und das schweizerische Anlagefondsgesetz, Diss., Zürich, 1990

Stafford, D. et al.: [1992], Risk, Portfolio Management, and Capital Markets, St. Martin's Press, New York 1992

Steiner, M., Bruns, C.: [1996], Wertpapier-Management, 5. Aufl., Schäffer-Poeschel, Stuttgart 1996

Steiner, Manfred/Wiitrock, Carsten: [Timing-Aktivitäten], Timing-Aktivitäten von Aktieninvestmentfonds und ihre Identifikation im Rahmen der externen Performance-Messug, in: Zeitschrift für Betriebswirtschaft, 64 Jg (1994), H. 6, S. 593-618.

Steltzner, H.: [1997], Mit einem Hauch von Übertreibung, in: Frankfurter Allgemeine Zeitung vom 13.02.1997, S. 13

Stöttner, R.: [1989], Zur Instabilität von Finanzmärkten aus finanztechnologischer und theoretischer Sicht, in: Wirtschaftliche Dynamik und technischer Wandel, Stuttgart/New York 1989, S. 145-161

Strenger, Christian [1994]: Strategien für Investmentfonds im europäischen Markt, in: Die Bank, 11/1994, S. 643)

Terberger, Eva: [1994], „Neo-institutionalistische Ansätze", Gabler Verlag, Wiesbaden 1994

Torman, Wolfgang: [1968], Die Investmentgesellschaften, 3. Aufl., Frankfurt am Main 1968

Twickel, John Freiherr von, Berlage, Jan: [1992], Die strategische Positionierung des Euro Synergies-Beteiligungsfonds, in: Die Bank 2/1992, S. 117-118

Uhlir, H., Steiner, P.: [1991], Wertpapieranalyse, 2. Aufl., Graz 1991

Ulschmid, C.: [1994], „Empirische Validierung von Kapitalmarktmodellen", Peter Lang Verlag, Frankfurt 1994

Valencia, Mathew: [1993], Eastern Europe: Investment Funds - The next generation, in: Euromoney Central European, 01. März 1993 (Reuter Textline)

Vinton, Louisa/McQuaid, David: [Investment Funds], Investment Funds in Eastern Europe, in: Business Eastern Europe Special, Dezember 1996.

Warfsmann, J.: [1993], Das Capital Asset Pricing Modell in Deutschland, Universitätsverlag, Wiesbaden 1993

Warsaw Stock Exchange: [Annual Report, 1996], „Annual Report 1995", WSE, Warschau 1996

Warsaw Stock Exchange: [Annual Statistics, 1996], „Annual Statistics 1995", WSE, Warschau 1996

Warsaw Stock Exchange: [Foreign Investor, 1997], „Foreign Investor Guide to the Warsaw Stock Exchange", WSE, Warschau 1996

Warsaw Stock Exchange: [Rules, 1997], „Rules and Regulations on the Warsaw Stock Exchange", WSE, Warschau 1997

Waschkowsky, Hans: [Prognose], Prognose von Aktienkursen, Frankfurt am Main 1971.

Watermann, B.: [1996], „Die üblen Tricks der Abzocker" in: Börse online, 10. Jg., 1997, Nr. 2, S. 98-99

Williamson, O.E.: [1979], Transaction Cost Economics: The Governance of Contractual Relations, in: Journal of Law and Economics, Vol. 22, 1979, S. 233-261

Williamson, O.E.: [1985], The Economic Institutions of Capitalism. Firms, Markets, Relational Contracting, New York, London 1985

World Bank [Capital Market, 1996]: "The Russian Federation Capital Market Development Project", New York 1996

Wrebiak, A.: [1996], Polen, in: Privatisation Yearbook 1996, hrsg. Privatisation International Ltd., London 1996, S. 99-103

Ziebe, J.: [Börsenrecht, 1993], Das Börsenrecht und der Börsenhandel in der Tschechischen und Slowakischen Republik", Frankfurt 1993

Zimmermann, Heinz/Rudolf, Markus/Jaeger, Stefan/Zogg-Wetter, Claudia: [1996], Moderne Performance-Messung, Bern 1996.

Zimmermann, Heinz: [1991], Zeithorizont, Risiko und Performance, in: Finanzmarkt und Portfolio Management, 5. Jg. 1991 Nr. 2, S. 164-181

Zimmermann, Werner: [1986], Operations Research, 3. Auflage, Wien 1986

Anhang

1. Fragebogen

2. Interviewprotokolle

3. Liste der weiteren Gespräche

1. Fragebogen

Fondsname	Creditanstalt Central European Fund
Fondsgesellschaft	Creditanstalt Fund Advisory
Fondsmanager	Hr. Neimke
Gesprächspartner	
Datum	9.01.1997

Allgemeine Informationen:

1. Überprüfung der Vollständigkeit und Richtigkeit der Daten aus der Fonds-Datenbank

2. Welches waren die Gründe zur Auflegung eines Länder- bzw. Regionalfonds?

3. Welche grundsätzliche Strategie verwenden Sie in Ihrem Anlageentscheidungsprozeß?
   - ☐ Top - Down Ansatz
   - ☐ Bottom - Up Ansatz

4. Wie bewerten Sie die nachfolgenden Kriterien zur Aufnahme eines Landes in Ihren Fonds (**Zentrales Entscheidungselement** oder **Core Criteria**)?
   Bitte beurteilen Sie die Kriterien auf einer Skala von 1 bis 6 (1=unwichtig, 6=sehr wichtig).

Kriterium	1	2	3	4	5	6
Politische Sicherheit						
Rechtliche Rahmenbedingungen						
Wirtschaftspolitik						
Finanzmarktliberalisierung						
Privatisierungsfortschritte						
Währungsstabilität						
Industrialisierungsgrad						
Börsenkapitalisierung						
Liquidität						
Marktbreite						
Auslandsinvestitionen						
Natürliche Ressourcen						
Währungsreserven						
Kapitalmarktproduktivität						
Konkurrenzfonds aufgelegt						

5. Welche Bedeutung messen Sie folgenden Faktoren bei? (**zyklische Kriterien**) Bitte beurteilen Sie die Kriterien auf einer Skala von 1 bis 6 (1=unwichtig, 6=sehr wichtig).

Kriterium	1	2	3	4	5	6
Geldpolitik						
Zinsentwicklung						
Liquiditätsentwicklung						
Währungsentwicklung , -trend						
Währungsvolatilität						
Inflationsentwicklung						
BIP-Wachstum						

6. Welche Branchen sind für Ihr Portfolio bedeutend und aus welchen Gründen? (Bei Mehrfachnennungen bitte Bedeutung von 1 bis 6 angeben; 1=unwichtig, 6=sehr wichtig)

Branche	**Volatilität**	**Wachst.pot.**	**Diversifikat.**	**Marktbreite**	**Liquidität**
Banken/Versicherung					
Chemische Industrie					
Telekommunikation					
Konsumgüter					
Investitionsgüter					
Versorgungsindustrie					
Bau- und Konstruktion					
Pharmaindustrie					
Nahrungs- /Genußmittel					

7. Wie bewerten Sie die bestimmenden Faktoren bei der Auswahl einzelner Aktienwerte? (**Bewertungskriterium** oder **Valuation Criteria**)
Bitte beurteilen Sie die Kriterien auf einer Skala von 1 bis 6 (1=unwichtig, 6=sehr wichtig).

Kriterium	1	2	3	4	5	6
Börsenkapitalisierung						
Liquidität						
Gewinn						
Dividende						
Kapitalstruktur						
Kurs-Buchwert-Verhältnis						
Discounted-cash-flows						
Eigenkapitalrendite						
Kurs-Gewinn-Verhältnis						
Verteilung der Aktien-Betas um den Marktindex						
Verteilung der Aktien-Betas um den Branchenindex						
Management						
EV / EBITDA						
EV / Sales						
P / CF						

8. Welche Vorgehensweise verfolgen Sie, um Trends im Markt zu erkennen und das richtige Timing zum Kauf oder Verkauf zu finden?

- Prognose der Marktentwicklung hinsichtlich Richtung und Geschwindigkeit:

- Welche Indikatoren verwenden Sie, um eine Über- bzw. Unterbewertung eines Landes oder einer Branche frühzeitig zu erkennen?

9. Welche Wege der Informationsbeschaffung verwenden Sie, und welchen räumen Sie besondere Bedeutung ein?

Bitte beurteilen Sie die Kriterien auf einer Skala von 1 bis 6 (1=unwichtig, 6=sehr wichtig).

Kriterium	**1**	**2**	**3**	**4**	**5**	**6**
Vor-Ort-Büros/Repräsentanzen						
Partnergesellschaften						
freie Mitarbeiter in den Ländern						
häufige Besuche						
öffentliche Institutionen						
Brokerage research						

10. In welchen Abständen wird der Entscheidungsprozeß/Revaluierung zur grundsätzlichen Gewichtung des Fondsvermögen (Ländergewichtung, Branchengewichtung, Währungsgewichtung, Kassenanteil) durchgeführt?

11. Um die Performance als auch die Einhaltung einer Strategie zu messen, werden Vergleichsportfolios / Benchmarks verwendet.
Wie ist Ihr Vergleichsportfolio typischerweise zusammengesetzt?

12. In welchen Abständen findet eine Prüfung der Einhaltung der Strategie statt?

13. Welche Art der Portfoliozusammensetzung beschreibt am ehesten den von Ihnen geführten Fonds?

	größere Anteile	kleinere Anteile
Land		
Branche		
Werte		

14. Wie lange bleiben durchschnittlich Wertpapiere in Ihrem Portfolio?

- 10 größte Werte

- kleinere Werte

15. Welchen Anlagehorizont empfehlen Sie Ihren Anlegern?

16. Welchen Anteil seines Vermögens sollte ein Anleger maximal bzw. minimal in einen Osteuropa-Fonds investieren um ein risikoreiches/ertragsstarkes bzw. risikoarmes/diversifiziertes Portfolio zu erreichen?

risikoreich / ertragsstark	**risikoarm / diversifiziert**

17. In welchen Ländern sehen Sie besondere Zukunftspotentiale / Chancen bzw. Risiken / Gefahren?

Länder	Chancen	Risiken
Polen		
Tschechien		
Slowakei		
Rußland		
Bulgarien		
Balt. Staaten		
Sonstige		

2. Interviewprotokolle

Interviewprotokoll

Herr Jürgen C. Kirsch
Fund Manager
Mercury Asset Management
33 King William Street

London EC4R 9AS

1. Organisation

Es handelt sich dabei um einen Open-end-Fund nach Luxemburger Recht. Das Fondsvolumen beträgt 290 Mio DM (Januar 1997).

2. Asset Allocation

Bei der Asset Allocation wird der bottom-up-Ansatz verfolgt.

In den Märkten bestehen große Ineffizienzen. Aus diesem Grund ist der bottom up Ansatz aussichtsreicher. Es gibt viele unterbewertete Werte. Wenn man sie ausfindig machen kann, ist eine außerordentliche Rendite möglich.

Ein wichtiges Kriterium für die Unternehmensauswahl ist die Price/Earnings-Ratio (P/E). Allerdings müssen realistische Gewinnerwartungen unterliegen. Dazu ist neben den persönlichen Kontakten und die in Augenscheinnahme der Unternehmen erforderlich. Finanzielle Situation des Unternehmens, Cash-Flow-Analysen Investmentplan und die Qualität der Finanzierungsquellen werden dabei näher untersucht.

Die Kontakte zu den Unternehmen vor Ort werden von lokalen Brokern organisiert.

Der Vergleich der Fondperformance anhand von Indizes ist noch mit großen Unsicherheiten behaftet. Die existierenden Indizes für diese Märkte (Nomura Index, Barrings Index, MSCI) sind bisher nicht unbedingt repräsentativ. Die Märkte sind einem ständigen Wandel unterworfen, dagegen werden die Indizes nur in großem Abständen angepaßt. Indices sind derzeit absolut nutzlos. Man zielt auf absoluten return.

3. Länderbeurteilung

Insbesonder in Ländern, die noch früh in der Entwicklung des Kapitalmarktes sind, hat man gute Erfolge erzielt. So war man sehr erfolgreich im 4. Quartal im Baltikum. So hat man sich beispielsweise in der Vilna banka engagiert. Der Einstiegskurs 3/96 betrug 60 Litas und steht heuet bei 260 Litas.

In Rußland betreibt man derzeit mehr Liquiditätssurfen. Rumänien und Bulgarien finden mehr und mehr Berücksichtigung im laufenden Jahr.

4. Offene Fragen

Interessant wäre, zu untersuchen, ob es eine Korrelation zwischen verschiedenen Märkten gibt. Frage ist inwieweit und in welcher Art und Weise die Entwicklung auf den Emerging Markets von den Entwicklungen in den entwickelten Kapitalmärkten beeinflußt ist. Sofern die Korrelation gegensätzlich verläuft, oder keine Korrelation festzustellen ist, würde dies bedeuten, daß Fondgesellschaften den Anteil von Emerging Capital Markets-Anlagen zur Risikodiversifikation erhöhen müßten.

Eine weitere entscheidende Frage ist, inwiewiet lassen sich Regelmäßigkeiten bei der Entwicklung von Emerging Capital Markets ableiten und in eine Fondstrategie mit einarbeiten. Man hat z. B. die Feststellung gemacht, daß es drei Phasen der Kapitalmarktentwicklung gibt:

1. Marktöffnung: Zu Beginn der Marktentwicklung ist ein starker Kursanstieg zu verzeichnen. Dies ist zurückzuführen auf die große Nachfrage zu Beginn bei gleichzeitig großer Marktenge.

2. Marktbereinigung: Nachdem die erste Euphorie abgeflacht ist, stellt sich i.d.R. eine starke Korrektur in den Märkten ein.

3. Markterholung: Nachdem die ersten beiden Phasen abgeschlossen sind, die im wesentlichen emotionale Gründe haben, bekommen fundamentale Daten mehr und mehr Bedeutung. Die Märkte entwickeln sich langsam und entsprechend der Indize-Entwicklung entwickeln sich auch die Performance-Ergebnisse der Investoren.

Lassen sich für diese Phasen Regelmäßigkeiten ableiten?

Interviewprotokoll

Herr Günther Mandl
Fund Manager
Central Europe Stock Fund
Die Erste Österreichische Sparkasse-Bank AG
Habsburgerstr. 2
1010 Wien

1. Organisation

Im September 1993 wurde mit der Planung zu der Auflegung eines Osteuropa Regional Fonds begonnen. Am 31. Oktober 1994 war der offizielle Beginn des Fonds. Es handelt sich dabei um einen Open-end-Fund nach Luxemburger Recht.

2. Asset Allocation

Bei der Asset Allocation wird eine Mischung aus top-down- und bottom-up-Ansatz verfolgt.

Top down approach

In monatlichen Investment-Strategiesitzungen wird die Ländergewichtung im Fond anhand der erwarteten Wirtschaftsdaten der Länder Zentral- und Osteuropas festgelegt. Kriterien sind:

- Inflation, Zinsentwicklung und mittelfristige Aussichten
- Leistungsdefizit
- Währungsentwicklung
- Entwicklung des Bruttosozialproduktes und mittelfristige Aussichten der Entwicklung
- Börsen- und Kapitalmarktentwicklung

Der Schwerpunkt der Anlage liegt auf notierten Werten. Die Aufnahme unnotierter Werte sind grundsätzlich möglich. Allerdings ist man aufgrund der gewählten Registrierung (s.o.) rechtlichen Beschränkungen hinsichtlich der Aufnahme ungelisteter Werte unterworfen. Diese dürfen maximal 10% des Anlagevolumens betragen.

Bottom-up-approach

Insbesondere die Qualität des Managements ist für eine endgültige Investitionsentscheidung von Bedeutung. Man hat jedoch nicht immer die Zeit, sämtliche Manager der Investitionsziele kennenzulernen. Häufig verläßt man sich daher auch auf die Einschätzung von Marktkennern in den jeweiligen Ländern.

Der Vergleich der Fondperformance anhand von Indizes ist grundsätzlich wichtig, aber immer noch mit großen Unsicherheiten behaftet. Die existierenden Indizes für diese Märkte (Nomura Index, Barrings Index, MSCI) sind bisher nicht unbedingt repräsentativ. Die Märkte sind einem ständigen Wandel unterworfen, dagegen werden die Indizes nur in großen Abständen angepaßt.

Ein wichtiges Kriterium für die Unternehmensauswahl ist die Price/Earnings-Ratio (P/E). Allerdings müssen realistische Gewinnerwartungen unterliegen. Dazu ist neben den persönlichen Kontakten und die in Augenscheinnahme der Unternehmen eine gewisse Erfahrung beim Stockpicking erforderlich.

Direktinvestitionen mit OTC-Werten ist behaftet mit dem Problem der Bewertung und der Liquidierbarkeit der Unternehmen.

3. Länderbeurteilung

Derzeit ist der Fond in folgenden Ländern aktiv:

- 40% Polen
- 20% Ungarn
- 15% Rußland
- 13% Tschechien
- 7% sonstige Märkte zentra - und Osteuropas (Kroatien, Slowenien, Rumänien, Baltikum)
- 5% Cash

Polen

In Polen besteht bereits eine hohe Rechtssicherheit für Aktienanlagen. Die Börse in Warschau ist fast schon überreguliert . Es bestehen teilweise strengere Publizitätspflichten als in den USA. Verstöße gegen die Publizitätspflicht werden streng geahndet. Es müssen monatlich Gewinn- und Umsatzzahlen je Unternehmen veröffentlicht werden.

In Polen stehen noch interessante und große Privatisierungen bevor. Die Privatisierungspolitik der polnischen Regierung erweist sich im Nachhinein als eine gute Strategie zur Entwicklung der Kapitalmärkte. Erst wurden die vielen Kleinunternehmen privatisiert; dadurch konnte sich der Kapitalmarkt stabil und langsam entwickeln. Jetzt, wo man auf funktionierende Kapitalmarktstrukturen zurückgreifen kann, werden die großen Privatisierungen nachgelegt.

Risiko in Polen besteht lediglich noch hinsichtlich der zwölf Privatisierungsfonds, die jetzt privatisiert werden sollen. Schon zu Beginn der Privatisierungspolitik wurden in Polen die Fonds eingerichtet. Damals bestand Unklarheit über die grundsätzliche Linie der Privatisierungspolitik, so daß diese Fonds bisher nicht privatisiert worden sind. Der Zertifikatspreis der Fonds ist in kurzer Zeit auf von 30 Zloty auf 144 Zloty angestiegen. Die Strategien der Fonds und damit auch ihr Einfluß auf die Kapitalmarktentwicklung ist heute noch unklar und kann damit zu leichten Verwerfungen führen.

Ungarn:

Ungarn hat sehr früh mit der Privatisierung begonnen. Heute ist Ungarn gekennzeichnet durch eine starke Ausländerdominanz im Kapitalmarkt. Von der 5,3 Mrd. USD Marktkapitalisierung sind ca. 4 Mrd. USD in den Händen ausländischer Investoren. Der Markt wird hier stark beeinflußt von amerikanischen und englischen Fonds.

Zwar sprechen die wirtschaftlichen Rahmendaten derzeit gegen Ungarn, insbesondere das hohe Leistungsdefizit und die hohe Staatsverschuldung. Aber die Regierung hat sehr starke Anstrengungen zum Abbau dieses Leistungs- und Budgetdefizits gemacht. Davon hat insbesondere die Exportindustrie profitiert. Eine Trendwende bei den wirtschaftlichen Kennzahlen deutet sich an.

Rußland:

Rußland ist sehr schwer einzuschätzen. Dort herrscht derzeit eine Art wirtschaftliches Chaos. Es gibt keine klaren Strukturen und es gibt weit über 60 Börsen im ganzen Land verstreut, die nicht oder nur unzureichend miteinander verbunden sind, so daß eine Markttransparenz nicht gegeben ist. Es ist geplant, in Rußland ein Zentralregister für alle Börsen aufzubauen. Bisher sind aber außer Absichtserklärungen keine Bemühungen erkennbar.

Nichts desto trotz muß Rußland vom Ausland finanziert werden. Aus diesem Grund sind heutige Anlagen durchaus vielversprechend, sofern man die Vision hat und auch eine längerfristige Ausrichtung bei der Anlage verfolgen kann. Ein großes Problem ist die Steuerlast der Unternehmen und die gegenseitige Verschuldung. Die Lösung dieses Problems wird sehr großen Einfluß auch auf die wirtschaftliche Erholung der russischen Industrie haben.

Attraktive Titel sind Energie-/Ölproduzenten, Energieversorgung und Telekom.

Tschechien:

Gemessen an der Kapitalisierung des tschechischen Aktienmarktes ist der Anteil des Fonds in Tschechien untergewichtet. In Tschechien besteht eine hohe Rechtsunsicherheit für Börsenanlagen und geringe Markttransparenz.

Es werden sehr hohe Preise für Aktien gefordert und auch gezahlt. Dies ist im wesentlichen zurückzuführen auf die extreme Illiquidität des Marktes. Diese Illiquidität ist verursacht durch die im Zuge der Privatisierungspolitik in Tschechien verfolgte Fondprivatisierung. Auf einen Schlag wurden 1.500 Titel privatisiert, alle über die zunächst staatlichen Investitionsfonds. Diese Fonds sitzen heute auf ihren Titeln und verkaufen nur gegen hohen Aufpreis. Verkauft werden die eher unattraktiven Unternehmen. Ausländer konzentrieren sich auf die wenigen großen Titel, die überhaupt kaufbar sind.

Sowohl Direktinvestoren als auch die staatlichen Fonds sind an einer hohen Dividendenausschüttung als einer langfristigen Wertsteigerung der Unternehmen interessiert. Damit wird den Unternehmen die finanzielle Basis langsam entzogen und eine stabile Entwicklung der tschechischen Wirtschaft muß daher in Frage gestellt werden.

Die staatlichen Fonds üben auch eine starke Market-Maker-Funktion aus. Durch Verkauf ihrer Anteile an der Börse drücken sie die Aktienkurse um nach dem Kursrückgang wieder billig einzusteigen. Diese Politik können Sie solange verfolgen, solange die Euphorie ggü. dem tschechischen Aktienmarkt bei internationalen Investoren anhält. Fonds und Direktinvestoren behindern außerdem häufig die Restrukturierung.

Die Zukunftssaussichten für die Tschechische Wirtschaft sind heute nicht mehr so positiv wie noch vor einigen Jahren. Insbesondere die stark überbewertete Krone kann zur Belastung führen. Infolge des starken Anstiegs ist das Lohnniveau in Tschechien heute bereits vergleichsweise hoch zu anderen Zentral- und osteuropäischen Ländern. Der Gewinn der Unternehmen sinkt damit. Gemessen an den Gewinnaussichten sind tschechische Titel sehr teuer und damit immer uninteressanter für Investoren.

Mit einer Abwertung ist jedoch nicht zu rechnen, da dies politisch nicht gewollt ist und wenig populär wäre.

Sonstige Märkte:

Kroatien und Rumänien werden die nächsten Schwerpunktländer der Fondanlage sein. Im Baltikum beteiligt man sich über den Kauf von Zertifikaten an einem Fond, der von Société Generale verwaltet wird.

In der Slowakei ist nichts zu verdienen, da es hier eigentlich keine Liquidität gibt.

4. Offene Fragen

Interessant wäre, zu untersuchen, ob es eine Korrelation zwischen verschiedenen Märkten gibt. Frage ist inwieweit und in welcher Art und Weise die Entwicklung auf den Emerging Markets von den Entwicklungen in den entwickelten Kapitalmärkten beeinflußt ist. Sofern die Korrelation gegensätzlich verläuft, oder keine Korrelation festzustellen ist, würde dies bedeuten, daß Fondgesellschaften den Anteil von Emerging Capital Markets-Anlagen zur Risikodiversifikation erhöhen müßten.

Eine weitere entscheidende Frage ist, inwiewiet lassen sich Regelmäßigkeiten bei der Entwicklung von Emerging Capital Markets ableiten und in eine Fondstrategie mit einarbeiten. Man hat z. B. die Feststellung gemacht, daß es drei Phasen der Kapitalmarktentwicklung gibt:

1. Marktöffnung: Zu Beginn der Marktentwicklung ist ein starker Kursanstieg zu verzeichnen. Dies ist zurückzuführen auf die große Nachfrage zu Beginn bei gleichzeitig großer Marktenge.

2. Marktbereinigung: Nachdem die erste Euphorie abgeflacht ist, stellt sich i.d.R. eine starke Korrektur in den Märkten ein.

3. Markterholung: Nachdem die ersten beiden Phasen abgeschlossen sind, die im wesentlichen emotionale Gründe haben, bekommen fundamentale Daten mehr und mehr Bedeutung. Die Märkte entwickeln sich langsam und entsprechend der Indize-Entwicklung entwickeln sich auch die Performance-Ergebnisse der Investoren.

Lassen sich für diese Phasen Regelmäßigkeiten ableiten?

Interviewprotokoll

Dr. Tibor Schindler
Fund Management
Raiffeisen Kapitalanlagegesellschaft GmbH
Am Stadtpark 9
1030 Wien

1. Organisation

Die Raiffeisen Kapitalanlagegesellschaft hat vor drei Jahren, also 1993, ihr Engagement in Zentral- und Osteuropa begonnen. Aufgrund der geringen Größe der Einzelmärkte hat sie einen Regionalfund aufgelegt, der sich über mehrere Länder erstreckt. Das gesamte Fundvolumen beträgt heute 15 Mio. USD. Der Fund ist als ein Open-end-Fund organisiert.

2. Asset Allocation

Der Schwerpunkt bei der Zusammenstellung der Anlagen im Fundvermögen liegt auf dem Bottom-up-Approach bei dem die Auswahl von Einzeltiteln im Vordergrund steht. Man läßt sich dabei von der Maxime leiten, daß Performance nur dann geliefert werden kann, wenn aktiv vom Fundmanagement in den Märkten agiert wird. Das hat wesentlich dazu beigetragen, daß der Fund im vergangenen Jahr (1996) die beste Performance aller österreichischer Funds mit Anlagen der gleichen Region aufweisen konnte.

Bottom-up-approach

Zentrale Kriterien bei der Bottom-up-Allokation sind die P/E-Ratio sowie die Liquidität des Titels. Das Problem in diesen Märkten ist insbesondere die Illiquidität vieler Titel.

Die Discounted Cash-flow Bewertung ist bei gelisteten Werten, auf die sich der Fund beschränkt, nicht von entscheidender Bedeutung. Häufig ist der Ermittlungs- und Zeitaufwand der für die notwendige Datenrecherche und entsprechende Auswertung benötigt würde nicht verhältnismäßig zu dem erzielten Ergebnis. Außerdem sind selbst bei größtem Rechercheaufwand nur unvollständige und unsichere Daten zu bekommen.

Top-down-approach

Allerdings müssen wichtige ökonomische Rahmendaten bei der Anlagestrategie beachtet werden. Insbesondere die für die Kapitalmarktentwicklung wichtigen Faktoren sind dabei zu berücksichtigen.
Hohe Volatilitäten einzelner Werte werden in Kauf genommen, wenn die fundamentalen Einschätzungen zum Kauf empfiehlt.

Wichtige ökonomische Kriterien, die für die Top-down-Beurteilung von Bedeutung sind, sind:

- Entwicklung des Bruttosozialproduktes
- Entwicklung der Privatisierungspolitik
- Inflation und Zinsentwicklung
- Entwicklung des Bankensektors
- Leistungsdefizit
- Budgetdefizit

Anhand der Entwicklung dieser Faktoren wird die Einschätzung des Risikos des Gesamtmarktes möglich. Je entschiedener die jeweilige Regierung für die wirtschaftlichen Reformen eintritt, umso geringer ist das Risiko und umso größer wird die Liquidität der Märkte sein.

Ungarn ist dafür ein gutes Beispiel. Trotz der höchsten Staatsverschuldung aller Länder in Zentral- und Osteuropa, gilt Ungarn derzeit als eines der attraktivsten Länder für die Kapitalanlage. Die Regierung hat die nötigen Reformschritte unternommen, um das Defizit abzubauen und die Entwicklungsaussichten von Gesamtwirtschaft und Kapitalmärkten zu verbessern.

Eine besondere Bedeutung wird der Entwicklung des Bankensektors beigemessen. Erst wenn die Banken richtig funktionieren, kann man von einem entwickelten Kapitalmarkt sprechen und es ist damit zu rechnen, daß den Unternehmen ausreichend Kapitalmittel zur Verfügung stehen, um sich wirtschaftlich weiterzuentwickeln.

Ein bisher noch nicht kalkulierbares Risiko für die gesamtwirtschaftliche Entwicklung stellen die Sozialversicherungssysteme dar. Hier bestehen in allen Ländern große Defizite. Sollte der Aufbau der Sozialversicherungssysteme zu schnell vorgenommen werden, könnte dies zu erneuten inflationären Tendenzen und zu einem Rückschritt der wirtschaftlichen Entwicklung führen. Eine zu langsame Entwicklung wiederum könnte die Zustimmung der Bevölkerung zu dem wirtschaftlichen Transformationsprozeß beeinträchtigen und damit in Frage stellen.

3. Benchmarks

Die Verwendung von Indizes als Benchmarks in Zentral- und Osteuropa ist nach wie vor sehr schwierig. Geeignete Benchmarks, die als repräsentativ für die Gesamtmarktentwicklung und damit für ein sogenanntes Marktportfolio gesehen werden können, gibt es noch nicht. Die bestehenden Indizes weisen alle Schwachstellen auf. Der am besten geeignete Vergleichsindex z. Zt. ist der des Nomura Research Institute. Allerdings wurde er bereits vor drei Jahren aufgestellt und die vorgenommenen Anpassungen sind nicht unbedingt repräsentativ für die gesamte Börsenentwicklung und die fortgeschrittene Börsenkapitalisierung in den Ländern.

Die Raiffeisen Kapitalanlagegesellschaft ist dabei, ein eigenes Benchmark bestehend aus den Visegrad-Staaten, Rußland (10%) zu entwickeln.

4. Weitere Aussichten

Als besonders attraktiv werden z. Zt. die Länder Rußland und Polen beurteilt. Konkret ist für Rußland bereits ein eigener Länder-Fund in Vorbereitung.

Polen ist attraktiv, da dieser Markt bereits am stärksten entwickelt ist und über die größte Liquidität verfügt. Die wirtschaftlichen Rahmendaten sind positiv einzuschätzen und die anstehenden großen Privatisierungen bei Banken, Energie, etc., lassen auf eine weitere Steigerung der Liquidität und auf attraktive Anlagemöglichkeiten schließen.

Rußland steht an der Schwelle zur positiven Entwicklung eines Kapitalmarktes angelangt. Wichtige Kapitalmarktreformen sind eingeleitet. Hier stehen große Privatisierungen bevor, die sehr attraktive Branchen betreffen.

In beiden Ländern ist man bemüht Zuteilungen aus den Initial Public Offerings (IPO) zu bekommen. Grundsätzlich ist es zwar schwer, sich an IPO's zu beteiligen. Allerdings besteht die Möglichkeit, wenn man nicht in den ersten Tagen bei der Zuteilung berücksichtigt worden ist, in der zweiten oder besser noch in der dritten Schwächephase einzusteigen. Das Gewinnsteigerungspotential ist dann immer noch groß genug.

5. Besondere Fragestellungen

Besonders problematisch ist nach wie vor die schlechte Qualität der Informationen, rechtliche Rahmenbedingungen und die Prospekthaftung und die in den Prospekten aufzustellenden oder bereitzuhaltenden Informationen. Lediglich in Polen ist ein zufrieden stellender Stand erreicht.

Interessant wäre zu untersuchen, welchen Einfluß die internationale Liquidität auf die Entwicklung der Märkte hat. Besteht eine Korrelation zwischen West- und Ostmärkten?

Die Emerging Markets sind für viele internationale Investoren deshalb interessant, da sie heute höhere Renditen erwarten lassen als entwickelte Märkte, allerdings bei höherem Risiko. Insbesondere vor dem Hintergrund der anhaltenden Zinssenkungen der vergangenen Jahre an den entwickelten Kapitalmärkten steht zu vermuten, daß die Emerging Markets davon profitiert haben. Die Frage stellt sich nun, ob bei Zinssteigerungen, beispielsweise im US-Dollar, die Emerging Markets davon negativ beeinflußt sind.

Eine gegensätzliche Korrelation würde für die Portfoliozusammenstellung bedeuten, daß man mehr Kapital in Emerging Markets investieren müßte, um eine bessere Risikodiversifikation zu erzielen. Dies wäre aber nur dann sinnvoll, wenn sich tatsächlich eine negative Korrelation zwischen West- und Ostmärkten belegen ließe.

Interviewprotokoll

Herr Franz Weber
Fund Manager
Spar Invest Austria Kapitalanlagegesellschaft
Obere Donaustraße 19
1020 Wien

1. Organisation

Fondvolumen: ?
Anlageschwerpunkte: Regionalfond mit Schwerpunkten in Polen in Tschechien, Ungarn, Slowakei, Slowenien, Rußland
Fondorganisation: open-end

2. Asset Allocation

Bei der Asset Allocation verfolgt man einen konservativen Ansatz. Dies bewahrt vor schlechten wie guten Extremfällen. Man investiert ausschließlich in börsennotierte Werte. Entsprechend ist die Liquidität der Märkte entscheidend für das Investment. Das Investment muß jederzeit wieder verlassen werden können.

Die Anlagestrategie ist eine Mischung aus bottom-up- und top-down-approach. Der bottom-up-Ansatz wird erschwert durch die mangelhafte Datenkonsistenz. Hohe Volatilität der Märkte in den vergangenen fünf Jahren läßt keine Aussage darüber zu, wie die Entwicklung in den folgenden Jahren sein wird.

Bottom-up-approach

Entscheidende Kennzahl für die bottom-up-Beurteilug ist das Kurs-Gewinn-Verhältnis. Es hat sich in letzter Zeit in einigen Märkten positiv entwickelt, da die Informationstiefe sich durch verschärfte Prospekthaftungsvorschriften verbessert hat. Insgesamt wird aber bei der bottom-up-Analyse versucht, den Research-Aufwand in Grenzen zu halten. Man orientiert sich ja am negativen Beispiel der Asienfonds, die heute im Vergleich zum Weltmarktindex schlechter dastehen als die Osteuropafonds, trotz des dort betriebenen großen Primärresearch-Aufwandes. Die bisher verfolgte Strategie des Stock-Picking auf der Basis der Analyseempfehlungen von guten Börsenkennern der jeweiligen Länder vorgenommen werden, funktioniert bisher ganz gut.

Aktive Strategien in der Asset Allocation sind in diesen Märkten aufgrund der Liquidität und der Informationsineffizienz schwer zu fahren. Eine zu häufiger Umschlag des Portfolios ist in Osteuropa nicht sinnvoll, aufgrund der hohen Tradingkosten.

Die Konzentration auf börsennotierte Werte wird vorgezogen, da Nebenwerte sehr viel illiquider sind. Außerdem muß ein sehr viel größerer Researchaufwand betrieben werden, der zwar in einigen Fällen hohe Returns erwarten läßt, der aber auch mit hohen Kosten verbunden ist.

Top-down-approach

Für den top-down-Approach sind folgende Faktoren entscheidend :

- Liquidität, Brutto-Sozialprodukt-Entwicklung (relatives Ausmaß der Veränderung)
- Inflation, Zins
- Wirtschaftliche Entwicklungsaussichten
- Budgetdefizit
- Leistungsdefizit

Die Präsenz von Industrial Investors hat langfristig negative Auswirkungen auf die Börse. Diese sichern sich sehr früh die besten und größten Unternehmen und entziehen sie den Börsen. Die Börsen verlieren dadurch Liquidität, es gibt weniger Diversifikationsmöglichkeiten und die Gewinnchancen werden für Kleininvestoren systematisch durch die Industrial Investors entzogen.

an bemüht sich, Zuteilungen bei IPO´s zu bekommen, die über große Häuser angeboten werden.

Besonders positive Effekte auf die Börsen waren in Ungarn z. B. die große Privatisierung. In Tschechien besteht ein großes Risiko in Werte zu gehen, die von Industrial Investors mehrheitlich gehalten werden. Hier wird systematisch eine starke Abwertung betrieben und es bestehen kaum Schutzeinrichtungen für Minderheitenaktionäre, die sich voll in Verbesserungspolitiken der Großaktionäre schützen.

3. Offene Fragen

Ein interessanter Aspekt wäre zu untersuchen, ob zwischen den Märkten sowohl in Zentral- und Osteuropa und entwickelten Märkten eine Beziehung besteht. Es stellt sich die Frage, inwieweit Entwicklungen auf den verschiedenen Märkten miteinander korrelieren. Sollten Emerging Capital Markets bis zu einem bestimmten Entwicklungsstatus unabhängig sein von der Entwicklung auf entwickelten Kapitalmärkten, wäre dies im Sinne einer Diversifikationsstrategie entsprechend zu berücksichtigen.

Um einen reinen Regionalfond nach den Kriterien von Markowitz aufzustellen, sind Zeitreihen von mindestens 10 Jahren erforderlich, um halbwegs sicher die Risikoerwartung resp. Volatilität und erwartete Rendite vorhersagen zu können. Die Märkte sind zu jung und noch zu stark von emotionalen Einflußfaktoren abhängig, die teilweise auch durch die wirtschaftlichen Rahmenbedingungen verursacht werden.

3. Liste der weiteren Gespräche

Nr.	Name	Funktion	Datum	Inhalt/Thema
1.	Taylor, Martin	Fundsmanager, Baring Asset Management, London	20.03.1997	Länderrisiken, Anlagestrategie
2.	Herr Schmalbauch	DB Investment Management, Frankfurt	17.02.1997	Länderrisiken, Anlagestrategie
3.	Kuhn, Yves	Fondsmanager, Pictet Asset Management, London	28.01.1997	Anlagestrategie
4.	Schneck, Andreas	Analyst, Creditanstalt Fund Advisory, Wien	29.01.1997	Anlagestrategie
5.	Frau Millerndorf	Analyst, Raiffeisen Kapitalanlagegesellschaft, Wien	29.01.1997	Anlagestrategie
6.	Assessor Schultz	FBF Frankfurt	11.03.1997	Börsenentwicklung Zentral- und Osteuropa
7.	Ted Frys	Analyst, Deutsche Morgan Grenfell, London	20.03.1997	Börsen- und Kursentwicklung in Zentral- und Osteuropa
8.	Wessely, Thilo	Projektleiter, FBF Frankfurt	11.03.1997	Börsenentwicklung Zentral- und Osteuropa
9.	Morrosow, Leo	Analyst, Creditanstalt Fund Advisory, Wien	29.01.1997	Anlagestrategie